KB111511

김우중 어록

나의 시대

나의　삶

나의 생각

김우중 어록

나의 시대
나의 삶
나의 생각

김우중 지음

북스코프

일러두기

1. 이 책은 김우중 회장이 각종 강연이나 대담, 토론회, 지면 등을 통해서 발표했던 말과 글들을 골라 수록한 것입니다.
2. 각 글의 출처는 제목 아래나 해당 글의 맨 끝에 밝혔습니다. 다른 매체에 수록되었던 글을 재수록한 경우는 책의 맨 끝에 출처를 밝혔습니다.
3. 관훈토론회 등 분량이 많은 원고는 발췌해 수록했습니다.
4. 각 글은 당시의 다양한 상황과 현장감을 살리기 위해 가급적 그대로 두었으나, 분명한 오류나 단어 생략 등의 경우에는 맥락에 맞게 고쳤습니다.

한 기업인의
말과 글을 전하며

2015년 10월 16일 싱가포르에서 열린 세계한인경제인대회에서 김우중 회장은 개막 연설을 했다. 언론은 이것이 김 회장의 마지막 발언이 될 것이라고 전했다. 실제로 김 회장은 그날 이후 더 이상 공식 석상에 모습을 비치지 않았다.

김우중 회장은 대우의 창업자이자 최고경영자로서 어느 기업인보다 활발한 경영활동을 펼쳤다. 현재 생존해 있는 유일한 창업 1세대 인물이기도 한 그는 줄곧 국내가 아닌 해외를 중심으로 활약했다. 개발도상국 기업 중 최대의 다국적기업을 일굴 만큼 활동의 폭이 넓었기에 그가 남긴 말들도 많았다. 국내와 해외의 다양한 기관과 단체들이 즐겨 그를 초청했고, 그때마다 그는 기업 경영의 범주에 머물지 않고 우리 사회와 세계 경제 현안에 대한 견해를 피력하곤 했다. 이 점에서 그의 발언은 다른 기업인들의 경우보다 다양하고 뜻깊다.

그는 경영자로서 자신의 특성을 두 가지로 얘기한다. 해방 후 한글로 교육받은 첫 세대이자 대학에서 전문교육을 받고 경영에 나선 첫 세대라는 점이다. 그는 이런 사정을 사명감으로 여겼던 것 같다. 그의 발언에는 유독 시대적 소명의식이 많이 담겨 있다. 30세에 창업한 젊은 기업인, 그가 세운 대우는 초기부터 초고속 성장을 이어갔다. 그래서 그는 주변에서 성공 비결에 대한 질문을 많이 받았고, 그때마다 명료한 답변을 내놓았다.

한 사람의 말과 글에는 나름의 생각과 철학이 담겨 있다. 그래서 그것을 따라가 보면 그 사람의 내면을 이해할 수 있다. 한 사람의 말과 글은 또한 그가 살았던 시대의 정신과 지향점을 보여주기도 한다. 이 책에는 김우중 회장의 생각과 경험을 가장 잘 보여주는 말과 글을 모아 엮었다. 가급적 즉석에서 한 질의응답이나 언론 대담 등에서 간추려 정리했다. 기념사나 의전적 발언 등은 특별한 것들만 채택했다. 이런 선정 기준을 적용한 이유는 김우중 회장의 평소 생각을 독자들이 있는 그대로 읽어주기를 바라기 때문이다.

그의 생각은 일관된 편이다. 창업 초기의 말과 최근의 말이 다르지 않고, 같은 발상이 시간을 두고 발전되어 가는 모습을 보여준다. 이는 경영활동에도 그대로 반영되었다. 이를테면 그는 늘 품질의 중요성을 강조했다. 대우는 초창기에 미국의 메이저 기업들로부터 최우수 거래처로 선정되어 관계를 지속해 나갔는데, 김 회장은 그 비결을 품질관리 덕분이라고 얘기한다. 그는 만년 적자 기업이었던 한국기계를 1976년에 인수하자마자 거액을 들여 공장 청결에 나섰다. 품질은 깨끗한 환경에서 비롯된다는 생각 때문이었다. 대우조선에 200만 그루의 나무를 심어 정서를 순화하려 한 것도 같은 맥락에서였다. 탱크주의를 내세우며 품질로 승부하고자 했던 그의 마지막 꿈은 '대우에서 은퇴하면 무엇이든 세계 최고의 제품을 만들어보겠다'는 것이었다.

김 회장이 1989년에 쓴 책의 제목은 『세계는 넓고 할 일은 많다』였다. 그가 대우를 창업할 때 책을 썼다 해도 내용은 마찬가지였을 것이다. 그는 대한민국 기업인 중에서 '가장 먼저', '가장 멀리' 세계로 나간 경영인이었다. 2014년에 발간된 경제학자 신장섭과의 대담집 『김우중과의 대화』 부제 또한 '아직도 세계는 넓고 할 일은 많다'이다. 그는 이런 소망을 담아 한국 청년들을 해외 사업가로 양성하는 교육사업을 2011년부터 펼치고 있다. 김우중 회장이 마지막 행사로 해외 한인 경제인들과 자리를 함께한 것도 그의 이런 뜻을 이어주기를 기대했기 때문일 것이다.

김우중 회장은 기업인답지 않게 사회와 국가, 그리고 시대에 대해서도 발언을 많이 했다. 그는 1984년 국내 기업인 중 최초로 관훈클럽 토론회에 참석했다. 이후에도 1992년과 1998년 두 차례 더 관훈토론회에 나섰다. 만약 그가 기업 경영에 국한된 이야기를 하려 했다면 굳이 그 행사에 참석할 이유가 없었을 것이며, 관훈클럽 또한 그를 초대할 필요를 느끼지 못했을 것이다. 그는 늘 국내외 언론으로부터 '뉴스 메이커'로 각광을 받았다. 1997년 외환위기 때에는 우리 경제에 대한 세간의 우려 대신 자신감으로 냉정하게 대응하자는 그만의 대안을 제시하기도 했다. 『김우중과의 대화』가 출간된 이후 그는 대학을 찾아가 학생들을 만났다. 그리고 "우리 국민의 20퍼센트가 해외로 나가도 결코 많은 것이 아니다"라며 적극적인 해외 진출 캠페인을 펼쳤다.

김우중 회장의 수많은 발언들 중 100분의 1도 안 되는 분량을 가지고 당사자의 생각을 속속들이 전하기는 힘들 것이다. 하지만 적어도 그가 어떤 생각을 가지고 살았으며 어떤 사회를 만들고 어떤 비즈니스를 펼치고자 했는지를 엿볼 수는 있을 것이라 생각한다. 그것이 독자에게 조금이라도 도움이 된다면 발간에 미약한 힘이나마 보탠 점을 보람으로 삼을 수 있을 것 같다.

2017년 1월
발간위원 일동

흔적을 남기는 부담

어느 날 문득 떠오르는 과거는 항상 어제처럼 가깝게 느껴진다. 기억 속에서는 지나간 시간이 멈춰버리는 것일까? 살아온 날이 살아갈 날보다 훨씬 많아지니 이젠 추억이 되어 쌓인 과거의 시간들이 머릿속에 넘쳐날 정도이다. 영화로웠던 과거는 현재의 늙음을 받아들이지 못하게 만드는 경향이 있다. 그래서 사람들이 나이 들면 과거에 집착하고 연연하게 되는가 보다. 나는 미련을 두지 않으려 하기에 과거를 돌아보지도 않았다. 차라리 하루를 살더라도 의미 있는 시간을 만드는 데 도전하는 것이 낫다고 생각한다. 늙었지만 아직 할 일이 남아 있다면 얼마나 행복하겠는가.

어느덧 대우를 창업한 지 50년이 되었다고 하니 한 번도 돌아보지 못한 나의 옛 추억들에게 조금 미안한 생각이 든다. 그래서인지 가끔 찾아온 손님과 함께 옛 시절을 회상하자면 나도 모르게 가슴이 아려온다. 입은 말을 멈추고 축축해진 눈은 과거를 더듬는다.

대우를 경영할 때는 이런 시으로 50년을 맞으리라고는 생각조차 하지 못했다. 열심히 노력하면 모든 것이 잘될 것이라 여겼다. 그때는 매일매일을 그런 마음으로 최선을 다하며 살았다. 과거의 내 모습을 떠올리는 것이 싫어서 나는 다시 일에 매달리고 싶어진다. 하지만 나이 앞에 장사 있겠는가? 이제 추억을 벗 삼는 훈련이 필요하리라.

과거에는 그저 후대에게 선진 한국을 물려주기 위해 우리 세대가 열심히 노력해야 한다고 생각했다. 그런데 지금은 그들이 우리 세대의 노력을 기억해 주었으면 하는 마음이 든다. 세월이 사람을 이렇게 이기적으로 변화시키는 것 같다. 요즘 세대들은 가난이 무엇을 의미하는지 모른다지만 과거에는 대다수 국민들에게 가난이 현실 그 자체였다. 그래서 그 가난을 극복하려고 하루가 24시간이란 게 억울할 만큼 일밖에 모르고 살았다.

하지만 아무리 각박해도 꿈조차 망각하는 일은 없었다. 그 꿈을 이루기 위해 더욱 노력한 결과가 오늘의 발전을 낳았다. 나 역시 마찬가지였다. 갈 길은 멀고 시간은 부족하니 여기저기서 기회가 생기면 가슴에 담아둔 속내를 많이 얘기했던 것 같다. 무엇을 기대하고 했다기보다 그저 절실함을 표출한 게 아닐까 싶다.

그 말과 글들을 정리해 책으로 내준다고 하니 감사해야 할지 부끄럽게 여겨야 할지 혼란스럽다. 평소에 흔적이라도 남기고 가면 영광이지 더 뭘 바라겠냐고 했는데 정작 이렇게 말로써 흔적을 남기게 되니 부담스럽기도 하다. 50년을 이어온 대우의 정신을 기념

하자는 설득에 발간을 허락했지만 늘그막에 과거의 속내를 들춰내는 부담과 부끄러움이 적지 않다. 부디 독자들께서 좋은 취지로 받아들여 주었으면 한다. 한평생 가식 없이 살았다는 것만큼은 자신 있게 말할 수 있겠다. 내가 한 말들을 그렇게 이해해 준다면 얼룩진 과거사로 인한 마음속 부담을 조금이나마 떨칠 수 있을 것 같다.

평생에 걸친 기억들이 많지만 지금껏 가슴을 뛰게 하는 기억은 대부분 젊은 시절의 것들이다. 젊은 시절의 경험은 너무도 강력해서 그대로 좌표가 되어 삶에 녹아드는 것 같다. 그때 가장 치열하게 살기도 했지만, 젊은 사람의 노력이 가상했는지 노력하는 만큼 꼭 칭찬과 격려가 되돌아왔다. 덕분에 나는 이미 30대 중반에 큰 국가 행사에서 기업인을 대표하는 자리에 서보기도 했다. 젊은 시절 나에게 그런 기회를 주고 격려를 보내준 국가와 사회에 감사드린다. 아울러 젊은이가 주역이 되는 시대가 다시 만들어졌으면 좋겠다고 생각한다. 그래서 그때의 나보다 더 젊고 패기 넘치는 젊은이들이 우리 경제, 나아가 세계 경제의 주역으로 우뚝 섰으면 좋겠다. 조금이라도 도움이 될 수 있다면 나는 마지막으로 그것을 돕고자 한다.

나는 돌려 말하기보다는 직설적일 때가 많다. 그래서 나를 주장하고 내세운 것처럼 보일 수도 있겠다. 하지만 진심은 그렇지가 않다. 상대를 위한 말들, 나라를 위하고 회사를 위하고 모두를 위한 말들이었다. 많은 곳을 다니고 많은 사람들을 만났으니 기회가 주어지면 나만의 경험을 전하고 싶기도 했다. 급한 마음에 간혹 격한 감정을 보인 경우도 있지만 독자들이 사정을 이해하고 읽어주었으면 한다. 우리 경제를 일으켜 세운 세대의 마음은 모두 마찬가지일 것이다. 나의 발언들도 결국 어렵고 힘든 시절 경제를 일으켜 세운 우리 세대가 전하는 그 시절의 정서이자 바람이라 할 수 있다. 읽는 분들이 그렇게 받아들여 준다면 더욱 고맙겠다.

2017년 1월

김 우 중

차례

1부   나의 시대

1 공동체를 위해

2 경쟁과 협력

2부   나의 삶

1 나와 대우

3부 나의 생각

1부

나의 시대

"지금 우리 사회를 이끌어 가는 중심 세대들은 역사상 제일 고생한 세대라고 봅니다. 우리는 어느 분야에 있든지 모두가 최선을 다해 열심히 노력해서 잘 살아보자는 컨센서스를 가지고 있었습니다. 아무것도 없는 데서 출발해 30년 만에 이만한 나라를 만들었습니다. 어느 나라도 할 수 없는 일을 해낸 세대들이 지금 이 사회를 이끌고 있습니다. 저는 걱정을 안 합니다. 이만한 능력이 있는데 여기서 더 나빠지겠습니까? 절대 좋아진다고 확신합니다. 우리는 엄청난 노력으로 많은 경험을 쌓았고, 또 엄청난 위기를 슬기롭게 극복해 왔습니다. 우리가 살아온 30년은 다른 나라에 비하면 100년 이상의 가치를 지니고 있습니다. 우리에겐 능력이 있습니다. 지금 없는 게 무엇입니까?"

–1998년 10월 13일, PAX KOREANA 21 조찬토론 특강

1
공동체를 위해

글로벌이 미래다

– 2015년 10월 19일 싱가포르, 세계한인경제인대회 개회식 특별강연

제가 대우를 경영할 때에는 1년의 3분의 2 이상을 해외에 머물면서 일했습니다. 그러니 저 또한 재외 경제인이나 마찬가지라고 할 수 있습니다. 이 점에서 여러분과 깊은 동지의식을 느끼게 됩니다. 재외 경제인 여러분은 일찍이 더 큰 세상에 눈을 돌리고 실행하셨던 분들입니다. 그 오랜 성과가 오늘의 여러분을 있게 했고 이처럼 성대한 모임을 가능하게 했습니다. 따라서 이 자리는 바로 여기 계신 모든 분들의 보람이자 자부심의 상징과도 같습니다. 저는 여러분의 노력이 선구적 행위였으며 빛나는 성취였다고 말씀드리고 싶습니다.

지혜로운 사람은 발걸음은 미래를 향하되, 눈은 과거를 본다고 합니다. 과거의 연장선에 미래가 있다면, 우리가 걸어온 길을 되돌아보면서 앞으로 개척해 나갈 미래가 과연 어떤 모습일지를 생각해 보는 것도 의미가 있을 것입니다.

한국의 급속한 경제발전은 누구도 부인하지 않습니다. 그렇다면 그 비결이 무엇이었는지 생각해 볼 필요가 있습니다. 우선 저나 여러분이 함께 추구했던 적극적인 해외 진출과 시장 개척을 얘기할 수 있습니다. 맞는 말이고 매우 중요한 비결이지만 이보다 더 근본적인 것이 또 있습니다. 그것은 사람입니다. 우리에게는 사람 그 자체가 경쟁력이었습니다. 그러니 미래에도 기업가정신이 충만한 사람을 더 많이 키우고 이를 통해 발전 기회를 만들어야 합니다. 기업과 국가가 항상 여기에 주목할 필요가 있는 것입니다.

선진국이 되기 위한 세 가지 조건

여러분이 진심으로 바라고 있고 또 세계한인무역협회가 지향하듯이, 조국 대한민국은 반드시 선진국 대열에 굳건하게 합류해야 합니다. 그래서 다음 세대들이 자신감을 가지고 세계와 호흡하게 해줘야 합니다. 이를 위해 저는 세 가지가 중요하다고 생각합니다.

첫째는 탄탄한 제조업이 토대가 되어야 한다는 것입니다. 한국은 현재 세계 일곱 번째 무역대국의 자리를 지키고 있습니다. 세계 무역대국 가운데 흑자를 기록 중인 나라는 한국과 중국, 그리고 독일 정도밖에 없습니다. 한국이 강한 제조업 기반을 갖고 있기 때문에 이런 성과가 가능했습니다. 한국의 제조업 생산은 세계 5위를 유지하고 있습니다. GDP의 30퍼센트 이상을 제조업이 차지하고 있으니 탄탄하다고 할 수 있습니다.

하지만 우려되는 부분도 없지 않습니다. 우선 국내에서 제조업을 경시하는 경향이 갈수록 늘어나고 있습니다. 기업들의 투자도 위축되고 정부의 산업정책도 과거에 비해 약화되지 않았나 생각됩니다. 수출로 경제의 활로를 찾지 않으면 안 되는 상황에서 국내 제조업이 약화되면 경제가 어려워질 것은 뻔한 일입니다. 나아가 일자리 부족과 중산층 붕괴로까지 이어질 것입니다.

과거에 경제력이 강한 나라는 '강한 제조업'과 '국제수지 흑자'라는 기반을 갖고 있었습니다. 그런데 현재 전통적 경제 강국 중 상당수가 제조업 약화와 국제수지 적자를 겪고 있습니다. 반면에 신흥국 가운데 경제발전이 두드러진 나라들은 제조업 투자가 활발하며 수출이 급증하는 특성을 보여줍니다. 이런 상황은 21세기 들어 세계 경제가 왜 신흥 시장 중심으로 재편되는지를 이해할 수 있게 해줍니다. 과연 우리가 어떤 선택을 해야 할지 여기서 분명한 교훈을 얻어야 합니다. 저는 여러분이 사업을 할 때에도 이 점을 유념할 필요가 있다고 생각합니다. 제조업이 강하고 수출에 적극적인 나라가 여러분에게 더 많은 기회를 제공할 것입니다. 지금 아시아가 그 대표적인 지역으로 떠오르고 있습니다.

두 번째로 해외에서의 경제활동 네트워크가 더욱 강화되어야 합니다. 우리의 경제 규모에 비춰볼 때 해외에서 활약하는 경제인의 수가 아직 부족한 것 같습니다. 우리는 100년이 넘는 해외 이주 역사를 통해 현재 700만 명이 넘는 분들이 해외에서 활약을 펼치고 있습니다. 이는 우리의 경제력과 대외 활동 규모를 고려할 때 결코 많은 숫자가 아닙니다.

외교부 통계를 보면 해외 이주민의 숫자는 1980년대 연간 3만 명이 넘던 수준에서 2000년에는 1만 5,000명 수준으로, 그리고 2010년 이후에는 1,000명도 되지 않는 수준으로 대폭 줄어들었습니다. 특히 비즈니스 목적의 이주는 2000년 2,500건 수준에서 2011년에는 100건도 되지 않을 만큼 축소되었습니다. 이러한 통계는 최근 한국인의 진취적 기상이 떨어지고 있음을 보여주는 증거라고 할 수 있습니다.

저는 우리나라 경제활동인구의 20퍼센트까지 해외로 나가야 한다고 생각합니다. 기업도 적극적으로 해외로 나가고 국민들도 새로운 기회를 찾아 해외로 진출해야 합니다. 국내외 부문이 서로 힘을 합쳐 더욱 탄탄한 비즈니스 네트워크를 구축해야 합니다. 제가 세계경영을 추진하던 1990년대에 대우는 28만 명의 임직원 가운데 18만 명이 외국인이었습니다. 이 중 백인계 고용 인력만 10만 명에 달했습니다. 일찍부터 해외로 나갔기 때문에 한국 기업을 위해 일하는 외국인 종업원 수가 내국인보다 더 많아진 것입니다. 지금도 많은 대우 출신 임직원들은 과거 인연을 맺은 나라에서 활발하게 비즈니스를 펼치고 있습니다. 이런 식으로 전 세계에 걸쳐 인적 기반을 계속 늘려가야 합니다.

저는 요즘 베트남에 주로 머물면서 3,000개가 넘는 우리 기업들이 현지에 진출해 열심히 노력하고 성과도 올리는 것을 감격적으로 보고 있습니다. 이제 우리도 중소기업들이 과감하게 해외로 나가 규모의 경제를 토대로 경쟁력을 갖춰야 합니다. 우리 경제가 강해지려면 대기업 중심의 경쟁력도 필요하지만, 중소기업들도 함께 강해져야 합니다. 그래서 독일의 '보쉬'나 일본의 '교세라' 같은 세계적인 전문 기업들이 생겨나야 합니다.

우리 중소기업들에게는 지금 새로운 도전의 시대가 다가오고 있습니다. 최근에 보면 회사를 건실하게 키워낸 중견 기업 가운데 상당한 자본을 축적한 회사들이 생겨나고 있습니다. 제 경험과 해외 사례들을 볼 때 이런 건실한 기업들에게 반드시 기회가 주어지리라 생각합니다. 축적된 자본으로 새로운 성과를 만들어가는 과정을 한 번 더 거친다면 이런 회사들은 세계적 수준으로 충분히 올라설 수가 있습니다.

이런 회사들이 많기 때문에 저는 앞으로 머지않은 장래에 우리나라에도 중소기업의 시대가 열릴 것이라고 예상해 봅니다. 이런 시대가 되면 모든 분야를 다루는 대기업과 전문 역량을 갖춘 중견 기업들이 어깨를 나란히 하며 경제의 중심으로 자리 잡게 될 것입니다. 이렇게 해서 100억 달러 이상 수출하는 중견 기업이 100개 이상 생겨나면 우리 경제는 더욱 안정적인 발전을 이어갈 수 있습니다.

셋째는 우리의 미래를 짊어질 젊은이를 바르게 키워내는 것입니다. 세계한인무역협회에서도 차세대무역스쿨 등 다양한 노력을 통해 젊은이에게 기회를 만들어주고 있다고 알고 있습니다. 회원 여러분도 애국심과 기업가정신을 합쳐 우리 후대들을 키우는 데 관심이 많다고 들었습니다.

저 또한 글로벌YBM이라는 프로그램을 통해서 진취적인 우리 젊은이들이 신흥 시장에 도전하도록 돕고 있습니다. 처음에는 제가 머무는 베트남에서 작은 규모로 시작했습니다. 지난 5년간 매년 수료생 100퍼센트가 취업이 되고 또 직장에서도 좋은 평가를 받고 있어서 내심 보람을 느끼게 됩니다. 현재는 베트남과 미얀마, 그리고 인도네시아에서 양성과정을 운영하고 있습니다. 앞으로 세 나라에서 각각 150명 정도씩 약 500명을 매년 양성했으면 하는 마음으로 열심히 노력하고 있습니다.

젊은이들을 돕는 길

저는 처음부터 젊은이들이 현지에 철저히 적응할 수 있도록 교육했습니다. 현지인처럼 생각하고 현지인과 소통할 수 있고 현지에 대한 관심이 진심으로 머릿속에 자리 잡아야 비로소 비즈니스를 할 자격이 생깁니다. 그래서 무엇보다 영어와 현지어 교육을 충실하게 시키고 있습니다. 이런 현지 적응력을 전제로 경영과 회계, 마케팅 등을 실전 경험이 많은 선배들을 통해 배우도록 하고 있습니다. 과거 대우에서 저와 함께 해외를 누비던 동료들이 여기에 기꺼이 도움을 주고 있습니다.

앞으로 이 젊은이들은 취업한 회사에서 10년 정도 경험을 쌓게 될 것입니다. 그런 다음에 절반 정도는 회사 내에서 간부로 커나가고 나머지 절반은 독립해서 사업을 시작할 것으로 봅니다. 하지만 서두를 필요는 없습니다. 지금 한국인의 수명이 1년에 0.4세씩 늘고 있습니다. 1960년대에 52세였던 평균수명이 지금 81세로 늘었습니다. 이런 추세라면 지금 젊은이들은 100세 이상 살 것입니다. 시간은 충분하기 때문에 서둘지 말고 착실하게 준비를 잘해 나가면 됩니다. 그 방안의 하나로 사업자금을 마련하는 데 도움이 되도록 지금부터 펀드를 만들게 했습니다. 의욕과 열정만 있으면 얼마든지 창업을 할 수 있도록 미리 준비를 해두자는 취지에서 펀드를 만든 것입니다. 신흥 시장에서는 땅을 살 필요가 없고 경공업 분야는 투자비가 많이 필요하지 않기 때문에 지금부터 여윳돈을 모아 충분히 대비할 수 있습니다. 이처럼 구체적인 계획을 세우고 하나씩 실행해 나가는 것이 중요합니다. 그래야 꿈이 실현될 수 있다는 확신이 생기고, 그만큼 더 노력을 하게 되는 것입니다.

사람이 자산이고 경쟁력입니다. 우리 후대를 잘 키워내는 것이 곧 우리의 경쟁력을 유지발전시키는 길입니다. 제가 만나본 우리 젊은이들은 충분한 가능성을 지니고 있습니다. 젊은이가 지닌 열정을 선배 세대가 조금만 관심을 가지고 이끌어준다면 그들은 확신을 가지고 성취의 길을 내달릴 수 있을 것 같습니다. 한국인은 머리가 좋고 부지런하며 승부욕도 강해서 세상 어느 누구와 견주어도 절대로 뒤지지 않습니다. 그러니 세계를 무대로 야심차게 도전하는 젊은이가 많이 나왔으면 좋겠습니다.

지금 세계한인무역협회(World-OKTA) 회원 여러분은 해외에서 우리 젊은이들을 비즈니스로 이끌고 있고, 저는 국내의 젊은이들이 해외로 나가게 돕고 있습니다. 이것은 여러분이나 저나 해외 진출의 중요성을 절실하게 느꼈기 때문일 것입니다. 같은 생각으로 펼치는 일인 만큼 서로 협조하면 더 많은 성과가 나올 수 있을 것 같습니다.

올해로 제 나이가 80이 되었습니다. 1967년 대우를 창업하고 경영자로 활동하면서 오로지 해외 시장 개척을 위해 혼신의 노력을 다했습니다. 오늘 이 자리는 제가 수출활동을 처음 시작했던 곳에서 재외 경제인 여러분과 함께하는 만큼 저에게 뜻깊은 자리가 아닐 수 없습니다. 앞으로 많은 분들 앞에서 제 의견을 말씀드릴 기회가 얼마나 더 있을지 모르겠지만, 제 팔십 평생을 동지와도 같은 여러분과의 만남으로 마무리한다는 사실이 진심으로 영광스럽습니다.

이제 저는 우리 젊은이들이 더 큰 세상을 향해 도전하도록 돕는데 여생을 바치려고 합니다. 이들이 꿈을 이루는 모습을 생전에 보게 된다면 더없는 영광이자 보람이 될 것입니다.

비즈니스 세계에서는 분명한 미래가 있어야 현재가 열리고 미래의 비전을 새롭게 할 때 지금 해야 할 일이 명확해집니다. 비전의 창조자로서 경영자의 역할이 대단히 중요합니다. 경영자는 사업에 미쳐야 모든 것이 보이고 미래도 대비할 수 있게 됩니다. 특히 한창 커나가는 기업에서는 경쟁력의 99퍼센트가 경영자에게 달렸다고 저는 말씀드리고 싶습니다. 그러니 미래를 향해 하루하루 부단히 노력해 나가야 합니다. 마지막으로 아시아가 여러분에게 기회의 땅이 될 것이라는 점을 다시 강조하며 오늘 제 얘기를 마치겠습니다.

기업은
경제를 책임져야 한다

나는 1년의 3분의 2를 해외에서 지냅니다. 해외에 나가면 항상 느끼는 것이 나라가 강해야 한다는 점입니다. 나라가 강하지 않으면 차별대우를 받고 사업도 아주 불리한 여건에서 하게 됩니다. 나라가 강하지 않으면 기업도 생존하기 힘들다고 생각합니다.

-1984년 4월 8일, KBS 김우중 회장과 100명의 대학생 자유토론

~ ~ ~ ~ ~

기업의 목적은 이윤추구에 있습니다. 이윤은 기업의 지속적인 성장에 필수불가결한 요소일 뿐만 아니라 양질의 제품과 서비스의 제공을 가능케 해주는 초석입니다. 기업은 이윤추구의 중요성을 부인할 수 없습니다.

그러나 좀 더 거시적으로 생각해 볼 때 기업은 한 나라, 특히 개

발도상국에 있어서는 경제발전을 주도해야 할 사명을 갖고 있습니다. 어느 나라건 경제성장 없이는 발전할 수 없으며, 어떤 경제이건 한 세대의 희생적 노력 없이는 성장을 이어갈 수 없습니다.

바로 한국이 현재 경제발전의 도상에 있습니다. 한국 국민들이 민간부문에 경제발전을 주도해 나갈 수 있도록 배려해 준 것은 매우 다행한 일이라고 할 수 있습니다. 그러나 이는 저희 한국 기업인들에게는 반드시 이루어야 할 막중한 책임입니다. 저희는 후대의 번영을 위하여 기꺼이 저희 자신을 희생하겠다는 숭고한 사명감으로 이 책임을 완수해 나갈 것입니다.

—1984년 6월 18일, 국제기업인상* 수락 연설

---

* 기업인의 노벨상이라 불리는 상으로 국제상업회의소(ICC, International Chamber of Commerce)가 3년에 한 번씩 세계적인 기업인을 선정해 수여한다. 김우중 회장은 아시아 기업인 중 최초로 이 상을 받았다.

성장이 지속될수록
더 정신 차려야 한다

우리가 기업다운 기업을 시작한 것은 1960년대입니다. 일제 때에는 기업다운 기업을 해볼 기회가 없었고 교육도 못 받았습니다. 기업의 경영자는 리더십이 필요한데 그때는 철학이 있고 머리가 트인 사람들이 참여를 못 했습니다. 그래서 그동안 모범을 보이지 못해 부작용과 많은 비판이 따랐는데 이에 대해서는 반성이 있어야 할 것입니다.

그러나 이제는 해방 후 40년, 6·25전쟁 후 30년이란 세월이 흘렀습니다. 정상적인 교육을 받은 사람들이 기업에 들어와 리더십도 생겨나기 시작했습니다. 중간관리층도 많이 형성됐고 20년 이상의 경력을 가진 전문 엔지니어들도 생기게 됐습니다. 또 지난 2~3년간의 불황 속에서 고생도 했지만 좋은 교훈을 얻었고 사고방식도 많이 달라졌습니다. 한마디로 1960년대, 1970년대보다 알찬 성장을 할 수 있는 여건이 구축되었다고 봅니다.

문제는 지금까지 고성장이 지속되다 보니 소비 수준이 단계를 밟지 않고 지나치게 높아졌습니다. 이것이 더 큰 문제입니다. 우리의 분수로 보면 70 정도가 알맞은데 지금 100 정도에 와 있는 것 같습니다. 다시 자기 위치를 찾는 것이 필요합니다.

−1984년 3월 24일, 《매일경제》 조순 교수와의 특별대담

~ ~ ~ ~ ~

지금 우리 국민소득이 2,000달러가 되었다고 잘사는 것처럼 착각을 하는데, 명목상은 2,000달러 소득이나 실질적으로는 그렇지 못합니다. 일본이 국민소득 1,000달러가 되었을 때 자동차 값이 1,000달러였습니다. 하지만 지금 우리는 자동차 가격이 5,000달러입니다. 돈 가치로 비교해 보면 지금 우리의 국민소득을 400달러 정도로 보아야 맞습니다. 명목상의 소득만 가지고 비교해서 일본이 그 당시 그렇게 했으니까 우리도 그렇게 해야 하지 않겠느냐는 막연한 이야기만 오가고 있습니다. 우리는 이 시점에서 우리가 어떻게 사는 것이 정상이라는 기준을 세우고 가야 합니다. 지금 정신을 차리지 않으면 머지않아 우리 사회에 큰 어려움이 닥칠 수도 있습니다.

−1985년 5월 21일, STORM '85 교육 부서장과정 회장과의 대화

잘사는 나라만 대접받는다

해외를 돌아다녀본 사람은 누구나 잘사는 나라 사람들이 대접받고 있다는 것을 느낄 것입니다. 우리도 우리가 사는 만큼만 대접을 받습니다. 가난을 경험하고 이런 냉혹한 세상을 접해본 세대로서 우리 후대에게 이 가난을 절대로 물려줘서는 안 된다는 것이 나의 신념입니다.

−1987년 1월 28일, MBC 신년 재계 대담

꿈은 곧 미래에 대한
확신이다

자기 분야에 애정을 가지고 최선을 다하는 사람들을 보면 분명히 뭔가 다른 점이 있습니다. 그런 사람은 반드시 꿈을 지니고 있으며, 그것을 성취할 수 있다는 믿음을 가지고 있습니다. 많은 사람들이 목표에 대한 도전도 하지 않고 쉽게 포기해 버리는 이유는 바로 꿈이 없는 인생을 살아가기 때문입니다. 꿈이 있는 사회는 미래에 대한 확신이 있고 힘과 의지도 강합니다. 우리가 꿈을 가져야 하는 이유를 저는 바로 여기서 찾고자 합니다.

−1991년 11월 9일, 전국 대학교 최고경영자과정 총연합회 초청강연,
"위기를 극복하는 지혜"

공단보다 넓은 골프장이라니

우연한 기회에 우리나라 골프장의 총 면적이 6,700만 평에 이르러 우리나라 전체 공업단지 면적인 5,000만 평보다 더 넓다는 사실을 알고 크게 놀란 적이 있습니다. 대체로 골프장을 하나 건설하려면 공장을 하나 짓는 만큼의 돈이 들어갑니다. 그런 큰 비용이 들어가는 골프장이 어느새 이 정도로 늘어나 있다면 지금의 우리 경제 수준과 국토 여건을 고려할 때 그것이 정상적이라고 볼 수는 없을 것입니다.

−1992년 9월 18일, 메디컬 와이즈먼즈 클럽 초청강연, "전환기의 한국경제"

어떻게 삶을 마무리할 것인가?

(저는) 대학 졸업하고 사회에 나와 월급쟁이 생활 7~8년 하고, 회사 만들어서 지금 32년째입니다. 이제 환갑이 지났기 때문에 저도 살아온 일생을 정리할 때가 왔습니다. 이런 일(외환위기)이 없었더라면, 제 삶을 정리하면서 앞으로 제2의 인생을 어떻게 살 것이냐, 또 제가 사는 인생을 어떻게 마감하는 것이 좋으냐 하는 것을 상당히 깊이 생각했을 것이라고 봅니다. 그런데 신의 장난인지, 이런 일이 생겨, 그 와중에 전경련 회장대행을 맡게 됐습니다.

전경련은 나라를 위해서 한번 봉사해 볼 수 있는 자리라고 봅니다. 그래서 제2의 삶을 사는 대신에 전경련을 통해 우리나라 전체적인 발전에 조금이라도 도움이 될 수 있다면 한번 해볼 가치가 있지 않느냐 하는 생각을 최근에 자주 하고 있습니다. 그런 방향에서 옳은 소리를 하고, 그렇게 하려면 제가 많은 것을 희생해야 합니다. 전에는 그랬습니다. 은퇴하면 남은 시간을 어디에 쓸 것이냐,

제2의 인생을 어떻게 살 것이냐? 제일 좋은 제품, 세계에서 제일 좋은 제품을 만드는 쪽으로 방향을 잡아서 한번 해볼까 생각했었는데 아직도 그 미련은 버리지 않고 있습니다. 저는 선대로부터 아무것도 물려받은 것 없이 우연히 사업을 시작해서 오늘에 이르렀고, 이제 남은 일은 제가 가지고 있는 부를 다음 세대를 위해 어떻게 사회적으로 잘 활용하느냐, 즉 어떻게 돈을 잘 쓰는가 하는 것입니다. 여러분에게 약속드리지만 모범적으로 마무리할 작정입니다. 그것만은 여러분에게 조금도 부끄러움 없이 아주 모범적으로 마무리할 생각을 하고 있습니다.

-1998년 7월 31일, 관훈간담회, "희망의 싹을 틔우자"

2
경쟁과 협력

아시아에서 비즈니스 변혁을: 기회 창출과 협력 확대를 위해*

― 1993년 9월 21일, 비즈니스위크 주관 아시아 최고경영자 심포지움 기조연설

신사 숙녀 여러분. 이곳 상하이는 저를 포함한 한국인들에게는 특별한 감회를 주는 도시입니다. 한반도가 일본 식민통치 아래 있던 시절, 상하이에는 대한민국 임시정부가 설치되어 13년간 조국의 독립을 위해 활동했습니다.

비즈니스위크와 상하이 시가 주관하는 심포지엄을 통해 여러분과 만나게 된 것을 영광스럽게 생각합니다. 중국 경제의 중심지이자 개방과 국제화의 상징이기도 한 상하이에서 각국의 지도적 인사들이 만나 교류의 기회를 갖게 된 점은 본 심포지엄이 추구하는 바를 더욱 뜻깊게 만들어 줄 것입니다.

오늘 저는 현재 새롭게 형성되고 있는 국제 질서 아래에서 아시

• 강연 원제는 Transforming Business in Asia: To Create Opportunity and Expand Cooperation이다.

아가 갖는 의미와 기업 활동의 변화에 대한 전망을 그간의 경험을 바탕으로 말씀드릴까 합니다.

아시아권의 발전을 가능하게 한 요인

서두에 그간 아시아 지역이 이룩한 경제발전의 의의를 개괄해 보는 것은 이 지역의 특수성을 이해하는 데 도움이 될 수 있습니다. 한국을 비롯한 아시아 여러 나라들은 금세기 후반 들어 단기간 동안 급속한 발전을 이룩했습니다. 그리고 이를 기반 삼아 이제는 세계사의 중심 영역에서 다양한 교류와 협력 활동을 펼쳐나가고 있습니다. 그 속도나 시기에 있어 다소의 차이는 있지만 이러한 발전적인 변화는 극동아시아와 동남아권에 속하는 대부분의 나라에서 공통적으로 수행되었습니다.

그중에서도 이 지역이 경제 분야에서 이룩한 성공들은 전 세계에 강렬한 인상을 심어주기에 충분했습니다. 오늘날 국제사회에서 어떤 이들은 이를 획기적인 발전이라 평가하는가 하면 어떤 이들은 아시아가 지닌 무한한 성장의 잠재력을 경계하기도 합니다. 실제로 아시아권이 보여주는 과거와 현재 사이의 극명한 경제력 대비는 국가 단위의 성공적인 경제발전에 관한 교훈적인 사례로써 자주 인용되고 있습니다. 아무런 기반도 갖지 못한 상태에서 어떻게 효과적인 경제발전을 이룩하느냐에 대해 이 지역의 많은 나라들은 의미 있는 해답을 제시해 주기 때문입니다.

간단히 요약하면 그것은 정부의 강한 경제개발 의지, 기업들의 과감한 도전, 그리고 국민 전체의 열성적인 노력, 이 세 가지로 집약됩니다. 각 주체들이 외부 환경과 내부 여건에 도전하여 단시일 만에 성공적인 발전 기반을 만들어냈다는 점은 시사하는 바가 많습니다.

새로운 세계 질서와 아시아

이처럼 20세기 후반 들어 세계 경제체제 내에서 부동의 위치를 확립한 아시아 지역이지만 아직 미래를 낙관하기는 이른 것 같습니다. 아시아는 현재 새로운 도전에 직면하고 있습니다. 과거 이 지역의 발전이 각국이 독자적으로 노력한 결과물이었다면 이제 새롭게 대두되는 환경은 그것을 불가능하게 할 수 있다는 점에서 많은 국가들은 이를 위기로 해석하기도 합니다. 현재 아시아가 직면한 경제 여건은 그 변화의 근원을 더듬어볼 때 크게 두 가지 조류에 영향 받고 있음을 알게 됩니다.

첫째는 세계화의 물결입니다. 국경이라는 지리적 경계를 포함해 다양한 영역들 사이에 경계가 허물어지는 통합화, 복합화, 보편화 현상은 이미 아시아권에도 신질서 형성을 강력한 이슈로 제기해 놓았습니다. 세계화는 또한 세계적인 시장통합과 함께 단지 상품의 이동이 아닌 생산기지의 이전을 일상적인 일로 만들어버렸습니다. 그 당연한 귀결로 아시아권에서 거대 기업의 활약은 두드러지게 확산되고 있으며 양산체제가 국제적으로 분산되어 가는 새로운 흐름이 나타나고 있습니다. 아시아권에서도 국가 간, 기업

간의 국제적 상호 의존관계는 앞으로 더욱 심화될 수밖에 없습니다. 이러한 소리 없는 움직임은 민간 차원에서의 교류를 무역 중심에서 합작이나 직접투자, 기술이전 등의 형태로 변화시키기 시작했습니다.

또 다른 변화의 물결은 자국 이익의 극대화를 주축으로 하는 경제적 실리화로 밀려들고 있습니다. 과거의 정치·군사적 전략과 제휴를 송두리째 무너뜨린 이 새로운 조류는 21세기가 벌써 시작되었다는 평가를 가져올 만큼 이미 전 세계에 걸쳐 획기적인 변화를 만들어냈습니다. 불확실성의 시대라고 불리기에는 경제적 실리를 추구하려는 국제사회의 움직임이 너무도 뚜렷합니다. 그 결과 이제 세계는 모든 영역에 걸쳐 초경쟁에 휩싸이게 되었습니다. 특징적인 것은 이러한 국제 질서가 국가를 기본단위로 하는 극히 현실적인 이해관계의 조정에 의해 이룩되고 있다는 사실입니다. 그것은 곧 한 나라의 경제력이 국제사회에서의 발언권에 직결될 수 있음을 의미합니다.

그런데 이 두 가지 조류는 서로 상반되고 모순된 논리를 지닙니다. 대문을 열어놓으면서 한편으로 울타리를 높이 치는 모습을 연상시키는가 하면, 개방과 폐쇄, 협력과 견제가 혼재하는 양상을 띠기도 합니다. 아시아의 고민은 여기에서 비롯됩니다. 경제개발을 본격화하고 있는 이 지역의 대다수 국가들은 아직 국제환경의 변화에 효율적으로 적응할 수 있는 내부 기반이 충분치 않습니다. 따라서 세계화에 맞물려 진행되는 실리화 경향에 대해 아시아 각국이 우려를 표명하는 것은 충분히 타당성을 갖습니다. 새로운 국제 질서는 비교우위에 기초한 전통적 경제협력을 근원적으로 차단할 수 있기 때문입니다. 선진 경제권의 블록화 현상은 그 대표적 예가 될 것입니다.

아시아의 미래와 기업활동의 변화

이러한 국제 질서가 기정사실화되고 있는 지금, 아시아권이 새로운 협력관계를 모색하는 것은 불가피하리라 생각됩니다. 이 지역의 이해 당사국 간에 이에 대한 지속적인 협의와 대안 모색이 이루어지고 있는 것도 사실입니다. 이와 결부하여 저는 새로운 도전에 직면한 아시아 지역이 지속적인 발전을 추구하기 위해 선택할 수 있는 보다 현실적인 대안을 제시하고자 합니다. 제 견해는 크게 두 가지로 집약할 수 있습니다.

첫째는 아시아 지역 스스로가 내부의 기회를 최대화하고 그것을 함께 공유하자는 것입니다. 주지하듯이 아시아는 인구와 면적, 그리고 부존자원 면에서 막대한 잠재력을 지니고 있습니다. 그리고 활발한 생산활동을 바탕으로 산업 고도화에 박차를 가하고 있습니다. 기업에게는 이러한 사실이 발전을 위한 기회의 보고(寶庫)와도 같습니다. 여기에 더해 저는 특별히 아시아 각국이 상호보완적인 경제구조를 가지고 있다는 사실에 주목하고자 합니다. 각국의 경제적 강점이 기업 간의 협력, 특히 국경을 초월한 국제적 생산활동으로 결합될 때 아시아는 스스로의 힘만으로도 충분히 새로운 발전 기회를 창출해 낼 수 있으리라고 봅니다.

예를 들어 생산요소들의 비교우위를 전제로 다자간 협력이 이뤄진다면 아시아 지역은 가장 경쟁력 있는 상품을 세계시장에 제공할 수 있습니다. 더 나아가서는 이러한 생산측면에서의 협력을 바탕으로 'Made in Asia'로 명기된 공동의 제품을 선보일 수도 있을 것입니다. 따라서 우선적으로는 민간 차원에서 기업들이 중심이 되어 생산 측면에서의 수평적 결합을 형성해 나가는 것이 아시아권의 공존과 발전을 보장하는 현실적인 방안이 아닐까 생각됩니다.

물론 이러한 발전적인 협력관계가 실현되기 위해서는 이해 당사자 간에 신뢰의 기반이 조성되어야 합니다. 저의 체험을 바탕으로 말씀드린다면 신뢰는 상대방의 입장에 서서 생각하는 자세로부터 생겨납니다. 대우는 현재 세계 각지에서, 특히 아시아 지역에서 많은 협력사업들을 추진하고 있습니다. 대우가 벌이는 해외사업들은 대우의 이익과 동등한 규모로 사업이 수행되는 나라에 이익을 가져다주고 있습니다. 대우가 글로벌 기업의 성공 사례로 평가받는다면 그 가장 큰 요인은 바로 합리적 파트너십에서 찾아야 할 것입니다.

둘째는 갈수록 첨예하게 경제적 이해를 다투는 국제관계에 아시아권이 어떤 방식으로 적응할 것이냐와 결부된 것입니다. 세계 경제의 지역주의 블록화 추세가 가속화되고 있는 오늘날, 아시아는 가장 높은 성장 잠재력으로 인해 새로운 주목을 받고 있습니다.

일본을 제외한 동아시아 지역만 해도 2000년대에 이르면 역내 총생산이 5조 달러를 넘어설 것으로 추산되고 있습니다. 이러한 경제적 위상을 고려할 때 앞으로 국제 협력에 있어서 이 지역은 중요한 위치를 점유할 것이 분명합니다. 따라서 아시아권이 어떤 모습으로 대처하느냐에 따라 국제 우호가 증진될 수도 있으며 세계적인 이해 상충의 골이 깊어질 수도 있습니다.

아시아가 단일 경제권을 형성하기 위해서는 많은 난제들을 극복해야 합니다. 예를 들어 이 지역의 국가들은 대체로 동반자 관계와 함께 경쟁자로서의 양면적인 모습을 지니고 있습니다. 따라서 경쟁분야에서의 공정한 관행 정립 등 각국의 상충되는 이해관계를 조정하는 데 상당한 시일이 필요할 것입니다. 또한 얼마 전까지만 해도 전혀 다른 경제체제가 이 지역 내에 혼재되어 왔습니다. 비록 시장경제로의 이전이 가속화되고 있기는 하지만 아직 성숙한 구조를 만들어내지는 못한 상태입니다. 이런 입장에서 본다면 지역협력체제를 강구하는 순서는 내부 문제를 풀어나가는 것보다 외부 여건에 공동으로 대처해 나가는 데서 시작되어야 할 것입니다.

아직까지 아시아권은 선진 경제권에 의존적인 경제구조를 지니고 있습니다. 따라서 국제적인 교섭력을 높이는 문제는 이 지역의 공통된 관심사이자 각국이 당면한 중요한 외교적 과제이기도 합니다. 관건은 어디서 문제 해결의 단서를 찾느냐에 있지 않을까 생각됩니다. 개인적인 견해입니다만, 저는 이를 위해 중국의 역할이 중요하다고 생각합니다. 20세기 세계적 지도자의 한 사람인 드골은 일찍이 "아시아에서는 중국과 관련 없는 정치적 현실이 어느 곳에도 존재하지 않으며, 아시아 대륙에는 중국과 관련 없는 평화도 전쟁도 상상할 수 없다"라고 말했습니다. 시대상황은 많이 달라졌지만 중국의 위상은 여전히 아시아 지역에서 중요한 위치를 점하고 있습니다.

중국은 개혁과 개방에 나선 1979년 이래 연평균 8.9퍼센트의 실질성장률을 기록해 왔습니다. 별다른 내적 동요 없이 거대한 경제체제가 이처럼 지속적인 발전을 이룩해 냈다는 사실을 통해 우리는 새삼 중국의 저력을 실감할 수 있습니다. 이제 중국은 국제적 발언권을 주장하기에 충분한 경제적 기반을 갖추고 있다고 생각됩니다. 일례로 최근 IMF는 중국의 경제력이 구매력을 기준으로 볼 때 세계 3대 경제 강국에 든다고 평가한 적이 있습니다.

그러나 보다 중요한 것은 수치로 평가되는 발전 성과가 아니라 중국의 보이지 않는 잠재력입니다. 단일 국가로서는 가장 큰 잠재시장을 지닌 중국은 개발과 산업화의 여지 또한 가장 풍부하게 보유하고 있습니다. 따라서 앞으로 중국의 잠재력이 개발되는 과정은 그 자체가 중국의 경제력을 상승시키는 한편, 아시아 기업들, 그리고 아시아 밖의 기업들에게 중요한 협력의 기회를 제공하게 될 것입니다. 이러한 과정을 통해 국제사회는 보다 우호적인 분위기를 형성해 나갈 수 있으며, 아시아권은 공유된 이해와 협력을 바탕으로 국제적 위상을 높일 수도 있습니다.

기업인의 사명

마지막으로 저는 이 자리에 참석하신 기업인 여러분께 아시아의 발전을 위한 보다 적극적인 노력을 제안하고자 합니다. 기업은 항상 가능성을 추구하는 창조의 집단이었습니다. 기업은 스스로 변화를 만들어 인류의 번영에 기여해 왔으며, 때로는 외부환경의 변화를 수용하여 더욱 큰 발전을 이룩하는 개척과 도전을 수행하기도 했습니다. 길게 회고해 보지 않더라도 우리는 민간 차원에서 기업들의 교류와 협력이 이념의 장벽을 무너뜨리고 세계평화의 길잡이가 되었던 사례들을 얼마든지 기억해 낼 수 있습니다.

아시아의 미래를 위해서도 기업은 중요한 역할을 수행할 수 있습니다. 저는 앞서 신뢰의 중요성을 강조했습니다만, 아시아가 상호신뢰의 기반 아래 지속적인 교류와 협력을 발전시켜 나가기 위해서는 기업협의체의 구성이 필요하다고 봅니다. 저는 이 자리를 빌려 민간 차원에서 아시아의 공동번영을 추구해 나가기 위해 가칭 '아시아기업협의회(Asian Enterprise Council : AEC)'를 창설하는 것도 유익한 방편이 되리라고 생각합니다.

아시아권은 과거부터 대가족제도 아래 개개인의 화합과 균형을 추구해 온 아름다운 전통을 간직하고 있습니다. 이러한 문화적 공통점은 아시아의 기업들이 지혜를 모으고 화합을 이룩하는 기반이 되기에 충분합니다. 만일 아시아 각국에서 리더십을 지닌 명망 있는 기업들이 한자리에 모여 아시아의 협력 방안을 논의하고 상호 이해를 공유해 나갈 수 있는 기구를 결성한다면 아시아의 발전은 더욱 가속화될 것입니다.

아시아는 고대로부터 찬연한 문명의 틀을 키워왔으며 강한 정신적 유대를 이어왔습니다. 비록 유럽을 중심으로 하는 세계사의 확산 구조에 편입되면서 침체의 그늘을 드리운 불행한 과거도 간직하고 있지만, 아시아의 중요성은 과거에도 현재에도 그리고 미래에도 결코 과소평가될 수 없습니다. 아시아의 발전은 세계와 인류를 번영하게 하는 길이기도 합니다.

지금 이 시대는 보다 풍요로운 미래를 위한 준비과정으로 선용되어야 합니다. 아시아는 세계와 교류하고 협력하면서 발전과 성장을 위한 노력을 지속해 나가야 합니다. 본 심포지엄이 이러한 이상을 향해 아시아가 교류와 협력의 기회를 증진시키고, 나아가 아시아와 세계가 꿈과 비전을 공유하는 유익한 기회가 되기를 기대해 봅니다. 경청해 주신 여러분께 감사드립니다.

선진국의 규제와
후진국의 도전을 이겨내야

오늘날과 같은 불확실성의 시대가 초래된 것은 우리가 과거 호황기를 누리면서 항상 돈을 쉽게 벌 수 있다는 착각 속에서 앞으로 닥쳐올 문제에 대한 준비가 소홀했기 때문입니다. 구체적으로 보면 선진국들이 해이해져 있는 동안 중진국들이 생산부문에 힘써 경쟁력을 향상시켰습니다. 이렇게 되자 선진국들은 보호무역주의 정책을 펼치면서 여러 가지 규제를 가하기 시작했습니다. 선진국 입장에서 보면 이러한 규제 조치는 제일 쉬운 방법입니다. 지금 유럽에서 10퍼센트 이상의 실업자가 생겨나고 있습니다. 이것을 방치하면 사회문제가 될 것입니다. 그러면 다시 정치문제가 되고 또 정권과 관련하여 자동적으로 사회혼란이 가중됩니다. 그러니 규제를 하려고 드는 것입니다.

우리는 그런 선진국의 규제에 대항해야 하고 또 후진국들이 경쟁력을 갖춰 우리에게 도전해 오고 있기 때문에 양쪽에서 여건이 어려워지고 있습니다. 이런 사정을 미리 내다보고 적극적으로 준비했어야 하는데 우리가 그렇게 하지 못했기 때문에 지금 어려움을 맞은 것입니다. 앞으로 이 어려움을 이겨내려면 과감하게 시대에 도전하여 산업계를 이끌겠다는 리더십을 키워야 합니다.

-1984년 4월 1일, 서울대학교 경영정책 특별강연

현상 유지는 퇴보다

오늘날 같은 경쟁사회에서 현상 유지란 곧 퇴보를 의미합니다.

－1990년 1월 3일, 그룹 신년하례식 신년사

~ ~ ~ ~ ~

한국을 포함한 4개 국가는 이 시기에 괄목할 만한 성장을 보여주었습니다. 어느 면에서는 세계 경제에서 상당한 의미를 부여받는 위치에 도달해 있는 것도 숨길 수 없는 사실입니다. 그러나 '네 마리 용'이 국제사회의 이목을 집중시킨 가장 큰 이유는 그들의 성장과 발전이 국제적으로 '위협적인 수준'에 도달해서라기보다는 그들의 성장과 발전 속도가 선진국에 비해 상대적으로 '위협적인 속도'였기 때문입니다.

－1990년 2월 22일, 미국 MIT 초청연설

~ ~ ~ ~ ~ ~

　세계 전체가 경쟁의 격화로 치닫다 보니 이제 성장과 발전이라는 개념까지도 그 자체의 뜻으로 해석되기보다는 상대적인 의미를 보다 강하게 띠게 되어버렸습니다. 다시 말씀드려, 우리가 작년에 비해 얼마나 성장했느냐 하는 것보다는 우리가 경쟁국보다 얼마나 더 성장했느냐가 더욱 중요한 의미를 갖게 되었다는 것입니다. 만일 이러한 추세가 더욱 심화되어 간다면 우리는 머지않은 시기에 자체의 실패에 의해서가 아니라 경쟁에서 뒤처져 국제사회에서 도태되는 국가를 실제로 목도하게 될 것입니다. 최근 들어 소련이나 동유럽의 공산권 국가들이 개혁의 목소리를 높이고 있는 것 역시 더 이상 국제 경쟁에서 뒤처지면 국가의 존망마저도 위태롭게 된다는 심각한 위기의식을 절실하게 느끼고 있기 때문입니다.

　　−1990년 4월 24일, 사법연수원 초청강연, "근면성, 리더십 그리고 국가발전"

경제력이 국력이다

우리가 주목할 사실은 거대한 동유럽권이 서구의 경제력 앞에 무릎을 꿇은 데서도 시사하는 바와 같이 이제는 세계 모든 나라가 선·후진국을 가리지 않고 '배고픈 이데올로기보다 배부르게 만드는 경제력만이 국가의 생존을 보장한다'는 믿음 아래 실리 위주의 '경제지상주의'를 지향하고 있다는 점입니다.

현재 진행되고 있는 우루과이라운드 협상만 봐도 경제력이 있는 국가가 논의 한마디 없이 자국 이익에 부합되는 조치를 일방통보하는 것으로 협상을 끝내 버리고 있습니다. 이것이 오늘날 우리가 당면한 국제 현실입니다. 이런 추세로 볼 때, 앞으로 국제관계에서는 경제력만큼 국가의 발언권이 주어질 것이며, 우리가 경제력을 키워내지 못하면 국제 무대에서 천대를 받을 수밖에 없다는 점을 분명히 인식해야 합니다.

－1990년 11월 5일, 내무부 지방연수원 초청강연

~ ~ ~ ~ ~ ~

　종합적으로 예견해 볼 때 앞으로는 실리를 확보하려는 각국 간의 입장 대립이 대단히 타이트할 것으로 보입니다. 이러한 이해대립으로 인해 냉엄한 국제관계가 지속되면, 한편으로는 국가의 규모나 여건에 관계없이 국제사회가 대등한 역할과 책임을 요구할 것입니다. 만일 이러한 책무를 게을리 하면 최근 중동사태에서 보듯이 이해를 같이하는 나라들이 연합하여 집단적으로 압력을 가하는 상황에 처할 수도 있습니다.

　이와 같은 국제 질서 아래에서는 과거처럼 우방의 보호에 유아적으로 의존하려는 자세는 더 이상 통용되지 않습니다. 이제는 우리도 국제사회의 일원으로서 책임과 의무를 다한 후에 정당한 권리를 부여받겠다는 홀로서기 자세를 가져야 합니다. 이런 자주적, 자립적 자세를 가지고 국제사회의 목표를 함께 추구해 나가야 우리의 발언권도 키우고 평가 수준도 높여 나갈 수 있습니다.

-1990년 11월 1일, KBS 간부 대상 초청강연

환경 탓 말고 능력을 키우자

국제 여건은 항상 변하기 때문에 어떻게 대응하고 단속하느냐에 따라 얼마든지 그 결과가 달라질 수 있습니다. 잘못 대응하면 우리가 어렵게 될 수도 있지만 반대로 좋게 활용할 수도 있습니다. 여건이란 우리가 이용하고 만들어가는 것이지 그대로 받아들여야 하는 것이 아닙니다. 더욱이 발언권이 미약한 우리 같은 나라는 국제 여건을 탓하고만 있을 형편이 결코 못 됩니다. 스스로 대처할 능력을 키우고 또 거기에 대해 책임을 지는 것이 오히려 현명한 자세입니다. 이런 작업을 충분히 할 수 있음에도 불구하고 우리가 못하고 있는 점이 더 큰 문제라고 생각됩니다.

−1991년 10월 16일, YPO 서울지회 조찬강연

기술로 승부하는 시대가 온다

지금까지는 기술을 어떤 형태로든 공유할 수 있었지만, 앞으로는 어려워질 것입니다. 21세기는 명백한 기술폐쇄주의 시대가 될 것입니다. 고유의 자체 기술력이 확보되지 않는 한, 더 이상의 경쟁은 불가능합니다. 앞으로는 기술과 기술이 경쟁하게 될 것이며, 자체 기술이 있어야 국제사회에서 교류와 협력의 대상이 될 수 있습니다.

　　–1995년 3월 9일, 국립싱가포르대학교 초청강연, "국제화시대의 기업경쟁력"

지역경제화를 대비해
현지로 들어가라

앞으로 20년 후면 틀림없이 세계 경제가 지역경제화 될 것입니다. 그러면 우리도 그 안에서 살아남을 궁리를 해야 합니다. 20년 뒤에는 지금보다 몇 배 더 무역장벽이 높을 것입니다. 따라서 지금부터 그 권역 안으로 들어가려고 노력해야 합니다. 무역장벽이 높아지면 완제품을 파는 데 한계가 있기 때문에 부품 수출도 점차 늘려가야 합니다. 국내에서는 이를 위해 부품산업을 함께 키워나가야 합니다.

하지만 이보다 중요한 것이 현지화입니다. 앞으로 지역경제화가 되면 우리 기업이 현지에 들어가서 경쟁하고 발전해 가야 합니다. 특히 신흥 시장에 기회가 많습니다. 이런 나라에 적극적으로 들어가서 과거에 우리나라가 밟아온 발전과정과 절차를 똑같이 밟아가는 것입니다. 현지에 회사를 세우고 성공시킨 후 증권시장에 상장하면, 그때부터는 자금도 직접 조달할 수 있고 독자 경영도 가능해집니다. 우리는 이런 일을 해본 경험을 가지고 있는 사람들이 아직 현업에 많습니다. 이들이 현지 회사로 가면 그 나라 사람들보다 한발 앞에서 모든 것을 볼 수 있습니다. 선진국 기업은 너무 앞서갔기 때문에 지금은 회사에 이런 경험을 가진 사람들이 없습니다. 따라서 우리가 선진국 기업보다 유리하다는 것입니다.

−1995년 7월 4일, 외교안보연구원 초청특강, "세계경영으로 본 경제외교의 과제"

공장에 가보면
경쟁력이 보인다

저는 그동안 여러 나라를 다녔는데 시간이 날 때면 그 나라에 있는 주요 공장들을 직접 가서 봅니다. 그 이유는 그 공장이 어떤 분야에서 얼마나 앞서 있는지, 우리가 그 사람들과 경쟁할 수 있겠는지를 확인하기 위해서입니다. 경영자라면 누구나 마찬가지겠지만 어떤 분야에서 앞으로 경쟁이 가능하겠느냐 하는 답변은 자기가 직접 찾아야 됩니다. 세계 각지를 돌아다니면서 미리 봐두면 다음에 우리가 그런 분야를 하게 될 때 경쟁력이 있겠는지 판단하기 쉬워집니다.

유럽에 있는 유명한 공장에 가보면 대체로 두 가지 형태를 보게 됩니다. 100년 이상 아주 오래된 회사와 지금 굉장히 발전하고 있는 회사입니다. 젊은 회사, 발전하고 있는 회사에 가보면 서른 살 정도의 젊은 사람들이 활기 있게 효율을 높여서 일을 하고 있습니다. 반면에 100년 된 회사에 가보면 종업원의 평균연령이 50을 넘은 경우가 대부분입니다. 그리고 종업원 중에 50퍼센트 이상이 외국인이고 그중에서 또 반 이상이 불법체류자 이런 사람들로 구성되어 있는 경우가 많습니다.

왜 그렇게 하느냐 하면 우선 기업은 경기가 좋고 나쁠 때 고용 조정을 해야 하는데, 외국인을 고용하면 이 점이 편리하기 때문입니다. 특히 외국인 불법체류자를 고용하면 언제든지 쉽게 해고할 수 있기 때문에 간편한 방법으로 하다 보니까 그렇게 된 것 같습니다. 그런데 이런 공장에 들어가 보면 벌써 품질이라든가 생산성이라든가 하는 것은 굉장히 어렵게 나옵니다. 그런 것을 오래 전부터 들여다보면서 우리가 유럽에 와서 경쟁을 해도 충분히 되겠다 하는 그런 자신을 갖게 되었던 것입니다.

－1997년 7월 25일, 전경련 하계세미나 특별강연, "변화의 주역, 기업"

3
통일,
우리 시대의 과업

평양을 다녀와서*

— 1992년 1월 31일, 신문편집인협회 금요조찬회 초청강연

북한을 다녀온 지 벌써 6일이 지났습니다. 정확한 보도를 위해 서라도 이런 기회를 좀 더 빨리 가졌더라면 하는 아쉬움도 듭니다 만, 귀국 후 사정이 여의치 못해 이제야 여러분을 뵙게 되었습니 다. 이 점 죄송스럽게 생각합니다. 이번 북한 방문은 개인적으로 굉장히 큰 영광이기도 하지만, 이 일이 저에게 처음 주어진 만큼 큰 책임감과 사명감을 가지고 임했습니다. 또한 무엇보다도 다음 세대에게는 반드시 통일된 조국을 물려주어야 한다는 강렬한 의무 감에서 경제를 통해 남북이 통일되는 데 조금이라도 기여하겠다는 자세로 최선을 다하고자 했습니다. 한편으로는 국민들의 많은 기 대와 관심이 상당한 부담을 준 것도 사실입니다. 하지만 저는 이

• 김우중 회장의 공식 방북은 1992년 1월이 최초이다. 그 이전부터 수차례 북한을 다녀 왔지만 이는 모두 비공식 방문이었다.

일을 반드시 성공적으로 끝맺어 여러분이 도와주신 데 보답하려고 생각하고 있습니다. 앞으로도 많은 도움을 부탁드립니다.

압록강 다리 건너며 마지막 시장에 들어간다 생각

먼저 제가 방북을 하게 된 기본 목적을 말씀드리겠습니다. 제가 방북을 하여 그곳 국회의사당에서 처음 회의를 가졌을 때, 그 자리에는 김달현 부총리와 여러 관계 부처의 부부장들이 참석했습니다. 저는 거기서 다섯 가지 생각을 전했습니다. 첫째, 북한의 경제 사정을 너무 모르기 때문에 이에 대해 기본 조사를 하고 싶다. 둘째, 가능하면 상품 교류를 넓혀갔으면 좋겠다. 셋째, 기왕이면 합작회사를 하나라도 했으면 좋겠다. 넷째, 현재 우리가 대부분의 원자재를 수입하고 있기 때문에 북쪽의 자원을 개발해 쓰면 좋지 않겠는가 하는 생각으로 자원개발을 제안했습니다. 마지막으로 남북이 함께 제3국의 공장에 진출한다든가 혹은 건설 현장에 같이 가서 일한다든가 하는 형태의 제3국 공동 진출을 모색해 보자, 예를 들면 우리는 자본이나 장비, 기술 등을 대고 북측에서는 인력을 대서 같이 나갔으면 좋겠다는 제안을 했습니다. 이런 다섯 가지 얘기를 하면서 협조를 부탁했습니다. 그리고 우선은 북한의 공장들을 좀 많이 보고 싶다는 의견을 전했습니다.

방문 기간은 그쪽에서 열흘간 있는 것을 전제로 스케줄을 짜겠다고 해서 그렇게 합의했습니다. 들어갈 때 저는 기차 편 이용을 요청했습니다. 미처 준비도 없이 바로 들어가는 것보다는 기차를 타고 가면 24시간 정도 걸리니까 이 시간에 북한에 들어가서 할 일들을 머릿속에 정리할 수 있겠다는 생각으로 그렇게 요청했습니다. 또 그 길은 우리 조상들이 쫓겨 다니면서 독립운동을 하던 길이라는 점에서 이 기회에 한번 그 길을 따라 들어가 보고 싶다는 욕심도 있었습니다. 신의주에서 우리 여권으로 비자를 받아 입국수속을 할 때는 참으로 감개가 무량했습니다.

압록강 다리를 건너면서 보니까 다리가 두개 있는데 그중 하나는 부서져 복구가 안 된 상태로 그대로 있었습니다. 그것을 보면서 제가 가보고 싶었던 마지막 남은 시장이 여기라는 생각을 하기도 했습니다. 1976년 수단을 시발점으로 해서 많은 나라를 개척하고 이제 마지막 남은 시장을 개척하러 들어간다는 기분이 저에게 굉장히 큰 의의를 느끼게 했습니다.

경공업 협력과 자원개발, 해외 공동 진출을 모색

북한과의 경제협력은 우선 경공업 쪽에 기본을 뒀습니다. 합작공장으로 와이셔츠, 블라우스, 재킷 등을 생산할 봉제공장을 저희가 하기로 했고 가방공장, 신발공장, 메리야스공장, 그리고 봉제완구공장, 양식기공장 이렇게 여덟 개의 분야에서 수출을 전제로 합작하기로 합의를 보고, 2차로 방직공장을 저희가 10만 추 규모로 해서 가공까지 하는 것으로 합의를 했습니다. 이렇게 하게 된 이유는 북한에 가보니 방직 수준이 매우 높았기 때문입니다. 물론 생산성이나 품질에 약간의 문제점도 있지만, 의무감을 가지고 하면 극복할 수 있고, 그렇게 되면 북한의 다른 공장들도 보고 배울 수 있지 않겠나 싶어서 공장을 본 후 이를 제의해 합의가 되었습니다.

두 번째로 자원개발에 있어서는 우리나라가 지금 아연광을 100퍼센트 수입하고 있어서 북한의 아연을 좀 사자고 했더니 자기들은 계획경제이기 때문에 현재 생산되는 것은 전량을 소비하고 있다고 했습니다. 그래서 개발하는 쪽으로 제안을 바꿨는데, 현재 계획 중인 것이 있으니 원하면 하라고 해서 황해북도 은파라는 도시의 아연광을 가보고 같이 합영해서 하기로 했습니다. 또 우리는 연간 2,000만 톤의 무연탄이 필요한데, 요즘 여건이 여의치 못해 탄광들이 폐광을 하고 있습니다. 물론 도시가스로 대체해 나가고는 있습니다만, 앞으로 10년 이상 무연탄이 필요할 것이므로 아연과 마찬가지로 구매를 요청했습니다. 이에 대해 북한 측은 현재 중국과 250만 톤씩 구상무역을 하고 있어서 자기들도 모자라는 형편이라고 했습니다. 그래서 이것도 개발을 제안해 평남 송파에 있는 탄광을 가보고 일단 하기로 했습니다.

해외 진출 문제에 대해서는 앞으로 건설도 경쟁력이 많이 떨어지고 또 요즘 공장들도 해외로 많이 진출하는데, 북측에는 숙련된 기술자와 기능공이 있으니 우선 남자부터 같이 나가면 어떻겠느냐는 생각을 전했습니다. 북측도 좋다고 해서 합의를 봤습니다. 또 저희는 이번에 아프리카의 수단과 탄자니아에서 방직공장을 인수한 게 있습니다. 그래서 여기에 아프리카 사람들 쓰는 것보다 북한의 여성 기능인력이 와줬으면 좋겠다고 제안해 제가 떠나기 전날, 좋다는 확답을 듣고 왔습니다.

제가 가서 보니까 합영이 가능할 만한 법 정비를 비롯해 아직 준비가 미흡하다는 생각이 들었습니다. 예를 들면 거기는 땅에 번지가 없을 정도로 국가 소유 형태이며, 땅 사용료 문제 등도 정비가 안 된 상태입니다. 그래서 우선 합영법이 최소한 지금 중국 정도로 개선되어야 앞으로 남쪽에서 사람들이 많이 오게 될 것이라는 얘기를 전했고, 외환관리법이라든가 기타 부수되는 여러 가지 법 제정도 건의했습니다.

북한에 있는 동안 방문한 곳은 사리원에 있는 방직공장과 시멘트공장을 봤고, 평양에서는 봉제공장을 봤습니다. 봉제공장을 네 군데 봤는데, 조총련과 합영해서 일본에 수출하는 공장을 비롯해 수출품 생산공장들을 쭉 돌아봤습니다. 거기서 본 봉제품의 품질이 우리가 상상하는 것보다 낫다는 사실에 깜짝 놀랐습니다. 다른 공장들도 최소한 우리 정도의 품질은 나올 수 있는 그런 공장들이었습니다. 생산성은 우리의 절반 수준이 아닌가 생각됩니다. 저는 처음부터 봉제를 했기 때문에 조금 아는데, 이를 테면 봉제공장에 들어가면 미싱 소리가 드르륵 드르륵 계속 나서 시끄럽습니다. 그런데 북한의 공장에서는 그런 소리가 여기의 30퍼센트 정도밖에 안 들렸습니다. 그런 것을 보면 생산성이 떨어진다는 생각이 드는데, 직접 얘기를 나눠보고는 그렇게 많이 떨어지지는 않을 것 같다는 느낌을 받았습니다.

그리고 텔레비전 공장과 북한의 모든 트럭을 만든다는 평남 덕천의 승리자동차 공장을 봤습니다. 평북 구성의 공작기계 공장과 남포 산업기계 공장도 둘러봤습니다. 제가 한국기계를 인수했을 때와 비교해 보았는데, 그때보다 규모도 크고 시설도 외제로 좋은 편이었습니다. 은파광산과 송남 석탄광산, 원산 수산물 가공 공장도 둘러보았습니다.

경제 관련 인사들도 많이 만났는데 다른 나라와 달리 대외경제 사업부, 광업부 등 많은 경제부처의 부부장과 스텝, 산하 기관장들이 초대소로 와 설명해 주고 질문에 직접 답변해 주었습니다. 특히 김 주석과 만난 사실이 노동신문에 보도된 후에는 즉석에서 대답해 주고 숨김없이 설명해 주었습니다. 체류기간 중 김 부총리와 내내 같이 다녔고 대접도 흥부각이라는 국가원수들이 묵는 초대소에 일행 전원이 묵게 하는 등 환대를 받았습니다.

김 주석에게 5년 내 100억 달러 수출 가능하다 밝혀

김 주석과 만날 때는 검문검색이 없었고 직접 현관문까지 나와 맞아주었습니다. 먼저 30분 동안 김 주석이 말하고 15분 정도 저희가 답변을 했습니다. 그 이후 김 주석, 김 부총리, 제가 1시간 동안 별도로 만나 얘기하고 식사를 같이 했습니다. 김 주석이 노 대통령에 대해 좋은 인상을 갖고 있는 듯 먼저 노태우 대통령 안부를 묻고 우리에 대한 환대의 입장을 표명했습니다.

또 제가 북한 방문 전에 가진 기자간담회에서 북측이 수출지향

정책을 쓰고 남한 기업이 북쪽에 공장을 지으면 5년 내에 100억 달러 수출이 가능하지 않겠냐는 생각을 밝힌 바 있는데, 김 주석은 이에 대해 아주 자신감 있게 얘기해 줘 고맙다고 인사했습니다. 그리고 기본 합의에 대해 자신은 기쁘게 생각하고 특히 비핵화를 선언한 노 대통령의 용기를 찬양한다고 했습니다. 또한 앞으로 우리 민족 간의 일은 잘 풀릴 것이라고 자신 있게 얘기했습니다. 저의 방문이 합의 후 첫걸음이기 때문에 잘해서 성공하도록 부탁한다는 얘기도 있었습니다.

그리고 우리 민족의 우수성도 강조했는데 합해졌을 때는 인구 7,000만이 되고 대단한 나라가 될 수 있다는 것을 강조했습니다. 그날이 김용순 부장이 미국으로 떠난 날인데, 김 주석은 대미관계에 대해서도 자신 있게 아주 잘될 것이라고 말했습니다. 저에 대해서는 김우중 선생이라고 칭하면서 이번 방문을 계기로 자기 집 드나들듯 자주 드나들라고 얘기했고, 6개월은 남쪽에 살고 6개월은 북쪽에 살면 되지 않느냐는 얘기까지도 있었습니다.

문제는 있지만 비관적이지는 않아

참고로 제가 이번에 북한을 보고 느낀 점이 있습니다. 많은 사람들이 북한 경제가 어렵다고 얘기하고 또 가봤을 때 실제로 어려운 것이 사실이었지만, 경제인으로서 저는 그리 비관적이지만은 않았습니다. 식량은 100만 톤 정도 모자라는 것으로 보였는데, 만약 부족한 분량을 밀을 먹는다고 하면 7,000~8,000만 달러 정도면 식량문제는 해결될 것으로 보여 북측의 식량문제는 굶는다든지 할 정도로 심각한 문제는 아니라고 보았습니다. 예를 들어 아연광 하나가 20만 톤을 생산해 내기 때문에 이를 수출할 경우 톤당 1,000달러 정도 치면 약 2억 달러가 됩니다. 따라서 현재 식량문제가 심각한 것은 사실이지만 해결하는 데는 문제가 없을 것이라는 생각이 들었습니다.

두 번째로 전력이 부족하다고 느꼈습니다. 70~80퍼센트가 수력이어서 여름에는 사정이 좋으나 겨울이 되면 나빠집니다. 30~50만 킬로와트 정도 모자라지만 요즘 1킬로와트당 시설비가 300~350달러, 건설비가 300~350달러로 볼 때 북측이 건설은 할 수 있으므로 50만 킬로와트를 새로 한다고 해도 1억 5,000만 달러 정도만 있으면 해결 가능하다고 봅니다. 물론 앞으로 산업화해 나가야 한다는 점에서 이를 대비하는 데에는 문제가 있지만, 현 상황을 유지하는 측면에서는 큰 문제가 없을 것으로 생각됩니다.

그다음으로 지금 북한의 공장들이 가동이 안 되고 있습니다. 어떤 사람은 50퍼센트라고 하고 어떤 사람은 25퍼센트도 안 된다고 합니다. 지금까지 북한은 그동안 사회주의 국가와 청산거래를 해 왔습니다. 다른 사회주의 국가에서 원료를 들여와 가공을 해서 수출하고 그 대가로 자기가 필요한 것을 대체받고 하면서 비교적 균형을 유지해 왔습니다. 그러나 동유럽권의 변화로 물품에 대한 요청이 많이 달라진 것 같습니다. 요청하는 제품이 다양해지고 고급화되면서 북측에서 생산된 제품이 수요에 맞지 않게 된 것입니다.

예를 들면 청바지 같은 제품은 북한이 만들지도 않았고 또 동유럽 국가들에서는 입지도 않았기 때문에 요청이 없었지만, 요즘은 자본주의 국가의 제품이 들어가서 수요가 늘고 있습니다. 따라서 자동적으로 북한 제품을 사가지 않게 됩니다.

또 현금구매로 바뀌면서 그동안의 주문이 없어졌습니다. 따라서 안정된 공장 가동이 안되고, 또 지금까지 국가 간 협정에 의해 하다 보니 마케팅도 소홀했고, 팔릴 수 있는 물건을 만들어야 하는데 머천다이징 능력도 모자라고, 급격한 변화에 대한 준비도 부족했고 외화도 부족해서 2중, 3중의 어려움을 겪고 있습니다. 이것은 마치 잘 맞물려 돌아가던 톱니바퀴 하나가 갑자기 빠지면서 전체가 멈춰버린 것과 같습니다. 따라서 향후 새롭게 머천다이징 능력을 키우고 마케팅이 시작되어야만이 다시 공장이 가동될 수 있을 것입니다. 외화도 절약해서 필요한 원료를 구입할 수 있을 정도가 되면 그런대로 갈 수 있을 것으로 봅니다. 그렇기 때문에 원료만 있으면 제품 생산은 요구한 대로 100퍼센트는 못해도 자본주의 국가의 로우 레벨(low level)에 해당하는 물건들을 생산하는 능력을 가지고 있다고 생각됩니다.

수출입 문제는 지금까지 전부 동유럽 국가들과 열차편으로 했기 때문에 항구가 상대적으로 낙후되어 있습니다. 그래서 공장 입지를 보면서 선적을 고려해 항구를 물었는데 그나마 컨테이너를 받을 수 있고 선적할 수 있는 항은 남포항뿐이었습니다. 한 부스만 추가 설비를 하면 당장 필요한 물량 정도는 소화할 수 있을 것으로 보았습니다. 도로는 전반적으로 질이 우리보다 떨어지고 비포장이 많았습니다.

북측이 빨리 성장하려면 머천다이징과 마케팅을 아는 사람을 초빙해야 공장 가동이 가능하지 않겠느냐 생각됩니다. 우선은 절대적으로 외화가 부족하기 때문에 수출산업을 육성해야 하고 만일 수출을 한다면 제 입장에서는 경공업이 빠르다고 봅니다. 김 주석의 신년사에도 경공업에 치중해서 수출해야 하고 일반 국민에게도 생활필수품을 공급해야 한다고 우선적으로 강조하고 있습니다. 그와 마찬가지로 경공업에 대해 상당히 역점을 둘 것 같은 인상을 받았습니다. 또 수출에 우선순위를 두어서 적극적으로 해가지 않겠나 하는 인상을 받았습니다.

경제교류는 기존의 공장들이 있는데 새로 지을 것 없이 기존 공장을 리노베이션해서 수출하면 빠르지 않느냐 하는 생각에서, 평양에 있는 공장에 합작을 하면 어떠냐고 제의하자, 거기에 대해서는 곤란하다고 답변했습니다. 그런 점을 볼 때 중국식으로 특구로 해서 발전시키지 않겠나 하는 생각을 했습니다. 개방문제도 동유럽처럼 획기적으로는 하지 않고 중국식 모델을 채택해 단계적으로 할 것으로 생각됩니다. 그래서 우리나라와의 교류는 경제교류나 이산가족 만남 등은 단계적으로 되지 않겠나 하는 것이 제가 받은 인상이었습니다.

논란이 많았던 초청, 그래도 방향은 변화하는 쪽으로

방북 중에 여섯 차례에 걸쳐 이틀에 한 번씩 보도를 해줬고 《노동신문》에 김일성 주석과 같이 찍은 사진이 나온 것도 하나의 변화를 알리는 신호가 아닌가 생각됩니다. 물론 북쪽에도 보수파와 개혁파가 있어 계속적인 논란이 있는 것 같습니다. 김 부총리의 말에 따르면, 저를 초청하는 데에도 상당히 논란이 많았던 것 같습니다. 저도 금강산개발과 삼천리공장 같은 회사 차원의 초청은 받아들이지 않고 정무원이나 노동당 같은 정부 차원의 초청에만 응하겠다는 입장을 전했고 이를 북측이 받아주어서 가능해졌습니다. 초청장 낼 때부터 논란이 시작돼 이번에 가는 데도 이산가족 방문과 같이 고향방문 형식으로 하느냐 등의 논의가 많았던 것 같습니다. 또 어디서 주관하느냐에 따라 의미가 상당히 다른데, 조국평화통일위원회가 대남관계를 주관하는 관계로 이번에도 거기서 해야 한다는 의견이 많았던 모양입니다. 정무원에서 주관한 것은 상당히 큰 변화의 표출이라고 얘기하는 것을 보면 북한에도 아직 보수와 개혁의 갈등이 많은 것으로 보였습니다.

이런 여러 가지 상황을 볼 때 북한도 변화해야 한다는 쪽으로 흐르고 있는 것은 틀림없는 사실이고 그런 큰 흐름이 모든 것의 전제가 되리라는 것을 저는 말씀드리고자 합니다. 그것은 주변 정세나 국제사회 변화 등의 여건으로 볼 때 북측 사람들이 현재의 자세로 가기는 어렵지 않은가 하고 판단한 것으로 보입니다. 변화는 틀림없이 시작됐는데, 그 속도와 개방의 폭은 우리 쪽의 책임도 있다고 생각됩니다. 그런 의미에서 보면 대북관계는 진지하고 신뢰성을 갖고 추진해야 한다는 것을 느꼈고, 그리고 이것이 통일에 상당히 중요한 요인이 될 것으로 생각하고 있습니다. 그래서 이를 행하는 데 있어, 저도 마찬가지이지만, 경제협력을 하든지 다른 것을 하든지 간에 진지하게 추진해 성공시켜야 할 것입니다.

　마지막으로 남북교류에 임하는 저의 입장을 말씀드리겠습니다. 출발 전의 간담회에서도 말씀드렸습니다만 앞으로 남북교류는 공존공영, 그리고 사명감에 입각한 신의성실, 공명정대, 상호이익, 호혜평등의 원칙에 입각해 추진할 것입니다. 이러한 원칙은 이번이 마지막 개척하는 시장이라는 각오로 다른 시장과 달리 적자가 나지 않는 범위 내에서 민족과 통일을 위해 공헌할 생각을 갖고 있습니다. 저의 궁극적인 목표는 통일이기 때문에 사명감 또한 여러분의 기대에 못지않게 크게 느끼고 있습니다. 그 때문에 열심히 노력해 꼭 성공시킨다는 마음가짐을 갖고 최선을 다해 노력하겠습니다

~ ~ ~ ~ ~

질문 북한은 헌법이나 노동당 규약 등에서 남조선을 적대하고 있습니다. 그리고 북한 주민 자체도 늘 상호감시를 시키고 있습니다. 김 회장께서는 비즈니스 차원에서 경제교류를 하시겠다는 뜻으로 저희는 받아들이고 있습니다. 그러나 이러한 현실과 체제 하에서 지금 합의하시고 합작하시기로 약속한 일들이 과연 진행될 수 있을 것인지, 이러한 장치를 갑자기 바꾸지는 못하더라도 다소는 누그러뜨려야 하지 않을지, 또 경제인의 입장에서 이러한 것을 어느 정도 요구를 하실 수 있을 것인지에 대해 말씀을 해주시면 감사하겠습니다. (조선일보 이도형)

경제 교류는 통일 기반 마련과 발전 기회 확보에 도움 돼

저는 정치라는 것을 잘 모릅니다. 다만 김일성 주석과 만났을 때 남북 기본합의가 된 이후에 여론조사에 의하면 우리나라 국민의 약 75퍼센트가 전체적으로는 환영하면서도 과연 기본협약이 지켜질 것이냐 하는 것에 대해서 의심을 가지고 있다는 얘기를 했습니다. 그러면서 그런 의심을 풀려고 하면 한 단계 한 단계 변화가 꼭 필요하다는 것을 제가 전제를 하고 "이번에 온 것, 또 김일성 주석이 만나준 것은 그것을 푸는 데 상당한 역할을 할 것이다" 하고 말씀을 드렸습니다.

덧붙여 말씀드리고 싶은 것은 지금 세계가 변하고 있는 데 대한 전체적인 상황을 언론이 얼마나 충실히 보도하고 있느냐 하는 점입니다. 지금 세계는 급격하게 하루하루 변해가고 있는데 과연 우리가 살아갈 길이 무엇이지 스스로 찾지 않으면 안 됩니다. 과거 적대국이었던 소련과 서방과의 관계, 또 우리와 중국이나 소련의 관계, 이런 것이 전체적인 흐름으로 변하고 있습니다. 결국 우리나라의 장래 혹은 남북 간의 장래, 앞으로 우리의 장래를 스스로 생각해서 좀 더 과감해질 필요가 있을 것입니다.

요즘 보면 경제전쟁이라고 이야기하고 있고 또 이데올로기가 없어진 지 오래입니다. 정치라는 것도 궁극적으로는 국민이 편안하게 잘 살 수 있게 하는 것이 아니겠는가 생각됩니다. 그렇다면 모든 것을 우리 국민들이 잘 사는 쪽으로 이끌어 가는 게 옳은 방향일 것입니다. 경제면에서만 봐도 앞으로 지역경제화되고 또 세상은 자꾸 보호주의로 가고 있는데, 이렇게 되면 앞으로 아무리 싸고 좋은 제품을 만들어도 못 파는 시대가 오리라고 봅니다. 그것을 대비해서 과연 우리는 지금 무엇을 하고 있는지 생각해 볼 필요가 있습니다. 지금 오피니언 메이킹하는 여기에 있는 모든 사람들이 과연 어떻게 처신해야 하느냐 하는 것도 한번 생각해 볼 필요가 있을 것입니다.

북쪽의 헌법이라든가 노동당 규약이라든가 이런 것은 다 정치적인 문제입니다. 상호신뢰가 구축되면 서로가 문제되는 것들은 자동적으로 없어질 수 있을 것입니다. 우선 경제적인 교류를 해서 북한이 살 수 있도록 해주는 것이 길게 봐서 통일을 이룩하는 데에도 도움이 된다고 봅니다. 제가 외국을 많이 돌아다니니까 전체를 보고 우리나라의 위치라든가 그런 걸 생각해서 그런지는 모르겠습니다만 우리가 이런 문제에만 얽매여 있어서는 기회가 오지 않습니다. 만일 우리가 남북 경제교류를 하게 되면 우선 유럽 쪽에 나가는 물건들은 운임이 싸질 것이고 경제규모도 7,000만 인구를 바탕으로 커질 수 있습니다. 이렇게 되면 지금 우리 경제도 활성화되고 잘사는 민족으로 갈 수 있지 않겠느냐 하는 것이 제 생각입니다.

질문 김 회장님 말씀에 대해 전적으로 동감입니다. 그런데 우리가 북한하고 어떤 교류라든가 협상을 할 때 하나 경계해야 할 일이 있다고 생각합니다. 평화적으로 하고 또 선의로 하자, 신의 성실을 갖고 하자, 그렇게 이야기를 하면서도 지금까지 보면 저쪽에서 속여왔습니다. 항간에는 어떤 얘기가 있느냐 하면, 우선 남쪽의 경제인들을 자꾸 불러들여서 남쪽의 경제적인 어려움을 풀기 위해서 북한하고 합작을 하고 합영을 하도록 이렇게 분위기를 만드는 것처럼 해놓고, 실제 목적은 대일 수교를 해서 일본에서 50억 달러 들여오고 또 대미 수교를 하는 그런 한도 내에서만 합의서를 이용한다는 속셈이라는 것입니다. 남쪽 경제인도 이용을 하고 일본의 돈이 들어오고 또 재산이 들어온다면 자기들의 경제적인 문제는 해결된다 이겁니다. 이렇게 어느 정도 이용해 먹고 당신들은 이제 거두어 가라고 할 수도 있지 않겠나 그런 우려를 하는 측도 있습니다. 물론 상당히 보수적인 그런 이론입니다만 그런 점에 대해서 어떻게 생각하시는지요? (동아일보 여영무)

단계적으로 접근하겠지만 너무 빠를 땐 브레이크 밟아달라

이번에 합작을 추진하면서 저는 사업하는 사람이기 때문에 적자여서는 곤란하다, 그러니까 적자를 보지 않는 범위 내에서 하겠다고 한계를 분명히 했습니다. 이번 합작이 큰 기술을 주면서 크게 무슨 공장을 하는 것이 아니고 전체 8개의 공장 합쳐봐야 1,000만 달러도 안 됩니다. 우선 북한은 토지를 제공하고 건물을 짓습니다. 우리는 시설만 가져갑니다. 지금 경공업에 가져가는 시설이라 해봐야 대략 한 프로젝트에 100만 달러선 정도에서 가게 됩니다. 예를 들면 재봉틀 정도 가져가는 것이지 무슨 대단한 것을 가져가는 것은 아닙니다.

그리고 거기서 생산되는 제품은 저희가 책임지고 수출하게 되어 있습니다. 만약 앞으로 해나가는 데 있어서 문제가 생긴다 하더라도 우리가 원료를 안 대주면 생산할 수가 없을 뿐만 아니라 우리가 마케팅이라든가 머천다이징을 해주지 않으면 수출을 못합니다. 그렇기 때문에 그런 위험 요인을 다 감안해서 일차적으로 이 정도를 해가면서 그쪽에 자본주의 체제, 생산체제를 소개하고 그것을 통해서 그 사람들이 역시 이렇게 해야만 되겠다 하는 것을 느끼게 해서 개방을 촉진시키는 역할을 하는 것이 우선 과제가 아닌가 생각하고 이번에 제가 합의를 하게 된 것입니다.

남쪽 기업인들이 들어가 자극을 주면 북한만 유리한 것이 되지 않겠나 생각하실 수도 있는데, 좋게 생각해서 우리가 통일이 된다는 것을 전제로 하면 이 역시 우리 것이 된다고 생각할 수도 있는 것입니다. 우리가 적대국이었을 때는 나쁜 것이지만 앞으로 잘돼 간다고 생각했을 때는 좋은 것이라는 생각도 할 수가 있는 겁니다. 어차피 우리는 언젠가는 통일을 해야 합니다. 통일이 우리의 숙명 적인 과업이라고 생각한다면 그 이전에 북한의 개방은 절대적으로 필요한 것이 아닌가 하는 것이 제 생각입니다. 그렇기 때문에 지금 물꼬를 터서 시작하는 단계이니까 단계적으로 우리가 해가면 될 것입니다. 경제인들이 너무 빨리 가면 브레이크를 걸어주고 늦게 가면 빨리 가도록 해주는 조정을 여러분께서 해주시는 것도 좋으 리라 생각합니다.

질문 김 회장께서 자기 입장을 정리하는 자리에서 "이익을 초월 해서 적자 안 내는 범위에서 민족과 통일을 위해 할 생각이다"라고 말씀하시는 것을 듣고, 민족사적인 입장에서 대단히 감명 깊었습니 다. 만일 합작공장이 구체적으로 진척된다면 그 돈은 결국 대우그 룹에서 나오는지, 아니면 북한에 진출하고자 하는 다른 기업들에서 나오는 것인지, 아니면 정부가 조성한 협력기금에서 나오는 것인지 그 비율이 있으면 알려주시면 고맙겠습니다. 합작 기준에 대해서도 의문이 좀 있습니다. 가령 이쪽에서 자본과 기술을 대고 북쪽에서 토지와 노동력을 댄다고 할 때 그 물가기준을 어떻게 정하는지, 자 본과 기술을 얼마로 정하고 토지사용료와 노임을 얼마쯤으로 생각 하고 있는지 궁금합니다. 나중에 이것은 과실송금이라든지 이런 데 서 영향이 상당히 크리라고 봅니다. (동아일보 민병문)

경협자금 한 푼도 쓸 생각 없어

어떻게 보면 이번 합작은 기초 투자라고도 할 수 있습니다. 처음부터 돈부터 먼저 벌려고 해서는 앞날이 좋을 수 없습니다. 또 남북 간의 특수한 상황을 고려할 때 반드시 이윤만을 추구해서 한다는 것은 책에 나오는 이론이지 현실과는 다르리라고 봅니다. 저는 이번 합작에서 경협자금은 한 푼도 쓸 생각이 없습니다. 경협자금은 역시 국가의 예산, 국민의 세금인데 혹시라도 잘못되어서 조금이라도 국가에 피해를 입혀서는 안 되겠다는 것이 저의 기본 생각입니다.

그다음에 과실송금 문제라든가 인건비라든가 기타 토지사용료를 어떻게 줄 것인지 궁금하다고 하셨는데, 최소한도 중국 수준을 생각하고 있습니다. 이게 아주 큰 의미를 포함합니다. 우리가 중국 사람보다 싸게 하자고 한다면 이것은 사실 북한의 자존심에도 어긋나는 것이고, 또 우리로서도 도리가 아니라고 봅니다. 그렇기 때문에 최소한 중국의 지급 수준을 하나의 기본 데이터로 삼아 토지사용료도 중국에서 받는 대로, 그리고 인건비도 중국에서 받는 대로, 또 건축비도 중국에서 받는 대로 그렇게 대략 중국 수준에 맞추려고 합니다. 중국은 저희들이 많이 진출해서 경험이나 자료가 많기 때문에 가능하리라고 봅니다. 제가 선례를 나쁘게 남기지 않도록 최선을 다할 생각입니다. 처음 들어가는 입장에 대한 저희 의무, 앞으로 여러 가지 파생될 것에 대한 의무를 충실히 해서 나중에 다른 기업에 피해가 안 가도록 하겠습니다.

질문 김 회장님께서는 북한의 대외경제협력, 개방 같은 것은 중국모델을 따를 것 같다, 특구제 방식을 취할 것 같다는 말씀을 하셨습니다. 그런데 중국의 경우 처음에는 지역적인 엄격한 제한을 둬서 특구를 개설했습니다. 제2단계인 인적 개방은 사람의 출입이 불가피해졌기 때문에 제2단계까지 확산된 것입니다. 인적 왕래에 따라서 자유의 물결이라고 할까요, 이념적인 것, 사상적인 것을 가지고 들어가서 결국 그 부작용이 천안문사건으로 확대됐습니다. 북한의 경우 이러한 모델을 취할 경우 인적 왕래까지 각오할 것인지, 만일 그러한 경우에 어느 정도 제한은 있겠습니다만, 중국 정도의 인적 왕래를 개방할 경우에 그 시기는 언제쯤일지 말씀해 주시면 감사하겠습니다. (중앙일보 구종서)

북한 출신 남한 기업인도 참여하면 진척이 빨라질 것

천안문사건이 난 것은 제가 알기로는 중국이 개방하고 약 12년 정도 지나서였습니다. 그런 것을 전제로 한다면, 북한이 개방을 통해 수준이 남쪽과 비교가 되고 왕래하면서 바깥사정을 알게 되고 하는 과정을 통해 정보가 제공되고 북한의 경제사정이 나아진다면 상당한 진척이 있지 않겠나 하는 것이 제 개인적인 생각입니다. 제가 생각하기에 북한은 개방을 하더라도 단계적으로 개방을 하지 않겠나 생각하고, 또 너무 빨리 개방을 요구해도 안 될 것이라고 생각합니다. 중국처럼 특구 같은 것이 생겨서 분리해서 추진해 나가는 것이 아니겠나 봅니다. 이 경우 남쪽에 나와 있는 이북 출신 사람들에게 더 많은 기회를 줘야 빨리 진척이 될 것으로 생각합니다. 저는 장사의 기본 원칙으로 이윤의 50퍼센트 이상 가질 생각을 해본 적이 없습니다. 많이 가져야 50퍼센트 갖는 것이 기본 원칙입니다.

압록강 다리를 건너면서 보니까 다리가 두
개 있는데 그중 하나는 부서져 복구가 안
된 상태로 그대로 있었습니다. 그것을 보면
서 제가 가보고 싶었던 마지막 남은 시장이
여기라는 생각을 하기도 했습니다.

북한이 잘돼야 우리도 잘된다

월남 붐이다, 중동 붐이다 하는 과거의 붐은 사람이 나가서 현금을 벌어 들여온 것이지만 중국은 이것과 사정이 다릅니다. 우리나라는 남아공, 이스라엘과 함께 중국의 블랙리스트에 올라 있기 때문에 자유롭게 왕래하지 못합니다. 이것은 북한이 남한과 중국과의 교류를 방해하고 있는 데 연유하고 있습니다. 사람이 들어갈 수 없는 만큼 제품을 수출해야 하는데 (대 중국 수출이 시작되면) 산업연관 효과가 엄청나게 클 것이기 때문에 정부가 나서서 대 중국 전략을 세워야 합니다.

문제는 북한인데, 우리도 잘돼야 하지만 북한도 잘되어야 한다고 생각합니다. 언젠가는 우리도 통일이 될 것 아닙니까? 그러니 같이 힘을 합친다는 것이 중요하지 않겠나 생각합니다. 따라서 북한이 일본과 미국과 교역을 하면서 갈 수 있도록 해주고 우리는 우리대로 중국과 소련과 하면 되지 않겠느냐…. 그런 의미에서 경제

회담을 과감하게 할 것은 하고 또 양보할 것은 과감하게 양보하여 우리도 실리적인 면에서 따져볼 필요가 있지 않겠나….

이런 것은 국가가 정해서 가야 할 목표라고 보지만 기업을 하는 면에서 보아도 그렇게 된다면 소망스럽다 할 것입니다. 그런 면에서 중국에 대한 국가적인 전략이 필요하다고 인식되어서 정부에 강력하게 건의한 적이 있습니다. 내 생각으로는 가능성이 많다고 봅니다. 그러니 지금 각 사에서는 생산하고 있는 자기 제품이 중국과 교역이 되었을 때 판매 가능성이 있는지, 판매할 때에는 어떤 제품을 어떻게 만들어야 하는지 등등을, 우리도 중국 본부가 생겼으니까, 사전에 관심을 가지고 조사해 놓으면 상당히 도움이 되지 않겠느냐고 생각합니다.

－1985년 4월 7일, STORM '85 교육 임원세미나 회장과의 대화

~ ~ ~ ~ ~

내가 중국에 관심을 갖는 것은 우리 회사의 이익에도 연관이 있지만 그보다도 기본은 한국과 중국의 지정학적 관계 때문입니다. 사실상 우리는 세계 시장의 절반밖에는 판매활동을 하지 못하고 있는데, 이유는 중국, 소련, 동유럽 국가, 아프리카, 남미의 공산주의 국가 및 사회주의 국가와는 외교관계가 없어서 장사를 하지 못하기 때문입니다. 또 만약에 남북 간에 전쟁이 일어난다고 하면 엄청난 손실을 가져와서 우리 후대에게 부담을 물려줄 것입니다.

따라서 남북 간의 긴장완화라는 것이, 물론 정부도 그렇게 생각하고 있지만, 최선의 우리 목표가 아닌가 생각하고 있습니다. 우리가 중국과의 교역이 각각 50억 달러씩 되어 수출입 총액이 100억 달러까지만 되면 남북 간의 긴장은 상당히 완화되리라고 봅니다. 또 긴장이 완화되면 방위비가 줄어 이런 여유자금이 산업에도 돌아올 수 있다는 이점과 긴장완화에 따라 공산 국가들과 교역을 할 수 있다는 큰 이점이 생겨납니다.

－1985년 10월 22일, STORM '85 교육 대리과정 회장과의 대화

남북 경제협력으로
중국, 러시아까지 나아가자

    현실적인 눈으로 접근해 보면 남북 경제협력이 당장의 실리를 보장해 줄 수 있는 여지는 거의 없다고 생각됩니다. 하지만 그것은 우리 민족에게 대단히 소중한 발전 기회를 가져다주게 됩니다. 세계는 지금 적어도 경제적 측면에서만큼은 국경의 개념이 사라진 무국경화 추세로 나아가고 있습니다. 따라서 남북한 사이에 경제 교류가 시작되면 그것은 북한의 내부시장에 국한되는 것이 아니라 압록강과 두만강 건너에 있는 중국의 요녕성, 길림성, 흑룡강성 등 동북 3성과 만주, 그리고 러시아까지도 우리의 경제활동 무대가 될 수 있다는 점이 중요한 의미를 갖습니다. 이 지역을 합치면 우리는 인구 3억이 넘는 대규모의 신시장을 확보하게 됩니다.

    더욱이 이 지역에는 이미 우리 교포들이 상당수 거주하고 있기 때문에 우리가 그들과 긴밀한 관계를 유지한다면 누구보다 쉽게 이 지역에 진출할 수 있습니다. 과거 중국인들은 막강한 화교 집단을 형성해 동남아 시장을 석권했습니다. 우리도 이와 같이 중국과 소련에 있는 우리 교포들과 협력함으로써 북방시장을 얼마든지 석권할 수 있습니다. 이렇게 해서 우리가 3억 인구의 새로운 시장을 확보하게 되면 교역을 통해 얻는 실익만이 아니라 최근의 지역통합 추세에 맞춰 우리의 국제적인 발언권을 강화하는 데에도 상당한 도움이 될 것입니다.

-1992년 10월 16일, 광림교회 경영세미나의 밤, "북방진출과 한국경제"

통일을 이룰 절호의 기회

　지금이 민족통일을 이룩할 절호의 기회입니다. 사회주의 국가들의 개방화 추세는 북한으로 하여금 변화의 수용을 불가피하게 만들고 있습니다. 이념의 높은 벽이 허물어져 가는 국제사회의 변화양상도 우리에게 유리한 국면입니다. 더욱이 소련의 해체로 동북아를 둘러싼 강대국들의 세력판도는 혼란의 와중에 놓여 있습니다.

　우리가 자력으로 통일을 이룩할 수 있는 매우 유리한 여건이 지금 우리에게 주어진 것입니다. 어쩌면 이 기회가 우리가 자력으로 통일을 이룩할 수 있는 마지막 기회일지도 모릅니다. 국제사회가 새로운 질서로의 이행을 끝내고 안정을 되찾게 되면 우리는 또다시 강대국들의 방해에 직면하게 됩니다. 강대국들은 한반도가 통일되고 이를 통해 우리가 강력한 경쟁자로 부상되는 미래를 절대로 바라지 않습니다.

－1992년 4월 14일, 한국인간개발연구원 전국경영자세미나

~ ~ ~ ~ ~ ~

아시다시피 동북아 질서는 지금까지 미국, 소련, 중국, 일본이라는 4대 강국의 입김이 크게 작용해 왔습니다. 특히 한반도는 지정학적으로 이들에 둘러싸여 있기 때문에 우리의 국력이 강대해지지 않는 한 그들의 영향을 무시할 수 없는 형편입니다. 이런 관계로 우리 민족의 통일문제조차도 당사자인 남북이 스스로 해결할 기회가 지금까지 거의 주어지지 않았습니다.

그러나 현재는 그 일각인 소련이 해체되어 동북아 질서가 불안정하고, 나아가 중국이나 미국, 그리고 일본까지도 자국의 내부 문제들로 인해 우리의 통일문제에 개입할 여지가 상당히 줄어들어 있습니다. 따라서 지금 이 시기야말로 우리 민족이 우리 손으로 통일의 기반을 만들 수 있는 소중한 기회가 아닌가 저는 생각합니다.

현재 북한은 사회주의권의 붕괴로 인해 그동안 유지해 온 국가 간의 협력관계가 차단됨으로써 경제적으로 대단히 큰 어려움에 직면해 있습니다. 식량부족은 물론 원유와 전기가 부족해 생산시설의 가동마저 여의치 않은 상태입니다. 따라서 우리가 중국이나 소련과의 협력을 강화해 나가고 북한에 대해서도 경제협력의 기회를 보다 적극적으로 부여한다면, 북한 역시 개방의 길로 나오게 될 것입니다. 우리는 이런 변화를 유도해 내면서 이를 바탕으로 점진적인 평화통일을 이룩하는 길을 모색해야 합니다.

−1992년 10월 17일, 국제로타리(클럽) 초청강연, "왜 통일이 되어야 하는가"

통일 비용을 걱정할 때인가

저는 총체적인 협력체가 무너졌을 때 오는 것, 그게 문제라고 생각합니다. 예전에 독일이 통일됐을 때 비용이 얼마가 들어갔느니 어쨌느니 하고 떠들었지만, 만약 독일이 통일이 되지 않았다면 국제적인 부담이 오히려 커졌을 겁니다. 독일 입장에서 보면 외국에 원조해야 할 것이 엄청나게 세이빙(saving)된 겁니다. 지금 와서 생각해 보면, 동유럽 시장이 넓어져 거기서 벌어들인 게 훨씬 더 컸을 것입니다.

마찬가지로 우리와 북한 사이의 문제도, 통일이 되면 좋겠지만 비용이 너무 많이 나온다고 걱정하는데, 우리 세대로 봐서는 할 수 있으면 빨리 해야 됩니다. 어떤 대가를 치르더라도 해야 됩니다. 지금과 같은 고통을 후세들에게 넘긴다는 것은 말도 안 되고, 있을 수도 없는 일이라고 생각합니다. 어떻게 해서든 그런 방향으로 가야 합니다.

통일이 된다고 해도 사실 그렇게 큰 부담은 없습니다. 예를 들어서 얘기하면, 북쪽만 터지면 중국, 소련하고 국경이 맞닿지 않습니까? 밀무역으로라도 그것은 커버할 수 있습니다. 가만히 있어도 다들 육로로 물건을 가져갈 겁니다. 우리가 하고 싶어서 하는 게 아니라 그 사람들이 와서 차로 가져가는데, 그것만 눈감아 줘도 먹고사는 데는 아무 문제가 없을 겁니다.

우리는 일본하고 경쟁인데, 그때 가면 서로 입장이 바뀌게 됩니다. 북쪽의 육로로 유럽과 연결된다면 상품 판매는 물론, 자원 구입에 드는 비용도 엄청나게 절약할 수 있습니다. 중국, 소련에서 자원을 가져다 쓰면 다른 데서 가져다 쓰는 것보다 훨씬 비용을 줄일 수 있습니다. 그만한 돈이면 통일비용 같은 것은 문제도 안 됩니다.

예를 들어 지금같이 우리나라가 남북으로 대치함으로써 드는 비용, 또 그것 때문에 소비되는 여러 가지 양보해야 할 문제들을 생각해야 합니다. 앞으로 우리나라가 잘살면 잘살수록 국제적으로 양보해야 할 문제가 더 많아질 겁니다. 결과적으로 선진국 사람들이 자기네들 생각하지 우리나라 생각해 주지는 않을 겁니다. 냉정하기 짝이 없고, 심지어는 얼굴에 철판 깔고 덤벼들어 별별 트집을 다 부릴 겁니다. 중국은 중국대로, 일본은 일본대로, 러시아는 러시아대로 트집을 잡을 겁니다. 앞으로 두고 보십시오. 그걸 생각하면 지금 어떻게 학자들이 앉아서 비용이 얼마 들 거라고 걱정을 합니까? 총체적인 것도 모르고 한 면만 보고 하는 얘깁니다.

우리가 잘해야 후세가 잘 사는 겁니다. 이게 해결되지 않으면 후세에 엄청난 짐을 지워주는 겁니다. 이건 어디까지나 개인적인 생각입니다만, 밀어붙이려면 아주 강하게 밀어붙여서 터지도록 하든가, 봐주려면 끝까지 봐줘서 빨리 개방시켜야 합니다. 시간이 가면 갈수록 더 어렵습니다.

-1995년 7월 4일, 외교안보연구원 초청특강, "세계경영으로 본 경제외교의 과제"

남북 합의문,
의미심장하고 감격스럽다

   화해와 불가침과 교류를 기본 정신으로 삼아 평화통일을 민족의 비전으로 제시한 이번 합의는 몇 가지 우려에도 불구하고 역사적인 사건이 아닐 수 없다. 전문과 25조로 구성된 이번 합의문 중 어느 것 하나 소중하지 않은 게 없다. 모두 의미심장하고 감격스러운 내용이기 때문이다. 그러나 기업인의 입장에서 제15조가 갖는 의미를 매우 가치 있게 평가하고 싶다.

   "남과 북은 민족경제의 통일적이며 균형적인 발전과 민족 전체의 복리향상을 도모하기 위하여 자원의 공동개발, 민족내부 교류로서의 물자교류, 합작투자 등 경제교류와 협력을 실시한다."

   나는 이것이면 남과 북이 서로 협력하는 기본을 해결할 수 있다고 낙관한다.

             -1991년 12월 16일, 《한국일보》 특별기고, "우리는 통일로 가고 있다"

세계의 마지막 시장을 뚫는다

세계의 마지막 시장. 내가 평양을 찾을 때 비장한 감회에 젖었던 까닭은 세계를 안방 드나들듯 뛰어온 기업인으로서, 가장 가고 싶었으나 가장 늦게 들어간, 그래서 세계의 마지막 시장이라는 사실 때문이었다. 그리고 드디어 해낸 것이다.

주석과의 성공적인 회담 덕분에 상담 진행은 일사천리 격이었다. 우리는 연 200만 장 생산규모의 와이셔츠 공장 건설에 합의한 것을 비롯하여 10만 추 규모의 면방직 공장, 1년에 540만 개를 생산할 수 있는 봉제완구공장, 1,900만 개 규모의 양식기공장, 180만 켤레의 신발공장, 40만 매짜리 블라우스공장, 20만 매 규모의 재킷공장, 60만 개 크기의 가방공장, 그리고 240만 매 규모의 메리야스공장 설립에 전격적으로 합의했다. 모두 9개의 크고 작은 공장을 남포에 설립키로 한 것이다.

대우는 이미 지난 90년부터 북한과의 교역에서 상당한 실적을 보인 바 있었다. 북으로부터 들여온 물자만도 320만 달러나 되었다. 금년 들어 지난 7월 말 현재 대우는 거래를 시작한 첫해의 수입 규모를 20배나 넘어서는 6,300만 달러 상당의 물자를 들여왔다. 대우의 거래량은 우리나라 전체 거래량의 절반을 차지하고 있다. 연말까지는 1억 달러 이상을 거래할 수 있을 것이다.

−1992년, 《신동아》 11월호 특별기고

남북 경제교류에 임하는
우리의 입장

대북경협도 자칫 잘못하면 실패로 돌아갈 우려마저 없지 않다. 앞서 나는 사회주의 국가와의 교역에서 먼저 물건을 사주는 것이 중요하다고 얘기했다. 이것은 경험에 입각한 사실이다. 북한의 경우도 예외는 아니다. 그러나 북한과의 경제협력은 지금까지 다른 사회주의 국가와의 경협에서 나타나지 않았던 강한 정치성이 더 큰 과제로 떠오르고 있다. 핵문제처럼 복잡한 국제적 이해관계마저 끼어들어 더더욱 어려운 문제가 되고 있다. 우리 내부의 컨센서스가 마련되지 못한 터에 국제적 이해관계가 걸린다면 일의 진척이 어려운 것은 뻔한 이치다.

그렇기 때문에 나는 대북 경제교류에 나서면서 이러한 복잡한 숙제를 풀기 위해서는 입장을 분명히 할 필요성을 느꼈다. 복잡한 사안일수록, 이해 관계자가 다수일수록, 명쾌한 입장 천명이 필요하다고 생각했기 때문이다. 그래서 나는 다음과 같은 '남북 경제교류에 나서는 대우의 입장'이라는 기본 원칙을 기자회견 형식을 빌려 사전에 밝혀두었다.

우리 10만 대우가족은 남북 경제교류의 민족적 성업(聖業)을 추진하기에 앞서 투철한 역사의식으로 스스로를 조명하고, 애국애족의 숭고한 소명감으로 자신을 독려하여 7,000만 겨레의 꿈과 희망인 민족통일을 이룩하기 위해 우리의 열(熱)과 성(誠)을 다하기로 다짐하면서 남북 경제교류에 임하는 우리의 입장을 다음과 같이 내외에 엄숙히 천명한다.

① 공존공영의 원칙

남북 경제교류는 남북 어느 일방의 이익이 아닌 쌍방의 발전과 번영을 목적으로 한다. 남북 경제교류는 민족 장래의 명운(命運)을 좌우할 성업인 만큼 어느 일방의 우월적 시혜나 지원이 아닌 남북 모두의 공존공영을 기본 목표로 삼는다.

② 신의성실의 원칙

남북 경제교류는 이익창출을 위한 기업활동이기에 앞서 분단을 극복하고 통일을 여는 역사적 초석을 놓는 작업이다. 따라서 대우는 협력할 수 있는 모든 분야에서 최선의 노력을 경주하며 어떤 사업에 임하든지 신의와 성실을 그 기본 자세로 삼는다.

③ 공명정대의 원칙

남북 경제교류는 분단 이후 누적된 상호 간의 불신을 극복하는 험난한 과제이다. 불신의 극복을 위해 어떤 사업, 어떤 상황에서든지 대우는 공명정대한 방법만을 사용하며 역사와 민족 앞에 추호도 부끄러움이 없는 교류의 금자탑을 쌓아간다.

④ 상호이익의 원칙

남북 경제교류는 어떤 사업, 어떤 협력에서나 참여자 모두에게 이익이 되는 결과를 목표로 삼는다. 대우는 지난 4반세기 동안 세계 시장 개척에서 체득한 경험을 총동원하고 특히 사회주의 국가와의 경제협력에서 쌓아온 관리기법을 결집하여 모든 교류와 협력 사업이 성공적으로 마무리될 수 있도록 최선의 노력을 기울인다.

⑤ 호혜협력의 원칙

남북 경제교류는 단순한 상업적 영리추구가 아닌 남과 북 7,000만 민족의 앞날을 밝히는 희망의 사업이다. 따라서 대우는 이 사업에 남쪽의 모든 기업과 기업가의 참여를 적극 환영하면서 질서 있는 교류가 되도록 우리 기업이 서로 돕고 협력하는 데 앞장선다.

이 내용은 내가 북한 정무원의 공식 초청으로 평양에 가기 전 가진 기자회견에서 밝혔다.

−1992년, 《신동아》 11월호 특별기고

4

외환위기라는
시련

외환위기, 어떻게 보고
어떻게 극복할 것인가?

- 1998년 5월 22일, 사법연수원 초청강연

여러분도 기억하시겠지만 우리가 어려움을 당하게 된 것은 1996년 초부터입니다. 1996년 우리나라 국제수지는 대략 230억 달러 적자를 봤습니다. 우리나라 경제 규모로 봤을 때, 그 당시 230억 달러 적자라는 것은 사실 엄청난 적자입니다. 제 기억으로는 1996년 말에 앞으로 그 이상의 외환 적자가 계속되면 우리나라는 상당히 어려울 것이라고 여러 번 얘기했고, 1997년도부터는 수입을 줄이자고 강력하게 얘기했습니다. 그래서 1997년도 시무식에서 대우는 앞으로 불요불급한 수입을 하지 않기로 결의를 했습니다. 이것 때문에 선진국에 있는 우리나라 대사들이 저한테 항의도 하고, 한때는 그것 때문에 무역마찰을 일으킬 정도로 잠깐 문제가 된 적도 있었습니다.

제가 생각하기에 그때 우리가 수입을 줄이고 수출을 늘렸으면 이런 위기는 없었지 않나 생각합니다. 우리가 흔히 학계나 언론에서 얘기하는 것처럼 경쟁력이 없어서 갑자기 무역수지 적자가 난 것은 아닙니다. 우리나라는 당시 약 320억 달러의 반도체 수출계획을 가지고 있었습니다. 그런데 국제시장에서 가격이 떨어지면서 50달러씩 하던 반도체가 6달러로 떨어졌습니다. 그래서 90퍼센트 가까운 가격하락으로 물량이 나갔는데, 가격이 떨어지는 바람에 결과적으로 그해 170억 달러의 차질을 빚었습니다.

여러분도 알다시피 1996년도의 경우를 보면 여행수지에서 거의 40~50억 달러의 적자를 봤고, 또 유학 경비로 나간 것이 15억 달러 정도 해서 230억 달러라는 엄청난 경상수지 적자를 봤습니다. 그때부터 국제금융시장에서 우리나라가 과연 앞으로 어떻게 되겠느냐에 대해 관심을 갖게 된 게 아닌가 생각합니다. 그 당시 우리나라는 자본이 계속 유입되는 시기였기 때문에, 정부가 경제 운영을 하는 데 있어서 적어도 50억 달러에서 100억 달러 정도는 경상수지 적자를 가지고 가는 것이 경쟁력에 좋은 상태였습니다. 왜냐하면 자본수지라든가 기타 수지에서 우리나라는 오히려 나가는 것보다 들어오는 돈이 더 많았기 때문에 만약 계속해서 외환보유고가 늘어나면 통화량 문제라든가 또 인플레 문제라든가 이런 것이 생길 수 있었기 때문이죠. 그런데 갑자기 반도체 수출에서 예상보다 170억 달러가 줄어들어 230억 달러의 적자를 보게 된 겁니다.

최근에 나온 여러 경제 데이터를 보면 아시겠지만 1997년도의 경쟁력은 1996년도에 비해 훨씬 좋아졌습니다. GNP 대비 성장과 수출 모두 6퍼센트가량 늘고, 물가도 4퍼센트 이내에서 억제됐으며, 실업률도 2퍼센트 이내에 머물렀습니다. 특히 중요한 것은 무역수지에서 경상수지 적자가 230억 달러에서 80억 달러로 줄었습니다. 그러니까 약 150억 달러가 개선된 것이죠. 오히려 우리 경제 상황으로 봐서는 1997년 말에 IMF체제로 갈 정도로 경제가 나쁘지는 않았습니다.

그럼에도 불구하고 1997년 말에 우리가 IMF체제로 가게 된 것은 우리나라의 경쟁력이라든가 모든 면이 나빠서 그런 것이 아니라, 의욕 면에서 문제가 있었지 않나 생각합니다. 왜냐하면 우리는 전통적으로 금융부분이 다른 산업에 비해서 취약합니다. 취약한 원인은 여러 가지가 있겠습니다만, 그쪽은 정부가 깊이 관여해서 금융계의 은행장들 거의 전부를 임명하는 것이 오랜 관행으로 되어왔습니다. 그렇다 보니까 다른 분야에 비해서 자본도 취약하고 은행의 사이즈라든가 국제 금융인들을 키우는 데도 아주 빈약해서 경험을 가지고 있는 사람들이 적습니다.

경험 부족한 금융권이 과도하게 국제금융에 나선 것이 화를 초래

그리고 서둘러서 OECD에 가입하다 보니까 우리도 시장을 개방하지 않을 수가 없게 되었습니다. 작년에 OECD에 가입하면서 금년부터 시장을 개방하도록 되다 보니까, 개방했을 때의 경쟁을 생각해서 업무를 갑자기 확대했습니다. 일례로 우리나라는 외환을 취급할 수 있는 은행이 한정되어 있었는데, 1997년도의 경우를 보면 우리가 흔히 얘기하는 머천트뱅크(종합금융회사) 30개와 증권회사 32개가 전부 외환 취급을 할 수 있게 바뀌었습니다. 그리고 약 50개 이상의 리스회사들이 새로 생겨났고, 또 신탁회사라든가 조그만 은행이라든가 해서 100여 개 이상이 늘어났으며, 거기에 더해서 정부가 해외에 금융회사 설립을 허용했습니다. 그래서 우리가 1997년 말 IMF체제에 들어갈 당시 홍콩에 우리나라 금융회사가 거의 120~130개 있었다고 합니다.

그런데 불행하게도 우리나라는 국가신용도가 있었기 때문에 그 당시 외자 차입을 대략 리보(LIBO: 런던 우대 금리) 수준에서 할 수 있었고, 또 조금 못한 금융기관들도 우대금리에 약 0.5퍼센트 스프레드를 붙이면 가능했습니다. 돈을 꾸는 데는 아무 지장이 없어서 전화만 하면 돈을 꿀 수 있었습니다. 그러다 보니 많은 금융회사들이 나가서 쉽게 돈을 꾸고, 꾼 돈을 동남아에 나가서 채권을 산다든가 다시 대부하는 데 써버렸습니다. 동남아에서는 그 당시 우대금리의 3퍼센트, 인도네시아나 말레이시아 같은 나라는 4퍼센트까지도 꾸어줄 수 있었습니다.

그러나 우리나라 금융기관이 밖에 나가서 꾼 돈을 한국으로 가지고 들어오는 데에는 제약이 있었습니다. 왜냐하면 돈이 많이 들어오면 통화량이 늘기 때문에, 어쩔 수 없이 해외에서 꿔서 다시 해외에 꿔주는 선풍이 일게 되었습니다. 그 당시 국제금융에 경험이 많은 사람이 다수였으면 이렇게 되지는 않았을 텐데, 그때는 전화만 하면 꿔주니까 언제든지 꿀 수 있는 줄 알았습니다.

금리라는 것이 그렇습니다. 단기자금은 금리가 싸고 장기로 가면 금리가 비싸집니다. 그러니까 싼 금리를 꾸기 위해서 대략 1개월에서 3개월짜리 돈을 꾸어, 그것을 가지고 꾸어주고 나머지는 다시 꾸어서 갚고 다시 꾸어서 갚고 해서 단기자금을 계속 운영했던 겁니다. 그러다가 여러분도 알다시피 태국 등 동남아에서 위기가 발생했습니다. 즉 꾸어준 곳에 문제가 생기다 보니 국제시장에서 우리나라 금융기관에 대해 새롭게 꾸어주는 것은 안 꾸어 주고 또 꾸어준 것도 지급기일이 됐을 때 연장해 주지 않고 돈을 회수하는 상황으로 급격하게 변했습니다. 그러자 나가 있는 금융기관들이 부도를 내지 않기 위해 한국에서 달러를 사서 가져가기 시작한 겁니다. 그래서 3주일 만에 대략 250억 달러 정도의 외환보유액이 빠지다 보니까 우리가 지탱하지 못하고 국제금융시장에 구원을 요청하는 절차를 밟은 겁니다.

그러니까 간단하게 말씀드리면 (금융) 핸들링을 잘못해서 경제가 이런 상황에 오지 않았나 하는 생각을 합니다. 그래서 저는 우리나라는 경제위기가 아니고 금융위기다 이렇게 말합니다. 물론 이것이 반드시 금융만의 문제는 아닙니다. 지금까지 쌓인 여러 가지 경쟁력 상실이 금융위기에 가미된 것도 사실입니다. 단적으로 얘기하면 금융위기에 제일 큰 문제가 있었고, 그리고 우리 스스로가 경쟁력을 강화할 준비를 했어야 했는데 그렇지 못했기 때문입니다.

요즘은 금융이 경쟁에 있어 중요한 요소로서 등장하고 있습니다. 우리가 흔히 사업을 하게 되면 기술·생산성·품질을 중요한 경쟁요소로 여겨왔고, 이 외에 임금이나 인프라 등이 주요 요소를 이루어왔는데 앞으로는 금융이 원가, 즉 생산 측면의 경쟁 요소로서 제일 큰 비중을 차지하지 않나 하는 생각이 듭니다. 또 선진국과 비교해 보면 우리가 기술이 없어서 생산을 못하는 것은 대략 20퍼센트 정도이고, 나머지 80퍼센트는 우리 기술로 생산할 수 있는 능력을 갖추고 있기 때문에 경쟁력의 격차가 점점 줄어들고 있습니다. 기존의 요소들에서 우리가 문제를 해결하고 경쟁력을 갖추게 되니까, 최근에 와서는 자본, 금융 등이 중요한 요소로 새롭게 등장하는 것이 아닌가 생각합니다.

아무튼 IMF체제 이후 우리나라는 우수한 사람들이 빠른 액션을 취해 단기부채를 중기부채로 재빠르게 전환시켜 약 250억 달러가 정리됐으며, 또한 IMF, IBRD, ADB(아시아개발은행) 같은 국제금융기관에서 차입을 해 단기금융을 많이 정리했습니다. 그리고 4월에는 정부가 국채를 성공적으로 발행하는 등 현재 우리나라는 320억 달러 정도의 보유외환을 갖고 있지 않나 봅니다. 그리고 또 하나는 금년 들어 4월까지 경상수지에서 대략 140억 달러의 흑자를 내고 있기 때문에 외환위기는 일단 넘긴 것 같습니다. 그렇지만 외환위기를 완전히 넘긴 것은 아니고 앞으로도 계속 잘되어야 하는데, 요즘 상황은 유동적인 것이 너무 많습니다.

IMF체제는 절대로 오래 가져가면 안 돼

여러 문제가 있겠지만 우선 국제적으로 살펴보면 미국과 중국의 관계, 선진국과 아시아의 관계, 요즘 EU가 통합되어 가는 과정, 또 미국이 자유무역지대를 확대해 가는 것 등 앞으로 20년간은 지속적으로 지역경제화 과정으로 바뀌어가는 게 아닌가 생각됩니다.

세계 경제는 WTO 중심의 자유무역체제에서 보호무역체제로 지속적으로 바뀌어갈 것입니다. 그것을 지역별로 살펴보면, 예를 들어 EU는 서유럽을 중심으로 동유럽뿐만 아니라 심지어는 러시아 연방에서 독립된 나라들까지 편입시켜 점점 더 커나가고 있습니다. 어떻게 보면 EU는 경제분야를 넘어서 단일 통화를 갖춘 연방국가로까지 발전할지도 모릅니다. 미국·멕시코를 중심으로 하던 자유무역지대는 이제 칠레를 시작으로 아르헨티나·브라질, 최근에 와서는 중남미·남미·북미까지 합한 엄청난 규모의 자유무역지대를 형성해 가고 있습니다. 이것이 지금 기업단위가 커지고, 그렇게 되면 지역 내에서는 국가 간에 국경도 없이 자본과 노동 등 모든 것이 자유롭게 이동하는 데 반해, 역외 국가들이 그 나라에 들어가는 데에는 엄청난 장벽을 겪게 됩니다.

참고로 얘기하면 우리가 지금 수출하고 있는 모든 제품들은 거의 그 나라 규제를 받고 있으며, 자동차만 하더라도 제가 보기에는 약 50만 대 이상 팔면 자동적으로 쿼터 문제에 걸리게 됩니다. 쿼터도 정부 간 합의에 의한 것이 아니라 자율 쿼터라고 있습니다. 협정을 맺는 것이 아니라 '얼마를 더 넘으면 앞으로 문제가 생긴다' 하는 것을 전제로 해서 서로 자율적으로 조정해 가는 방향으로 나아가리라고 보고 있습니다.

그렇기 때문에 우리 아시아는 아시아대로 힘을 합쳐서 아시아 경제권을—예를 들어 지금 현재 동남아 국가들이 '아세안'이라는 것을 만들어 서로 협조를 하고 있습니다만—확대해야 합니다. 동북아시아에 속한 중국·일본·한국이 가입을 하게 될지는 모르겠습니다만, 현재는 중국과 일본이 대립하고 있고 일본은 선진국 쪽에 속해 자기 이익을 갈구하고 있기 때문에 지금 상당히 혼란한 상태입니다. 앞으로 아시아에도 어떤 형태로든 변화가 생기지 않겠느냐고 보고 있습니다.

　이런 국제환경의 변화 속에서 각 나라마다 많은 움직임이 뒤따르리라고 봅니다만, 지금 현재 우리나라가 처한 상황에서 중요한 것이 몇 가지 있습니다. 알다시피 세계는 2차대전 후 서로 돕는 체제, 즉 여유가 있어서 원조와 협조를 해주는 체제로 갔습니다만, 이제는 어느 나라도 여유가 없기 때문에 도와주는 체제는 사라지고 초경쟁 시대로 바뀌어가고 있습니다. 따라서 옛날처럼 우방이기 때문에 우리나라에 대해서는 좀 봐주지 않겠느냐, 아니면 우리는 다 컸기 때문에 괜찮지 않겠느냐 하고 안심하기는 힘들 것 같습니다. 경쟁에서 이기지 못하면 살아남는 것 자체가 어려울 정도로 초경쟁 시대로 가고 있는 것입니다.

　지금 IMF체제도 형식상으로는 국제금융기관에서 우리나라를 돕고 있는 것처럼 보이지만, 오히려 어떤 면에서 얘기하면 그것은 돕는 것이 아니라 관리체제로 바꾸어 가는 것이라고 할 수 있습니다. 그렇기 때문에 이 체제가 오래가면 우리가 살아남을 수 없습니다. 소련 같은 나라도 IMF에 들어간 지가 벌써 수십 년이 넘었는데도 불구하고 매년 나빠져 가고 있습니다. 이미 IMF 관리체제를 극복한 영국, 스웨덴, 멕시코 같은 경우는 특별한 케이스로 미국과의 관계 때문에 미국이 적극적으로 나서서 해결을 한 것입니다. 그런 특별한 경우를 제외하면 대부분의 나라들은 오히려 길게 가면서 어떻게 보면 10년, 20년 동안 어려움을 겪으면서 극복을 했다고 봐야 합니다. 우리나라도 마찬가지로 IMF체제가 1~2년을 넘어가면 엄청난 고통을 받게 될 것입니다. 그래서 다음 세대에게도 이 어려운 고통을 넘겨주는 것이 아니냐 하는 걱정을 하게 됩니다. 그렇기 때문에 우리는 IMF체제를 빨리 졸업하고 나와야지, 이것을 오래 끌고 간다면 굉장히 어려워진다고 봅니다.

실업문제 방치하면 큰일, 수출 확대로 풀어야

그리고 두 번째는 실업이 문제입니다. 여러분도 알다시피 우리나라는 독립 이래 한 번도 실업문제에 대해서 걱정을 해본 적이 없습니다. 항상 노동력이 부족한 상태에서 여기까지 왔습니다. 한 번도 경험하지 않다 보니 많은 사람들이 실업이 생기면 돈만 주면 해결되지 않겠느냐 하고 가볍게 생각하는데 절대 그렇지 않습니다. 우선 사회적으로 실업자들이 갈 수 있는 사회시설이 있어야 합니다. 선진국들은 오랜 경험을 통해 실업자들을 위한 여러 가지 시설들이 복합적으로 되어 있어 그렇게 어렵지 않게 생활할 수 있지만, 우리나라는 그런 시설이 하나도 없습니다. 따라서 실업이 생긴 후에 어떻게 하겠다고 하는 것은 굉장히 위험한 발상입니다. 만약 실업이 늘어 정말 정부 발표대로 약 200만 명의 순 실업자가 생겼을 때 우리가 어떻게 할 수 있는가를 생각해 본 사람이 없습니다.

1980년대 중반부터 말까지 노사분규가 심했을 때를 떠올리면, 제일 처음에는 남자들이 데모를 하게 됩니다. 그때는 경찰이 나서서 최루탄를 쏘고 해서 막을 수 있습니다만 나중에 부인들이 애를 안고 나와서 시위를 하면 막을 방법이 없습니다. 제가 보기에는 정치적인 불안뿐만 아니라 사회적인 불안이 되고 경제는 파탄 나고 맙니다. 그렇기 때문에 우리는 항상 어려웠을 때 어떻게 해야 할지를 생각해서 그것을 미연에 방지하는 것이 최선의 방안이라고 봅니다.

그러면 실업이 생기는 이유가 무엇입니까? 지금 수출은 약 15퍼센트 늘고 있습니다. 가격이 떨어졌기 때문에 실질적인 수요는 금액으로 따지면 한 6~7퍼센트 늘고 있습니다. 그렇기 때문에 수출산업에 있어서는 실업이 생기지 않습니다. 단지 지금 실업이 생기는 것은 내수산업 때문입니다. 앞으로 우리나라 경제가 어떻게 갈 것이냐 하는 비전이 없기 때문에 국민들이 불안해하고 자연히 수요가 생기지 않고 있습니다. 자동차의 경우 1월부터 3월까지 거의 70퍼센트가 줄었으며, 큰 차가 아닌 작은 차 수요로 바뀌고 있습니다. 이처럼 내수시장이 위축되니까 내수산업에서 실업이 늘어나는 것입니다.

따라서 쉽게 얘기하면 내수에서 줄어든 물량을 수출로 돌려서 팔면 실업이 생기지 않도록 할 수 있습니다. 그런데 많은 사람들이 그렇게 했을 때 무역마찰이 생기지 않겠느냐, 외화가 많이 들어오면 통화가 늘어서 인플레가 되지 않겠느냐는 등의 얘기를 합니다. 저는 솔직히 말씀드려서 우선순위를 따져 처리하고 그런 연후에 고려해도 되는 문제들인데 용기가 없어서 못하는 것이 아닌가 생각됩니다.

또 우리나라의 경우를 보면 천연자원이 없습니다. 우리나라는 기본적으로 원료를 가져와 가공을 해서 거기서 생기는 부가가치로 살아가고 있습니다. 우리나라는 약 50년 동안 그렇게 해왔기 때문에 많은 사람들이 지금 우리나라가 투자한 시설을 굉장히 평가절하해서 생각하고 있습니다. 제가 보기에는 인프라 시설 구축하느라 그동안 투자한 것을 다 빼고도 공업화, 즉 제조업 쪽에 1조 달러 정도 투자하지 않았나 봅니다. 요즘 우리가 꾸어오는 국제금리가 런던 우대 금리에 대략 4~5퍼센트의 스프레드가 붙어 10퍼센트가 넘는데, 1조 달러라고 하면 10퍼센트로만 따져도 연간 이자만 1,000억 달러입니다. 그러니까 우리가 가지고 있는 시설 전체를 활용하면 그것은 황금알을 낳는 거위처럼 계속 부가가치를 창출해 냅니다. 이자만 해도 1,000억 달러이니까 활용했을 때 나오는 임금에서부터 기타 요소들을 다 따지면 엄청난 부가가치를 창출해 내고 있는 것입니다.

그러니까 그 많은 시설을 가지고 있다는 것 자체가 자산인데 그 자산을 우리가 활용하지 못했을 때는 고철이 되고 맙니다. 하지만 우리가 공장만 가동하면 오히려 사람이 모자라게 됩니다. 우리나라는 1년에 공식적으로는 100만 명, 제가 알고 있기로는 비공식적으로 해외에서 들어오는 사람까지 합하면 200만 명의 노동인구가 모자랐던 사회입니다. 작년 중반까지만 해도 그랬던 우리 사회가 지금은 그 사람들을 다 내보내고도 200만 명의 실업자가 생긴다고 하는 것은 우리가 가지고 있는 시설들을 못 돌린 데서 나오는 문제가 아닌가 생각합니다. 그렇기 때문에 실업문제는 공장만 가동되면 해결됩니다. 공장가동에는 다른 방법이 없고 국내에서 남는 것을 수출로 돌리는 방법밖에 없습니다.

세 번째 문제는 노사관계 문제입니다. 우리나라는 아직도 노조가 완전하게 프로화 되지 못한 아마추어 수준입니다. 그렇기 때문에 앞으로 프로화가 되면 자동적으로 요구하는 것도 적어지고, 또 협상과정에서도 쉽게 타결이 됩니다. 대우는 국내 10만 명, 해외 20만 명의 종업원을 가지고 있습니다. 그런데 노동운동이 심했던 동유럽 같은 나라에 가보면 아주 쉽습니다. 노조가 프로화 되어 있기 때문에 서로 얘기하기가 좋습니다. 조금 양보하면 끝납니다. 그런데 우리나라는 아직 프로화가 되어 있지 않아서 문제가 있습니다.

여러분의 이해를 돕기 위해 말씀드리면, 대우에서는 다함께 어려움을 극복하는 협조 차원에서 올해 임금을 동결하고 추가로 1시간을 서비스해 달라고 했습니다. 그랬더니 모든 노조가 동의했습니다. 하루 8시간에 한 시간을 더 일하면 임금 면에서 약 13퍼센트의 절감 효과가 있습니다. 이 정도는 노조하고 얘기해도 가능한 상황이기 때문에 많은 사람들이 걱정하는 것처럼 노사합의가 반드시 어려운 것만은 아닙니다. 사실 따지고 보면 적극적으로 하지 않고 등한히 하다 보면 사소한 것들이 문제가 되어 노사문제가 생기는 겁니다. 노사문제가 그렇게 해결하기 어려운 문제는 아닙니다. 좋게 보면 쉽게 해결할 수도 있고, 또 나쁘게 몰고 가다 보면 해결이 어려운 경우도 있습니다. 다 하기 나름이라는 것입니다.

경쟁력 회복 위해 해외 금리 정상화가 시급하다

그리고 네 번째 문제는 아까 말씀드린 대로 국내 금리도 문제이지만, 어떤 형태든 간에 해외 금리가 옛날처럼 정상화되지 않으면 우리가 살기 어렵다는 것입니다. 왜냐하면 원자재를 들여와 가공해서 수출하는 기간이 90일 정도 걸리는데, 실질적으로는 180일이 걸리는 경우도 있습니다. 만약 우리가 남들보다 4~5퍼센트의 금리를 더 부담한다고 하면 우리가 경쟁하고 있는 나라에 비해 원가가 그만큼 올라갑니다. 90일만 하더라도 (연간 금리의) 4분의 1로 계산하여 년 5퍼센트 금리면 1.25퍼센트, 그리고 평균 180일이 걸린다고 하면 2.5퍼센트의 원가가 상승하게 됩니다.

여러분은 물건을 팔면 금방 돈을 받는 것처럼 생각하시지만 그렇지 않습니다. 우리나라의 정상 결재 기간은 6개월로 되어 있고, 6개월 더 연장해서 1년까지 할 수 있습니다. 다시 말하면 정상적으로 물건을 팔면 돈 받는 기간이 평균 6개월, 늦으면 1년도 걸립니다. 금리가 옛날보다 5퍼센트 올랐을 때, 6개월이 걸렸을 경우 2.5 퍼센트, 1년이 걸렸을 경우 5퍼센트의 코스트가 늘어납니다. 보통 수출할 때 0.5~1퍼센트의 이익을 보고 수출을 합니다. 그런데 원료 들어오는 데 1.5퍼센트, 파는 데 2.5~5퍼센트가 더 든다고 하면 근본적으로 게임이 되지 않습니다. 금융 비용이 이렇게 많이 오르면 정상적으로 부가가치를 낼 수가 없습니다. 그렇기 때문에 국내 금리는 우리끼리 해결하더라도 해외 금리는 반드시 옛날 수준으로 내려오게 하지 않으면 안 됩니다.

금리를 낮추기 위해서는 두 가지 방법밖에 없습니다. 첫째는 우리가 가지고 있는 순부채를 줄이는 것입니다. 총외채 1,800억 달러 중에서 민간 기업이 해외에서 차입하여 오퍼레이션하고 있는 300억 달러와 정부가 꾸어준 돈을 제외한 순부채는 550억 달러 정도 된다고 합니다. 외환 보유고가 정상일 때는 우리나라 GNP와 대비하여 대략 400억 달러에서 500억 달러를 가지고 있으면 정상적으로 가는 것입니다. 그렇지만 요즘처럼 격변기에는, 또 앞으로 외국 유동자금이 빚어낼지도 모를 혼란을 막기 위해서도 1,000억 달러 정도의 외환 보유고를 유지해야 합니다. 그렇기 때문에 전경련에서 정부에 어떤 일이 있더라고 금년에 500억 달러의 경상수지 흑자를 내서 부채를 갚고, 내년에도 500억 달러를 내서 우리 외환 보유고를 500억 달러에서 1,000억 달러로 늘리도록 강력하게 제안하고 있는 것입니다.

경상수지 500억 달러 흑자, 충분히 가능하다

그러면 과연 현재 입장에서 경상수지 500억 달러 흑자가 가능할까요? 여러분의 이해를 돕기 위해 쉽게 얘기하면, 우리나라는 1,500억 달러 정도 수출을 합니다. 대략 그 돈으로 600억 달러 정도의 시설을 해외에서 사들여 왔습니다. 시설을 늘리거나 바꾸기 위해, 또는 새로운 산업을 하기 위해 연간 그 정도의 시설 및 시설에 필요한 부품을 들여왔습니다. IMF나 선진국에서는 한국이 투자를 너무 많이 한다면서 투자를 줄이라고 요청하고 있습니다. 따라서 우리는 앞으로 어떻게 됐든 간에 우선 급하게 빚을 갚아야 되니까, 600억 달러 정도 자본재를 수입해서 투자하던 것을 반으로 줄여서 반만 가지고 꼭 필요한 데 투자하도록 유도해야 합니다. 그러면 경상수지에서 순수하게 300억 달러의 흑자를 낼 수 있습니다.

그리고 수출은 매년 10퍼센트 늘어났는데, 여기에 10퍼센트를 더해서 20퍼센트만 늘어나면 우리나라 수출이 1,500억 달러에서 300억 달러가 늘어나게 됩니다. 수출하기 위한 원자재가 30~35퍼센트 되니까, 그것을 줄이면 약 200억 달러의 흑자를 낼 수 있습니다. 그러면 합해서 500억 달러의 흑자를 낼 수 있습니다. 즉 수입에서 300억 달러를 줄이고 수출에서 200억 달러를 늘리면 500억 달러 흑자를 낼 수 있다는 것이 제 생각입니다.

금년 초에는 정부가 금년도 국제수지 흑자를 20억 달러로 예상했습니다. 그런데 4월에는 대통령 주재 하에 청와대에서 회의를 할 때 250억 달러 흑자를 낸다고 했습니다. 그리고 최근에 와서는

400억 달러 정도의 흑자는 나겠다고 얘기한다고 합니다. 제가 보기에는 우리가 약간 희생하면서 지원을 하면 500억 달러 정도 흑자를 낼 수 있다고 봅니다. 그래서 어떤 희생을 하더라도 '해야 된다' 이렇게 지금 얘기를 하고 있는 겁니다.

현재 상황에 대처하는 것보다 미연에 올 것을 생각해서 대비하면 충분히 해낼 수 있다고 저는 생각합니다. 우리 세대가 대학을 졸업해서 사회에 나왔을 때는 가르쳐줄 사람이 없었습니다. 그래서 우리가 배워가면서 30~35년을 해왔습니다. 아무것 없이도 지금의 번영을 이룩했는데 지금은 사실 없는 것이 없을 정도입니다. 그리고 요즘 완전히 통신이 개방되어서 세계 어느 나라에서 어제 무슨 일이 생겼는지 아침이 되면 다 압니다. 이 정도로 통신이 혁명을 일으켜서 세상을 다 아는 사회에서 우리가 못한다는 것은 제가 생각하기에는 도저히 상상이 안 된다는 겁니다.

자본도 있고, 최첨단 기술 중 80퍼센트는 우리도 할 수 있고, 생산성이나 품질 면에서도 우리 제품이 일본 제품에 비해 별 차이가 없습니다. 또 교육에 있어서도 우리나라가 독립할 당시 5퍼센트 정도만이 고등학교를 졸업했지만 요즘은 95퍼센트 이상이 고등학교를 졸업하고 있고, 인구 대비 대학진학률도 세계 최고일 겁니다. 고등교육 받은 사람들이 이렇게 많은데 남하고 경쟁해서 질 이유가 하나도 없다 이겁니다. 아무것도 없이도 했는데 이렇게 많이 가지고 있는데 우리가 조금만 열심히 하면 할 수 있다고 생각합니다.

그런 의미에서 오늘 여러분에게 말씀드릴 수 있는 메시지는 우리는 '자신이 있다'는 것입니다. 현재의 어려움도 해결할 수 있고, 또 어떻게 보면 이런 어려움이 기폭제가 되어 제2의 도약을 통해 선진국에 빨리 들어갈 수 있도록 한 번 더 힘을 낼 수 있는 기회라고 생각합니다. 우리가 선진화되는 데 이번의 금융위기가 하나의 촉진제가 되어서 다음 세대는 편안하게 살 수 있도록 하는 것이 우리 세대가 할 일이라고 생각합니다.

모범 한국이 실패 사례로

　최근에 제가 듣기로는, 바깥에서도 그렇고 국내에서도 그렇고, 우리나라 경제에 대해서 굉장히 비관적으로 얘기하는 경우가 많습니다. 사람들을 만나 보면 우리나라 경제에 대해서 자신을 잃은 사람도 있고 또 아래에서 위까지 다 우리나라 경제가 어렵고 문제가 있다 이런 얘기하는 것을 최근에 많이 듣습니다. '태평양지역지도자회의'라고 해서 씨티뱅크에서 주최하는데 100명 정도 모여서 매년 아시아 지역에서 돌아가면서 하는 회의가 있습니다. 제가 거기 갔었는데 항상 한국 경제는 모범적인 예로 얘기를 하던 것이 올해 처음으로 실패 케이스로 얘기가 나옵니다. 우리나라 경제를 실패 케이스의 예로 드는 것을 보면서 국내외적으로 우려가 상당히 확산돼 있구나 하는 것을 느꼈습니다.

-1997년 4월 25일, 연세대학교 경영대학원 최고경영자과정 조찬강연

해결책은 수출 확대를 통한
공장가동률 극대화다

앞으로 국제환경 변화에 따라 과거에는 상상조차 할 수 없는 일들이 현실화되겠습니다만, 특히 부존자원이 부족하고 대외의존도가 높은 우리나라의 입장에서는 국제 경쟁의 중요한 요소로서 국내 제조업의 가치를 새롭게 인식할 필요가 있습니다.

저는 우리 경제를 지탱하는 경쟁력의 원천을 제조 기반에서 찾아야 한다고 생각합니다. 우리의 제반 경제여건을 고려할 때 아직까지는 제조업의 경쟁력을 키우는 것만이 우리 경제에 활력을 불어넣을 수 있는 유일한 대안이기 때문입니다.

그러나 안타깝게도 현재 우리의 값진 생산설비들이 평균 60퍼센트밖에 안 되는 저조한 가동률을 보이고 있습니다. 이 상황이 지속된다면 우리의 피땀이 어린 생산기반은 하루아침에 고철로 변해버릴 수 있습니다. 뿐만 아니라 계열화된 중소기업들이 도산하면서 이들이 보유하고 있던 우수한 생산설비들이 일부 채권자들에 의해 헐값에 해외로 매각되고 있습니다. 비싼 외화를 들여 구입한 최신 설비들이 구입 가격의 반도 안 되는 헐값으로 매각되고 있다는 사실은 우리 생산기반의 붕괴를 의미하는 것이며, 다시 일어서려 할 때에는 외채부담을 더욱 가중시킬 것입니다.

이러한 입장에서 저는 현재 추진되고 있는 기업 구조조정과 위기극복을 위한 경제정책의 핵심이 산업경쟁력을 강화하는 방향으로 시행되기를 희망한 바 있습니다.

-1998년 8월 18일, 한국경제학회 초청강연, "경제위기 극복과 국제경쟁력"

우리 사회는
실업자를 감당할 수 없다

지난 번 미국 재무부 서머스 차관이 왔을 때, 한국의 실업인구가 앞으로 약 200만 명까지 늘어날 것을 각오해야 한다고 저에게 말한 적이 있습니다. 그래서 제가 그랬습니다. "모든 나라가 다 다르겠지만, 옥포조선소에 있을 때의 경험에 비춰보면 우리나라에 200만 명의 실업이 생기면 정부가 아무리 실업 보장을 해서 돈을 준다 해도 부인들이 애기를 안고 거리에 나와서 남편 직장 달라고 아우성을 칠 것이기 때문에 엄청난 사회문제로 비화돼 사회 기반 자체가 붕괴된다. 그런 예민한 문제가 있기 때문에 선진국의 경우와 다르게 생각해야 한다"라고 했더니, 더는 아무 소리도 하지 못했습니다.

−1998년 4월 21일, 재외공관장회의 경제연찬회,
"IMF 금융위기와 해외공관장의 역할"

~ ~ ~ ~ ~ ~

제가 이야기한 것은 절대 정리해고를 하지 말라는 얘기는 아닙니다. 원칙적으로 정리해고는 해야 되는데 그래도 대기업들이 여유가 있으니까 무언가 고민을 하고 해야 되지 않겠느냐. 그래서 사실상 전경련 5대 그룹 회장단 회의를 해서 서로 간에 합의를 했고, 또 긴급 전경련 회장단 회의를 소집해서 우리 대기업들은 이것을 좀 자제하는 방향으로… 그러나 회사마다 지금 사정이 다 다릅니다. 그래서 이것을 일률적으로 할 수는 없지만 우리가 자제를 해야 될 것이 아니냐. 그래서 제주도에서 세미나 할 때 제가 이 얘기를 한 것입니다. 물론 이것을 순수하게 받아들이면 좋은데, 순수하게 받아들이지 않고 이것이 재계에서 서로 간의 의견이 다른 것처럼 얘기가 나오고, 또 근로자들은 이것을 빌미로 '누구는 안 한다고 하는데 누구는 하느냐'하는 식으로 하다 보니까 문제가 되었던 것입니다.

마찬가지로 우리가 쉽게 얘기해서 지금 정리해고를 하면 제일 좋지요. 돈도 적게 들고 그것처럼 편한 것이 어디 있어요. 저희에게 자르라고 하면 10만 명 고용 중에서, 업종마다 다르겠지만 어떤 업종은 지금 50퍼센트도 자를 수 있습니다. 정리해고 할 수 있어요. 알다시피 자동차가 조그만 차 제외하고 큰 차는 국내시장 수요가 85퍼센트가 줄었습니다. 85퍼센트 줄어든 상황에서 기업들이 지금 얼마나 안타깝게 해고를 못하고 지금 끌고 가고 있느냐? 이것을 누가 생각해 주느냐 말입니다. 기업 하는 사람은 돈만 가지고 전부 나쁜 짓이나 한 것처럼 계속해서 욕해 대지, 정말 기업이 지금 얼마나 어려운 것을 감당해 가고 있는지 아느냐 말입니다. 월급 때만 되면 머리가 아픕니다. 기업은 이만큼 고통을 감수하면서 최선을 다하고 있어요. 그런데도 그것을 알아주는 사람은 아무도 없습니다. 마찬가지로 지금 법대로 해라. 법대로 해서 되는 것이 어디 있습니까? 할 수 있는 사회적인 여건이 되어야지, 되지도 않는데 법대로 하라는 것이 말이 됩니까? 한번 생각을 해보세요.

이런 상황에서 더군다나 외국 사람이 투자하는데 기업에게 "이것 안 되면 안 된다. 또 이렇게 해서 앞으로 어떻게 되겠느냐…" 그러면 사회적으로 그것을 받아들일 수 있도록 조성해야지, 만약 그렇게 어려워지면 그것이 누구에게 옵니까? 지금 이 상황에서 예를 들어 인도네시아처럼 폭동이 일어나서 정말로 문제가 생긴다면, 내가 보기에는 아마 있는 사람 집은 다 털릴 것입니다. 여러분 이런 것 한번 생각해 보셨냐 이거죠. 사회가 이것을 받아들일 수 있는 능력이 있을 때 가능하다는 것이지요. 툭 터놓고 이야기해서 서로 간에 노력을 해서 이것을 줄이는 방향으로 최선을 다해야 한다고 나는 생각합니다.

또 마찬가지로 미국식, 유럽식 얘기를 했지만, 미국은 실업 준비하는 데 10년, 20년이 걸렸습니다. 사회적으로 시설을 만들어서 수용하는 데 유럽은 50년 이상 걸렸다고 봅니다. 이런 상황에서 우리는 실업 생긴 지 지금 1년도 안 되었어요. IMF 이후에 생긴 실업을

6개월 안에, 1년 안에 무슨 수로 하냐 말이지요. 좀 더 연구를 하고 생각하고 얘기해야 되지 않을까 생각합니다.

－1998년 7월 31일, 관훈간담회, "희망의 싹을 틔우자"

해보지도 않고 안 된다고
생각하는 게 가장 큰 문제

한마디로 얘기해서, IMF에 대한 책임은 모든 주체에게 있다고
봅니다. 제가 수출확대진흥회의에서도 말씀드렸지만, 우리나라 전
체의 자신감 상실이라고 표현을 했습니다. 그 자신감 상실이 왜 왔
느냐. 열심히 하지 않았기 때문에 자신감이 없는 것입니다. 제가
생각하기에는 근본적인 요인이 된 것은 금융입니다. 우리는 정부
가 금융을 주도해 왔습니다. 인사권부터 시작해서 모든 라이선스
까지 정부가 주도해 왔습니다. 그러다 보니까 우리나라에서 지금
제일 덜 발달된 분야가 금융입니다. 다른 산업에 비해서 금융산업
이 제일 후진성을 가지고 있습니다. 투자되는 자금 면에서도 그렇
고 모든 면에서 그렇습니다. 그러다가 갑자기 OECD에 가입하면
서 금융을 개방하지 않을 수 없었기 때문에, 무리하게 많은 금융기
관이 외환을 취급하게 한 데서부터 문제가 생겨서 거기서부터 이
것이 터져나온 것은 사실입니다만, 실질적으로 보면 전체적인 경

쟁력 약화에서 왔다고 봅니다.

그렇지만 한 가지 분명하게 해둘 것은, 언론이나 학계나 정부에서 얘기하는 것처럼 우리나라의 기업경쟁력이 과연 그렇게 없느냐? 저는 그렇게 생각하지 않습니다. 기업은 경쟁력이 없으면 그 다음 날 쓰러집니다. 경쟁력을 키워가지 않고 자기가 살아갈 수 있는 여건이 없으면 쓰러지게 마련입니다. 올해 들어와서 우리나라의 수출이 물량 면으로 보면 20퍼센트가 늘어난 것은 사실입니다.

지금 금융이 사실상 기업에 제 기능을 못하고 있습니다. 금융은 우리 신체로 본다면 피 같은 것인데, 피가 순환이 안 되는데도 불구하고 수출이 물량으로 20퍼센트 늘었다는 것은 엄청난 능력이 있는 것입니다. 그럼에도 우리는 경쟁력이 없다고 스스로 비하하고 있습니다. 그렇기 때문에 제가 보기에는 IMF 책임은 어느 한 곳에다 얘기할 것이 아니고, 우리나라를 끌고 가는 주체 전체가 반성하고 다시 한번 시작해야 되지 않을까 생각합니다.

그리고 저는 이렇게 생각합니다. 사람들이 좋은 얘기를 많이 하고, 또 우리도 그렇게 되어가야 합니다. 그렇지만 한 가지 문제가 되는 것이 무엇이냐? 우리가 처한 현실하고 선진국의 현실하고는 차이가 많습니다. 우리가 봤을 때 아직도 우리가 완전한 선진국이 되려면, 지금의 우리 능력을 5배 정도는 키워야 선진국 대열에 낄 수 있지 않을까 생각합니다. 왜냐하면 저희가 1인당 국민소득이 1만 달러라면 선진국들은 4만 달러입니다. 그런데 많은 사람들이 선진국에 사는 사람인 양 착각을 합니다. 부채비율이 높다고 하는

데, 선진국이야 자본시장이 발달되어 있기 때문에 부채비율이 낮은 것은 틀림없는 사실이지요. 우리나라처럼 자본시장이 발달되어 있지 않은 마당에, 예를 들어 신문을 보니까, 6월 말 현재 우리나라 증시에 상장된 총 시가가 60조 정도 된다고 합니다. 이것은 미국의 한 회사의 시가 총액보다도 적은 것입니다. 이런 자본시장을 가지고, 자본이라는 것이 어디서 나옵니까? 자본시장에서 자본을 가지고 자기 자본을 키우면서 가는 것인데, 이런 아주 취약한 자본시장을 가지고 부채비율을 1 대 1로 선진국하고 비교하는 일 자체가 우스운 얘기지요. 제 생각에는 무언가 착각 속에서 가고 있지 않느냐?

또 옛날에는 기술격차가 엄청나게 났어요. 1980년대부터는 기초기술이 생기고, 기업들이 기술에 투자하고 돈도 넣고 해서 기술을 따라잡았어요. 제가 생각하기에는 지금 현재 세계에서 거래하는 모든 제품의 80퍼센트는 우리 기술 가지고 할 수가 있어요. 우리에게 기술이 없다고 하지만 우리가 못하는 것은 20퍼센트뿐입니다. 이것도 마찬가지로 앞으로 10년, 20년 걸리면, 이것이 20퍼센트에서 10퍼센트로 줄고, 5퍼센트로 줄고, 자꾸 줄겠지요. 그러다 보니까 경쟁의 새로운 툴(tool)로 나오는 것이 금융입니다. 금융이 이제 하나의 경쟁요소로서 등장한 것입니다. 내 생각에 앞으로 20년 동안 점점 돈이 없어서 투자를 못하는 쪽으로 가지 않겠느냐. 돈을 꿔줘야지 투자를 하지요. 원천적으로 봉쇄당한 것이라고 봅니다. 이것이 시초라고 봅니다. 금융이 경쟁요소로서의 출발

점이라고 볼 수 있습니다. 그리고 이자도 옛날에는 우리가 가져다 쓴 것이 런던 금리와 2~3퍼센트밖에 차이 나지 않았는데, 앞으로는 제가 보기에는 5퍼센트, 10퍼센트까지 차이가 날 수 있습니다. 그래도 돈 꾸기가 쉽지 않을 것입니다. 앞으로 이런 쪽으로 바뀌지 않겠느냐, 이렇게 봅니다.

그러면 지금 우리는 무엇을 해야 되느냐. 아까도 말씀드렸습니다만, 우리가 가진 것은 시설입니다. 이 시설을 어떻게 돌리느냐? 이것만 해결하면 됩니다. 예를 들어 우리나라는 지금 산업정책을 해야 되는데, 우리나라는 지금 전부가 금융정책입니다. 회사가 죽고 말고는 관계가 없어요. 은행을 우선 살려놓고 보자, 이 지경이거든요. 은행이 왜 필요합니까? 산업이 돌아가기 위해서 은행이 필요한 것입니다. 그러면 지금 우리는 산업정책에 기초를 두고 해야 될 텐데, 공장을 어떻게 돌리느냐, 공장이 어떻게 경쟁력을 갖추느냐, 여기다 두고 금융을 서포트해야 될 텐데, 은행을 살리기 위해서 기업을 다 죽이면 어떻게 하겠다는 이야기입니까? 지금 우리 경제를 움직이는 머리 좋은 사람은 다 금융 쪽에 가 있습니다. 산업 쪽에 보세요. 산업 쪽에 누가 대변을 해서 하고 있느냐 이겁니다. 이것이 오늘의 현실이라는 것입니다. 우리가 이런 것을 좀 더 깊이 연구하고 생각하고 고민해야 되지 않겠느냐.

그렇기 때문에 자꾸 M&A를 해라, 벤치마킹해라, 뭐해라, 뭐해라 얘기하면서 요즘 선진국에서 하는 것들 마구 바람을 일으키다 보니까 머리만 가지고 한탕하려고만 생각하지, 열심히 일해서 좋은 물건 만들어서 팔겠다는 생각을 없애버렸단 말입니다. 공장에서 값싸고 좋은 물건 만들어서 제품으로 경쟁해서 이기는 것이 우리가 지금 해야 될 일인데, 이것을 지금 현재 우리나라에서 얘기하는 사람이 누가 있는가 말이지요. 여기에 문제가 있다고 봐요. 그래서 우리는 지금 현재 제조업이 우선이 되어야 합니다. 앞으로 기술이 높아지고, 금융이 높아지고 선진화되면 그때 가서는 우리도 달라져야 되겠지요. 물론 우리도 변해야 합니다. 그런데 우리가 앞으로 10년 동안 살 길은 무엇이냐, 제일 중요한 것이 무엇이냐, 있는 공장을 어떻게 다 돌리느냐, 토요일, 일요일, 공휴일 할 것 없이 어떻게 돌리느냐, 지금은 이런 것을 고민해야 합니다. 그래야지 고정비가 싸지고, 고정비가 싸져야 자꾸 경쟁력이 강화되는 것입니다. 제가 지금 질문에 옳게 답변을 하는지는 잘 모르겠습니다만, 분명하게 말씀드리는 것은 우리가 지금 해야 될 일은 있는 시설을 최대한으로 가동해서 거기서 부가가치를 최대한 창출해 내는… 부가가치를 창출하기 위해서는 경쟁력을 가져야 하고, 경쟁력을 가지려면 전체적으로 우리가 어떻게 해야 된다는 것은 제가 보기에는 금방 답이 나올 것이라고 봅니다.

−1998년 7월 31일, 관훈간담회, "희망의 싹을 틔우자"

~ ~ ~ ~ ~

오늘날에 와서는 경제가 여러 가지 면에서 더욱 중요성을 더해

가고 있고, 앞으로 점점 더하리라고 봅니다. 옛날에는 미국 하면 국무장관이 제일 영향력이 컸고, 그다음이 CIA, 국방장관, 백악관의 안보담당 보좌관… 이런 식이었습니다. 그런데 지금 워싱턴의 공기를 보면 루빈 재무장관이 이 네 사람을 합친 것보다 더 힘이 셉니다. 그러니까 중요 요소라고 하는 것은 세계가 무엇을 보고 판단하느냐에 따라서 달라지는 것입니다. 지금 우리에게는 과거의 향수 때문이 아니라, 우리나라가 선진화되는 데 수출이 절대적으로, 국제수지나 경상수지 흑자가 절대적으로 없어서는 안 될 요소이기 때문에 오늘도 내일도 중요시해야 하는 것입니다.

제가 수출 현장에서 뛰고 있기 때문에, 또 외국에 나가서 직접 느끼고 있기 때문에 말씀드리는데, 지금 현재 우리나라 수출을 보면 거의 다 제약이 있습니다. 우리가 수출을 자유스럽게 하는 것처럼 보이지만, 95퍼센트 정도가 제약을 받고 있습니다. 쿼터가 되었든, 자율 쿼터가 되었든, 301조가 되었든, 덤핑 듀티가 되었든, 어떤 형태든 간에 주종 상품은 다 제약을 당하고 있습니다. 우리가 지금 하고 있는 큰 것을 보면, 조선도 제약을 받고 있고, 철강도 받고 있고, 우리가 지금 수출을 많이 하는 자동차도 받고 있고, 섬유도 받고 있고, 전자 쪽도 받고 있고, 하여간 우리가 수출을 하고 있는 제품은 거의 다 어떤 형태로든 자유롭게 되는 것이 아니라 제약을 받고 있습니다. 직접적인 제약도 있고 간접적인 제약도 있는데, 자율적인 제약도 있고, 또 시장적인 제약도 있고, 여러 가지 형태로 제약을 받고 있다는 것, 굉장히 복잡하게 돼가고 있다는 것은 틀림없는 사실입니다.

우리 대우의 경우에는, 제일 처음 환란이 닥치고 난 다음에 수출밖에는 살 길이 없다고 생각했습니다. 그러니까 직원들 전부 밖에 나가라. 450명 이상이 세일즈로 밖에 나갔습니다. 그래서 6월 말 현재 47퍼센트의 수출신장을 우리가 해냈습니다. 그러면 가능성이 없는 것은 아닙니다. 또 대기업들은 물량 대비로 보면 (수출량이) 다 20퍼센트 성장했습니다. 그런데 지금 수출이 금액적으로 안 되는 것이 무엇이냐. 주로 보면 망한 회사, 부도난 회사가 예를 들어 옛날에 100만 달러 수출했는데 없어져 버렸다 이겁니다. 이런 중소기업 제품 수출들이 점점 제로로 되다 보니까 거기서 문제가 발생한 것이 아니겠느냐고 저는 봅니다. 그리고 지금 두 가지 걱정 하시는데 수출을 많이 하면 외화가 많이 들어와서 인플레이션 요인이 되지 않겠느냐 이런 얘기인데, 지금 알다시피 국내 수요가 이렇게 적은데 인플레이션이 생길 이유가 만무하고, 그것은 안 하겠다는 사람들의 핑계이지 있을 수가 없는 일입니다.

두 번째, 외교에서 통상마찰을 일으키지 않겠느냐 하시는데, 그것을 걱정하면서 지금 우리가 어떻게 환란을 헤쳐나갑니까. 제가 이런 얘기하면 우습지만, 루빈 장관 왔을 때 제가 부탁한 것이, 앞으로 우리가 살려면 수출해서 빚을 갚는 방법밖에 없는데, 미국에 우리 물건이 많이 나가더라도 빚 갚을 때까지 좀 유예해 달라고 했더니 웃으면서 좋다고 했어요. 우리가 지금 있는 상황을 그대로 끌고 간다면 안 되는 것이 맞습니다. 하지만 우리가 노력하고 설득하면 충분히 설득할 이유가 있다는 것이지요. 우리가 빚을 안 갚으면 나라가 날아가는데, 우리는 자원도 없고 아무것도 없기 때문에 방법이 이것밖에 없는데, 우리가 빚 갚고 정상화될 때까지 도와달라고 하는데 그 설득을 못한다면 그것을 담당하고 있는 사람은 그만두어야지요. 그것을 안 하겠다고 하고, 그것을 못한다고 하면 직무유기이고, 그러면 그만두어야지 왜 거기 앉아가지고 오히려 할 수 있는 일을 못하게 하느냐 이겁니다.

일이라는 것은 그래요. 이미 (여건이) 되어 있는 데서 하는 것은 누구든지 할 수 있어요. 새롭게 (여건을) 만들어서 창조해서 갈 수 있도록 하는 사람이 결과적으로 보면 지도자라는 것입니다. 그렇게 우리가 가야지, 있는 사항을 그대로 억셉트(accept)하고 그대로 간다면, 우리나라는 오늘 같은 경쟁사회에서는 완전히 죽고 말지 살아갈 수조차 없을 겁니다. 그렇기 때문에 우리는 이것을 만들어서 그것을 해가야지, 만들지도 않고, 되는 것도 안 된다고 포기하고, 이런 것이 제일 나쁜 것이 아니냐. 해보지도 않고 안 된다고 생각하는 그 자체가 굉장히 나쁘다고 생각합니다. 우리가 지금 수출을 20~30퍼센트 늘리는 것은 큰 문제가 없어요. 지금 가지 않은 나라도 천지고, 세계는 얼마든지 넓고 갈 데가 많은데, 우리나라가 차지하는 비율이 전체 무역 규모의 몇 퍼센트나 됩니까? 우리가 50퍼센트 늘었다고 해도 세계에 아무런 변화를 미칠 수가 없어요. 그러니까 그런 것은 너무 깊이 생각할 필요가 없지 않나 생각합니다.

－1998년 7월 31일, 관훈간담회, "희망의 싹을 틔우자"

자신감 회복이 시급하다

우리가 어떻게 여기까지 왔습니까? 우리 세대는 정말로 열심히 일했습니다. 새벽부터 밤까지 열심히 했습니다. 무엇이 있었습니까? 선생이 있었습니까? 돈이 있었습니까? 기술이 있었습니까? 그 속에서도 살아남아서 여기까지 왔는데 지금은 다 있어요. 지금은 없는 게 아무것도 없다 이거예요. 여기서 우리가 주저앉는다는 것은 말이 되지 않습니다. 정신만 차리면 얼마든지 극복할 수 있습니다.

수출확대회의에 나가서 대통령, 총리, 장관 다 계신 자리에서 이런 얘기를 했습니다. "우리나라는 지금 총체적인 자신감 상실상태에 있다. 그것만 회복하면 된다." 전부 어두워져서 안 보이는 거예요. 어떻게 하면 되는지 안 보이는 거예요. 이것을 빨리 해결해야 합니다.

－1998년 4월 21일, 재외공관장회의 경제연찬회, "IMF 금융위기와 해외공관장의 역할"

위기 시에는
정부가 개입하는 게 맞다

다들 경제위기, 금융위기다 해서 현 상황을 위기로 보고 있습니다. 시장경제 원리는 경제가 정상적일 때 하는 것이지요. 위기 때는 미국을 포함 어느 선진국이든지 개입을 하게 되어 있습니다. 개입을 안 하면 안 됩니다. 자신 없을 때 시장경제 원리를 하는 것이지, 자신 있을 때는 필요한 경우 과감하게 정부가 개입해야 합니다. 여러분도 알다시피, 영국이 위기를 탈출할 때 정부가 엄청나게 개입했고, 크라이슬러 사태 때도 미국 정부가 개입해서 해결했고, 이것은 어느 나라나 다 마찬가지입니다. 지금도 선진국들이 안 하는 것 같이 보이지만, 구조조정 하는 데 50퍼센트 이상의 정부 개입이 있다고 봅니다.

할 수만 있다면 시장경제 원리로 좋게 좋게 가면 얼마나 좋겠어요? 우리가 여러 번의 위기를 거치면서 점점 정부의 개입 강도가 줄어들긴 했지만, 결정적인 역할은 정부가 했던 겁니다. 그렇다고 전부 다 정부가 개입해야 한다는 얘기는 아닙니다. 우리가 할 수 있으면 우리가 스스로 하는 것이 최선의 방법이라고 생각합니다.

여러분도 아시다시피, 기업은 살아가기 위해서는 계속적인 자기혁신을 하지 않으면 안 됩니다. 기업은 생명체이기 때문에 경쟁력이 없으면 금방 쓰러집니다. 그래서 기업들은 각자가 다 노력하고 있습니다. 여러분이 보기에 기업이 안 하는 것처럼 보이지만, 안 하는 것은 다 쓰러집니다. 절대 그냥 서서 갈수가 없어요. 지금 우리나라의 어떤 분야보다도 기업이 앞서서 이노베이션을 하고 있다고 봅니다. 자기 스스로가 할 수 있도록 기회를 주고, 기회를 안 줄 때는 정부가 개입도 하고 위로도 하면서 위기가 끝날 때까지는 다 같이 가야 하지 않나 생각합니다.

−1998년 7월 23일, 국민회의 열린정치포럼 조찬간담회,
"기업구조조정에 대한 재계의 입장"

부채 자체는 문제가 아니다

현재 전경련에서는 선진국에서 기업의 역사, 즉 기업이 어떤 과정을 밟으면서 발전해 왔는가에 대해 보스톤컨설팅그룹에 내년 말까지 연구를 의뢰 중입니다. 독일이나 유럽 등 경제발전을 이미 이룩한 나라도 국민소득 1만 달러였을 때는 제조업의 부채비율이 다 400퍼센트가 넘었습니다. 자본이 축적되어 있지 않고 자본시장이 활성화되지 않은 상황에서는 자동적으로 부채를 가지고 사업할 수밖에 없습니다. 지금 국민소득이 1만 달러 이하인 어느 나라를 봐도 부채비율 400~500퍼센트가 높은 거냐 하면 천만의 말씀입니다. 단지 부채를 정경유착을 위해 갖다 쓰는 것이 부작용이 있는 것이지, 우리의 수준이나 소득을 감안할 때 우리의 부채비율이 과연 높은 것이냐 하는 문제는 앞으로 검토해 봐야 할 부분입니다.

우리가 선진국과 비교해 보면 틀림없이 높은 것은 사실입니다. 그러나 은행이 정상화되면 자동적으로 하고 싶어도 못하는 것입니다. 은행이 돈을 꿔줄 때는 심사를 해서 받을 수 있다는 판단이 섰을 때 대출해 주는 것입니다. 은행만 제대로 되면 걱정할 필요가 없습니다. 우리는 (부채비율이) 400~500퍼센트라도 밖에 나가서 일류 은행에서 돈을 꿔서 장사를 다 하고 있습니다. 그게 우리 국민이나 나라에 부담을 주는 것은 아무것도 없습니다. 우리가 폴란드나 개도국에서 사업하는데 부채비율이 400퍼센트라고 안 꿔주는 데 없습니다. 앞으로의 사업성을 검토해서 은행이 꿔주고 싶으면 꿔주는 것입니다. 안 되면 다음에 안 꿔주고, 못 갚으면 회사가 망하는 것처럼 명확히 구분되어 있어요. 좋은 사업 기회를 만났는데 돈을 꿀 수 없어서 못한다, 이것은 맞지 않다고 봅니다.

그런데 우리나라에서는 근본적으로 자본이 모자랍니다. 꿔줄 수 있는 돈은 한정되어 있고, 꿀 사람은 많아요. 근본적인 원인은 자본시장이 활성화되지 않았고 금융시장이 개방되지 않아서 그렇습니다. 우리 기업 하는 사람이 대개 국제금리에 비해 3배의 이자를 물었어요. 우리나라가 왜 이익을 못 내느냐 하면, 비용이 많으니까 이익이 덜 나는 것이지요. 누가 먼저냐 하는 것은 앞으로 더 연구를 해봐야 할 문제라고 생각합니다. 빚이 많아서 이익이 덜 나느냐, 그렇진 않습니다. 우리가 밖에 나가 보면 안정된 선진국 사회는 이윤이 적고, 리스크가 있는 개도국은 기회가 크기 때문에 이윤이 높습니다.

앞으로 우리나라도 자본시장이 완전 개방되고, 외국 은행들이 나와서 솔선하고, 금융기관들이 독립이 되면 대기업들은 은행에서 돈을 안 꿉니다. 다 직접 금융을 하지, 은행에 가서 꾸지 않습니다. 우리 자신이 자본시장을 통해 다 할 수 있어요.

−1998년 7월 23일, 국민회의 열린정치포럼 조찬간담회,
"기업구조조정에 대한 재계의 입장"

금리가 발목을 잡는다

지금 제가 보기에는 금융기능만 옛날처럼 회복이 돼서 수출을 지원하면, 내년도 수출은 금액상으로도 늘어날 수 있을 것입니다. 지금 우리는 최악의 조건에서 수출하고 있습니다. 한 가지 예를 들어 외국에서 수출어음을 할인하게 되면 리보(LIBO)에 6~7퍼센트를 추가하게 됩니다. 옛날 리보에 하던 것을 6~7퍼센트 더 물고 있는 상황인데 원자재가 들어오더라도 마찬가지로 6~7퍼센트를 더 줘야 들여올 수 있습니다. 평균적으로 6퍼센트를 보았을 때 우리나라에서 원자재의 회전기간이 평균 120일입니다. 120일에 6퍼센트 같으면 2퍼센트의 코스트 푸시 요인이 생깁니다. 그리고 수출을 하는 데 우리나라 평균 결재기간이 180일이므로 3퍼센트의 코스트 인상요인이 생깁니다.

때문에 금리만 가지고도 우리가 5퍼센트의 추가 부담을 하고 있습니다. 우리 군산자동차 공장의 인건비가 제조 경비의 5퍼센트입니다. 금리가 인건비와 맞먹는 부담을 안고 있습니다. 원가의 제일 중요한 요소가 금융이 되어버렸다는 것입니다. 국내 금리는 그다지 중요하지 않습니다. 문제는 해외 오퍼레이션하기 위한 해외 금리가 지금 원가의 5퍼센트까지 와버렸다는 것입니다. 과연 우리가 이런 상태를 얼마나 견딜 수 있겠습니까?

신용을 회복하고 국제금리를 정상화시키는 것이 무엇보다 중요합니다. 따라서 금융기관이 빨리 신용을 회복하고, 또 외화를 축적해서 하늘이 무너져도 한국은 갚을 수 있는 능력을 가지고 있다는 확신을 심어줘야 합니다. 물론 미래를 보면 또 다릅니다. 앞으로 5년, 10년 후가 되면 신기술이 개발되고, 열심히 연구하고 사람을 키우고 한 것들이 효과가 날 것입니다. 제조업뿐만 아니라 다른 분야, 특히 지식산업에서 많은 부가가치가 창출될 것으로 봅니다.

그러나 지금 당장 5년만 본다면 제일 중요한 것은 수출 코스트에서 금리를 얼마만큼 줄이느냐 입니다. 옛날만큼만 되어준다면 우리는 엄청난 경쟁력을 갖게 됩니다. 현재 수출 금리가 5~6퍼센트나 올라가니, 이것을 해결하지 않으면 안 됩니다. 그리고 수출은 계속해서 드라이브해야 합니다. 수출할 수 있는 방법이 있으면, 어떻게 해서든지 다 해야 합니다. 지금은 무역마찰이 걱정되더라도, 빚 갚기 위해서라는 명분을 내세워 수출을 해야 합니다.

−1998년 10월 13일, PAX KOREANA 21 조찬토론 특강,
"IMF 위기극복을 위한 한국경제의 과제"

위기 상황을 극복해 낸 건
정부와 국민의 저력

만약 우리가 450억 달러의 경상수지 흑자를 낸다고 하면, 지난 1996년 230억 달러의 경상수지 적자에 견주어봤을 때 불과 2년 만에 680억 달러의 개선이 이루어지는 것입니다. 지금껏 어느 나라에서도 이 같은 일을 실현한 예가 없고, 또 우리와 같은 위기상황에 있는 어느 아시아 국가에서도 이와 같은 큰 변화를 이루어낸 나라가 없습니다. 물론 이러한 성과가 있기까지는 정부의 혼신의 노력과 함께, 이 위기를 극복해 내고야 말겠다는 국민 모두의 의지가 합쳐졌기 때문에 더욱 큰 결실이 나타났다고 봅니다. 이런 성과를 통해 우리나라의 저력과 능력을 다시금 확인할 수 있게 됐고, 따라서 이것은 하나의 표본으로 삼기에 충분한 획기적인 변화라 할 수 있겠습니다.

제가 보기에는 새 정부가 들어선 지 7개월 정도밖에 지나지 않았고, 엄청난 구조개혁이 추진되고 있는 와중에, 또한 은행의 기능이 거의 마비돼 있는 상태 하에서 이런 성과를 낼 수 있다고 하는 것은 참으로 엄청난 일이 아닌가 생각됩니다.

-1998년 10월 13일, PAX KOREANA 21 조찬토론 특강,
"IMF 위기극복을 위한 한국경제의 과제"

1,000억 달러라는 방파제

사업이나 국가나 마찬가지로 오늘만을 위해 사는 것이 아닙니다. 내일을 위해 하는 것이기 때문에 어떻게 보면 다음 세대를 위해 우리가 더 노력하고 앞으로 우리가 선진화될 수 있도록 하는 목표를 가지고 가야 되지 않겠나…. 그것을 하기 위한 방법으로 국제 차입 금리를 하루빨리 위기 이전으로 돌려놓아야 한다고 봅니다.

국제금리를 내리려면 우리가 돈을 꾸었을 때 갚을 수 있다는 확신을 국제금융시장에 주어야 합니다. 경상수지나 국제수지 흑자를 지속적으로 낼 수 있다는 확신을 주게 되면 자동적으로 국제금리는 정상화되리라고 봅니다. 우리가 흑자 낸 것을 가지고 얘기를 해야지 우리가 자신 있게 할 수 있다는 것만 가지고는 우리를 보는 국제금융시장의 눈이 바뀌지 않기 때문에 금리가 내리지 않는 겁니다. 그렇기 때문에 수출을 늘려서 국제수지 흑자를 많이 내는 것을 보여줘야 해결되는 것이 아닌가 그렇게 저는 생각합니다. 그런 면에서 우리는 수출을 늘려야 되겠다고 하는 것이고….

두 번째는 요즘처럼 세계 전체적으로 불확실한 세계에 살고 있고, 또 요즘은 자본의 이동이 굉장히 자유롭다 보니까 헤지펀드라든가 투기하는 사람들이 있기 때문에 제가 보기에는 제2, 제3의 환란을 맞지 않으려면 실력을 쌓아야 한다고 봅니다. 그 실력을 나타내는 것은 우리의 보유 외환입니다. 물론 앞으로 아시아도 기축통화에 들어가는 것이 있다면 우리도 외화보유고 면에서는 지장을 받지 않습니다만, 지금 같은 상황에서는 투기라든가 헤지펀드들이 언제든지 타깃을 정해서 쳐들어올 수가 있습니다. 정상적인 입장에서 보면 외환보유고라는 것은 3개월간 수입할 수 있는 것을 얘기하는 건데 오늘의 현실은 그런 것만으로는 안심할 수 없고 우리의 경우를 보면 1,000억 달러 정도의 외환보유고를 유지해야 투기하는 헤지펀드들이 타깃에 집어넣지 않아서 미연에 방지하는 것이 되지 않을까 생각됩니다. 그렇기 때문에 우리가 하루빨리 1,000억 달러의 외환보유고를 쌓는 것이 제일 급한 일이 아닌가, 저는 그렇게 생각합니다.

그리고 이러한 투기자금이라든가 헤지펀드들이 하는 투자는 생산활동하고 아주 무관하다는 것이 큰 문제라고 봅니다. 이 돈들은 그 나라에 들어가서 그 나라의 경제기반을 흔들 뿐만이 아니라 자기들이 목적을 달성하면 언제든지 빠져나가기 때문에 아주 문제가 되는 것입니다. 그렇기 때문에 각 나라들이 자금 유입에 대한 규제를 시작하지 않았나… 홍콩 같은 데는 전통적으로 외자에 대한 것은 자유로웠는데 홍콩에서부터 규제를 하고 있고 대만이라든가 말레이시아라든가 특히 싱가포르 같은 나라들도 규제를 해야 된다고 주장하고 있습니다. 그런 면에서 과연 앞으로 규제가 얼마만큼 밸런스를 맞추면서 갈 수 있느냐 하는 것인데 우리로서는 우리 스스로가 실력을 가지고 방어할 수 있도록 되어야 된다고 보고 있습니다.

그리고 앞으로 금융은 제가 보기에는 금융구조개혁이 끝난 다음에 시스템이라든가 이런 것을 독립성을 가질 수 있도록 해야 된다고 보고 있습니다. 무엇보다 중요한 것이 경영자가 독립성을 가지고 할 수 있도록 되어주는 것이 바람직스럽지 않을까 생각을 합니다. 그래서 제가 지난번에 일본에 가서 중앙은행 총재를 만났는데 일본도 앞으로 3~4개 은행이 리딩뱅크로서 국제금융을 자유롭게 할 수 있도록 하고 나머지는 전부 국내에서만 할 수 있도록 바꾸어 나간다고 합니다. 그래서 내가 그 얘기를 들었을 때 일본 같은 경제대국도 그런 걱정을 하는 것을 보면 우리도 한번 생각해 볼 문제가 아닌가 생각했습니다.

—1998년 10월 28일, 자유기업센터 언론인 경제연수 초청강연,
"IMF 위기극복을 위한 한국경제의 과제"

김기스칸의 장담

질문 한국에서 가장 모시기 힘든 김 회장님을 모시게 되어 영광입니다. 김 회장님이 대구에서 태어나고 초등학교를 다녔다는 사실은 오늘 처음 알았습니다. 대구가 고향인 것을 감안할 때, 지금까지 김 회장님께서 대구에 대해 무심하지 않았나 생각합니다. 제가 중앙아시아에 갔을 때, '김우중 신화'를 듣고 많이 놀란 적이 있습니다. 그들은 김 회장님을 가리켜 '김기스칸'이라고 하더군요. 또 제가 북한에 갔을 때, 그곳 경제학자들이 남한에서 제일 수입하고 싶은 사람이 있는데, 그 사람이 바로 김우중 회장이라고 말한 것을 들은 적이 있습니다. 저는 한국이 지금 매우 어려운 상황에 있다고 생각합니다. 중국의 저임금 노동과 미국·일본의 금융자본 공세 앞에서 우리의 어려움은 한층 클 수밖에 없습니다. 또한 가지 걱정되는 것은 시간이 없는데도 아직까지 국가 전체적으로 컨센서스가 이뤄지고 있지 않다는 점입니다. 저는 김 회장님께

서 제시한 이론중의 하나인 2년 동안 500억 달러씩 경상수지 흑자
를 이뤄내야 한다는 것에 전적으로 동의합니다. 그리고 설비를 잘
가동하면 된다는 근거 제시에도 공감합니다. 그러나 그것만으로는
부족하지 않나 하는 생각이 듭니다. 지금 우리가 실업자 구제에 8
조 원을 책정했는데, 저는 이 돈을 실업자 구제보다는 기업을 살리
고 수출을 촉진하는 데 쓸 수 있지 않을까 생각합니다. 김 회장님
의 500억 달러 수출 전략을 구체적으로 밝혀주십시오. 원래 고향
에 오면 터놓고 이야기하게 마련입니다. 김 회장님의 솔직한 답변
을 부탁드립니다. (김영호 경북대 경상대학장)

시설재는 가동되면 황금알을 낳는 거위이고, 서면 고철입니다.
지금까지 매년 600억 달러의 자본재 투자가 이루어져 왔습니다.
600억 달러를 또 분석해 보면, 400억 달러는 시설을 늘리기 위한
투자, 나머지 200억 달러는 첨단산업이라든지 시설을 효율화시키
기 위한 투자에 쓰였습니다. 현재 우리가 가진 시설을 50~60퍼센
트 정도만 가동하고 있는 상황에서 약 2년 정도는 시설 증대를 위
한 투자를 하지 않아도 앞으로 계속해서 경쟁할 수 있다고 생각합
니다. 이렇게 해서 우리가 수입 쪽에서만 300억 달러를 줄일 수 있
는 것입니다.

그리고 200억 달러는 20퍼센트만 수출을 늘리면 가능합니다.
우리의 매년 수출액을 1,500억 달러로 보았을 때 20퍼센트 증가면
300억 달러가 가능합니다. 이 중에서 원자재가 차지하는 비중 30

퍼센트를 제외하면 200억 달러가 나오게 됩니다. 이 두 가지 근거를 가지고 제가 500억 달러 경상수지 흑자 달성을 이야기한 것입니다.

솔직히 이 자리에서 말씀드리지만, 처음에 산자부가 제시한 금년도 경상수지 흑자규모는 20억 달러였습니다. 그때 제가 500억 달러 흑자를 얘기했을 때 모두들 미친 사람 취급을 했습니다. 차기 전경련 회장이 된 후 인사를 하러 산자부 장관을 찾아가 얘기를 한 적이 있는데, 그 자리에서 저는 지금 말씀드린 것처럼 설명을 했습니다. 그때 산자부 장관이 나한테 "김 회장을 믿고 우리도 경상수지 흑자 목표를 늘리겠다"라고 하면서, 처음 수출확대회의에서 나온 것이 250억 달러였습니다. 여러분도 알다시피 우리는 상반기 중에 230억 달러의 경상수지 흑자를 달성했습니다. 상반기 중에 230억 달러면 하반기는 항상 좋기 때문에 올해 500억 달러 경상수지 흑자 달성은 충분히 가능합니다.

−1998년 8월 19일, 산학경영기술연구원 초청강연

2부

나의 삶

"내 생활을 가만히 들여다보면 나는 나보다 남을 위해 살아온 것이 아닌가 하는 생각이 듭니다. 6·25 때는 집안을 먹여 살렸고, 기업도 나보다는 남을 먹여 살리기 위해 하는 것이 아닌가 싶어요. 아침에 일어나면 피곤하고 죽을 지경인 때가 많았습니다. 그러나 무슨 강박관념, 의무감 같은 것 때문에 눈에 안약을 넣으면서 일어나 출근합니다. 출근 때 직원들 쏟아져 들어오는 것 보면 가슴이 막힐 만큼 답답합니다. 직원이 월급쟁이만 8만 명, 일용근로자까지 합치면 자그마치 12만 명입니다 식구들까지 계산해 보면 50만 명이 나한테 매달려 있구나 하고 생각해 보십시오. 저 사람들이 나 믿고 회사 믿고 나오는 것이기 때문에 실망시켜서는 안 되겠다는 생각이 가슴을 억누를 때가 많아요. 그래서 뛰고 또 뛰는 거죠."

―1985년, 《월간조선》 5월호 김대중 출판국장과의 대담

1
나와 대우

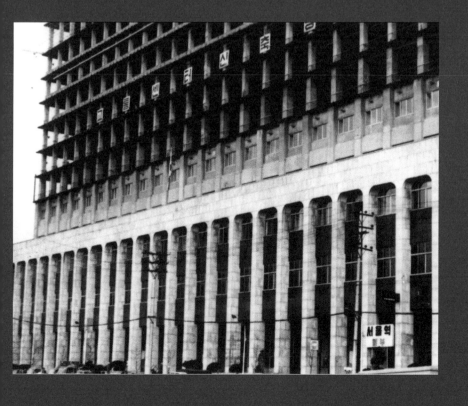

"너는 장사를 해라"*

– 1977년 1월, 동아방송 신년특별대담

10년 만에 직원 수 7,000배로 늘어

권오기 새해를 맞아 첫 손님, 대우실업의 김우중 씨, 젊은 실업가로 대성하신 분으로 알려져 있는 분이죠. 그런데 올해 나이가 몇이십니까?

김우중 만으로 40입니다.

권오기 만으로 40··· 올해(1977년)가 대우가 생긴 지 꼭 10년이 되는 해라고 하죠? 대우가 아무것도 없는 데서 시작해 지금 서울에 오면 서울역 앞에 커다란 집이 있어 서울의 모양을 바꾸어놓은 역할까지 했는데··· 지난 10년, 대우가 얼마나 자랐느냐, 얼마나 변했느냐, 회장님 자신은 어땠느냐, 또 '앞으로 10년, 1987년이 될

• 이 대담은 대우 창업 10주년을 맞아 당시 동아방송국 보도담당 권오기 부국장과 함께 이루어졌다. 1977년 1월 3일부터 22일까지 17회에 걸쳐 방송되었는데 여기에는 3회 분량만 소개한다.

때는 대우는 어떻게 될 것이다' 하는 희망 같은 게 있지 않겠어요? 계획이라는 것도 좋고… 그 지난 10년과 앞으로의 10년, 그 중간에 서서 지난 10년을 어떻게 회고하고 또 앞으로의 10년을 어떻게 내다보느냐? 좀 이야기가 막연합니다만, '10년 전과 회장님이 뭐가 제일 달라졌느냐'고 묻는다면 무엇이라고 답하시겠습니까? 흰머리가 많아졌다든가…. (웃음)

김우중 글쎄요. (웃음) 사실 10년이란 기간이 상당히 빨리 지나간 것 같습니다. 생각하기엔 엊그제 같은데 벌써 10년이라고 하니까 세월을 실감하는 것 같아요. 달라진 것을 말씀드린다면 제 생활이 대부분 회사와 직결되어 있고, 회사를 중심으로 살아왔기 때문에 변화라는 것도 회사의 변화에서 찾을 수 있겠죠.

첫째로, 친구와 같이 다섯 명의 인원으로 시작한 것이 10년이 지난 오늘날 3만 5,000여 명의 종업원이 생겼고 매출이 그 당시 환율을 지금 잘 기억할 수 없지만 70만 달러 수출, 국내(내수)는 없었습니다만… 그것이 금년에 와서는 대략 1,350억 원에 이르고 있고요. 또 회사가 500만 원의 자본금으로 출발했던 것이 대우실업만 120억 원의 불입자본금으로 되어 있습니다. 그리고 이 120억 원도 실제 시장에서 거래되는 것을 계산하면 두 배로 본다 하더라도 240억 원으로 볼 수 있죠. 그리고 회사 수도 하나로 시작했는데 지금 23개 회사가 계열회사로 같이 일하고 있습니다.

제 주변의 변화를 보면 딸 하나가 있었는데 그 이후 아들이 셋이 생겼고, (웃음) 집은 그때나 지금이나 큰 변화 없이 같은 크기의 집을 가지고 살고 있습니다. 큰 변화라면 주위의 친구들이 많았었는데 거의 없어져간다는 것. 이런 것은 나쁜 변화겠죠. 이런 등등을 들 수 있지 않을까 생각합니다.

권오기 네. 양의 변화가 질의 변화를 가져온다고 합니다만, 양은 양에 그치는 수가 있죠. 지금 말씀하신 중에 다섯 명에서 시작한 것이 3만 5,000명. 7,000배로 종업원 숫자가 늘고, 또 자본금이 늘고 회사가 늘고, 이렇게 많이 늘었습니다만, 대우라는 하나의 '그룹'이 양으로만 팽창했느냐? 질로도 많이 달라졌느냐? 달라진 게 있을 것 같은데 어떠세요?

김우중 우선 사람의 질을 가지고 말할 수 있겠죠. 당시 조그만 회사이기 때문에 우수한 사람들이 오질 않았죠. 그래서 주로 후배라든가 친구 동생 등 이런 사람을 부탁하다시피 해서 썼는데, 요즘은 공개시험을 치르면 한 30대 1부터 50대 1정도로 (지원자가 많기 때문에) 경쟁해서 우수한 사람을 쓸 수 있다는 것이죠. 또 기업 하는 것도 10년 전의 그때하고 지금은 기업 환경 자체가 많이 변하지 않았나 생각돼요. 그 변화가 나쁜 방향의 변화가 아니라 상당히 건전한 방향으로 많이 변화되어가고 있다. 그런 면에서도 상당한 질적 변화도 이루지 않았나 하는 생각입니다. 또 이익을 보더라도 그 당시 자본과의 비율로 따져볼 때 그렇게 많지 않았는데… 지금은 이익도 많이 내고 국가에 세금도 많이 납부하고 또 주주에게 배당도 많이 하고. 이렇게 '좋은 형태로 10년간 변화했다'고 볼 수 있어요.

권오기 일국의 경제성장 발전의 단계를 이야기하는 이들이 많죠.

어떠세요? 대우의 경우에 저는 그것이 상당히 맞아 들어가는 이야기가 아닌가 싶은데… 일정한 수준만 되면 도약, 뛰는 단계… 이륙만 하게 되면 대단히 빠른 가속도로 성장한다는 이론. 대우의 경우, '어느 시기쯤까지 뛰지를 못하다, 뛰면서 그냥 가속도가 대단히 붙어 급성장한 것' 같은 인상을 갖고 있는데요.

김우중 여러 요인이 많이 있었겠지만 저희가 회사를 시작하고 그 이듬해인 1968년의 경기가 참 좋았습니다. 저희가 취급했던 섬유 제품, 원단이 동남아 시장에서 수요가 갑자기 늘어나 예를 들면 값만 해도 야드당 17전에 거래되던 것이 35전까지 올라갈 정도였죠. 그리고 수요도 만들기만 하면 충족되었기 때문에 어떻게 말하면 운이 좋았다고 할까요. 시작해서 다음 해가 좋았기 때문에 큰 고생을 하지 않고 끌고 간 것만은 틀림없습니다.

제 생각으로는 당시 우리 경제가 여러 면에서 뒤떨어져 있었기 때문에 일정 수준에 오르기까지는 굉장히 쉽지만, 그다음 수준으로 넘어가는 과정에서는 발전 속도에 간격이 생기지 않나 생각됩니다. 회사도 마찬가지라 생각해서 우리 회사는 1977년이 상당히 중요한 시기가 아닌가 봅니다.

권오기 올해가 말이죠?

김우중 네. 왜냐하면 지금까지 경공업을 중심으로 성장해 왔는데 이제는 경공업을 그대로 하면서 중공업 쪽으로 회사의 중심이 옮겨가기 때문에 문제가 되죠. 지금까지 10년 동안 해온 경공업처럼 중공업도 잘 움직여 주기만 하면 상당히 성공할 수 있지만, 이 해에 잘못하면 상당한 어려움을 오래 가져갈 수도 있는 거죠.

권오기 그러니까 대우가 가지고 있는 업(業)의 모양이 질적으로 크게 변화하는 계기가 올해쯤 되느냐, 안 되느냐, 그런 정도까지 생각하신다는 말씀이죠?

김우중 네. 올해부터 1~2년간이 상당히 중요한 시기가 아닌가 생각합니다.

권오기 올해부터 1~2년을 겪어보아야 앞으로 10년을 내다볼 수 있겠지만, 어떠세요? 앞으로 10년, 1987년의 대우는?

김우중 글쎄요. 지금 생각하기에는 대략 수출을 35억 달러 정도 할 수 있을 것 같고, '그룹' 전체의 판매고가 '달러'로 따져 100억 달러까지 이르지 않을까 생각합니다.

권오기 그리고 김우중 씨는 어떻게 됩니까? (웃음) 나이가 쉰이 되는데….

김우중 보시는 바와 같이 매일 똑같은 생활을 반복하니까 큰 변화 없이 잘 가리라고 봅니다.

권오기 그런데… 보람을 많이 느끼십니까? 하다가 지치는 때는 없으신지.

김우중 비즈니스라는 것이 어떤 면에서 보면 상당히 변화가 있기 때문에 재미가 있어요. 사람들이 골프나 운동 등 여러 가지 취미를 가지고 있는 것처럼 일하는 것도 하나의 취미로 생각하면 고달프거나 하질 않고 재미있습니다. (웃음)

권오기 일을 재미로, 취미로… 모든 사람이 그렇게 되면 좋은데.

김우중 잘 아시다시피 일을 취미로 하다가 그 일이 잘 안 되면 취미가 (유지)되질 않죠. 골프도 마찬가지죠. 비즈니스도 잘만 되면 상당한 재미가 있습니다. 없던 것이 생기고, 작은 게 커지고, 이런 변화에 상당한 재미가 있습니다.

성취형 전문경영자가 되고 싶다

권오기 기업가를 세 가지로 비유하기도 하죠. 장군에 비유해서 모두를 어느 고지를 향해 끌고 가게 하는 '리더십'을 강조하는 사람, 또 전략가, 군사 등에 비유해서 좋은 계획을 가지고 장기 두듯이 운용하는 사람 등 여러 층이 있습니다만, 회장님은 자기 자신을 어떤 형의 기업가라고 생각하시는지, 예를 들면 현장에서 막 끌고 가는 야전사령관입니까?

김우중 기업 하는 사람은 여러 가지 '타입'이 있다고 봅니다. 이미 지적하신 바대로 야전사령관 같은 사람이라든가, 전략가라든가 하는 것과 마찬가지로 기업 하는 사람은 소유를 목적으로 하는 기업가의 형태가 있고, 어떤 성취, 무엇을 만드는 쪽으로 가는 기업가가 있습니다. 저는 솔직히 말씀드려서 소유에 대해서는 별로 흥미를 가지고 있지 않고 또 사심 없이 죽을 생각도 하고 있습니다. 그러니까 기업가로서는 '성취형' 이런 것에 제가 포함되어 있지 않나 생각합니다.

선진국을 바탕으로 한 책이나 이론을 보면 대부분 소유와 경영이 분리되어야 한다는 이야기가 나옵니다. 그런데 원칙이 그렇다고 해서 아무 사회에서나 한꺼번에 곧 되는 것은 아니라고 봐요. 자본주의가 발전하는 과정에서, 시대적인 환경에 따라 서서히 그렇게 발전해 나가지 않나 생각합니다. 예를 들어 지금 돈이 있어 기업을 하더라도 전문경영자로서 이것을 관리할 수 있는 사람이 많아야만 소유와 경영이 분리될 수 있는 것입니다.

우리나라 기업의 역사를 따지고 보면 사실상 일제 때는 기업가가 거의 없었고 해방 직후, 6·25전쟁 이후 기업가란 제 생각으로는 유통을 주로 하는 중간 도매상이었습니다. 수입해서 그것을 분배하는 식이었죠. 그러니까 책에서 흔히 말하는 '실질적인 기업가'는 없었지 않느냐는 거죠. 또 기업이라는 것도 중간 도매를 중심으로 한 조직체였기 때문에 '실질적인 기업'이라고 할 수 없었단 말입니다. 따라서 항상 중간 도매를 해가면서 조직을 하다 보니 거기에서 자본하고, 경영을 분리한다는 것은 있을 수가 없었어요. 또 그런 기업가 밑에서 사람들이 성장하다 보니까….

저는 이렇게 생각합니다. 다른 어떤 직종과 마찬가지로 기업가도 자기 나름대로의 기본적인 철학은 가지고 있어야 하지 않겠느냐고요. 그 철학이라는 게 그냥 경험에서 나오는 경험철학도 있겠지만 역시 올바른 철학은 전문적인 교육을 받는 데서 나오지 않나 생각합니다. 사실 옛날부터 장사하는 사람이라고 하면 아주 천하게 봤고, 일제시대 때는 머리 좋은 사람은 의사나 선생 같은 쪽으로 빠졌고, 해방 후도 마찬가지로 우수한 사람들이 기업에 참여하지 않은 것은 틀림없는 사실일 겁니다.

그러니까 제 생각으로는 국제적으로 이야기하는 기업이라는 것이 생겨난 것은—제가 제 회사를 합리화시키려는 것은 아니지만—우리나라도 10년 정도가 아닌가 봅니다. 따라서 전문경영자가 생긴다는 것은 지금 당장은 있을 수 없지 않느냐, 그렇기 때문에 모든 기업 하는 사람이 마음먹고 자본하고 경영을 분리 못한 것으로 알고 있습니다.

그러면 저는 어떻게 할 것이냐, 사실상 전문경영자가 되고 싶지, 기업주가 되고 싶은 생각은 없습니다. 그렇게 된다면 지금까지 기업을 해오면서 축적된 부는 어떻게 할 것이냐, 이 점에 대해 저는 이렇게 생각합니다.

사람이라는 것은 다 나이가 들면 자동적으로 약해지는 것 같아요. 또 약해지면 자동적으로 자기 것을 찾게 됩니다. 선배들 이야기를 들어보면 기업 하는 사람이 자기 것을 찾게 될 때가 마지막이라고 합니다.

권오기 자기 것을 찾을 때가 기업 하는 사람으로서 마지막이라….

김우중 그러니까 자기 것을 자기가 찾을 때가 기업 하는 사람으로서의 어떤 한계에 도달했다고 평을 하는 거예요. 그래서 저는 솔직한 이야기가 제가 제 것을 찾을 때는 아무것도 없었으면 좋겠어요. 그렇게 해야지, 쉬운 이야기로 사람이 지저분하지 않게 회사를 잘 이끌어가지 않겠느냐는 겁니다. 또 회사도 마찬가지죠. 옛날에는 '회사는 죽어도 사람은 남는다'고 이야기를 하잖아요. 앞으로의 기업 형태는 어떠냐, '사람은 죽어도 기업은 남는다'고 봅니다. 앞으로 기업의 전체적인 발전 패턴이 말이죠.

물론 어떤 기업가는 소유를 목적으로 하는 경우도 있겠지만, 앞으로 이런 마음으로 하지 않고는 우리나라 기업이 똑바로 가지 못하지 않느냐는 생각입니다. 왜냐하면 기업 하는 사람은 누구 못지않게 고생합니다. 또 어떤 의미에서는 어느 누구보다 더 열심히 한다고 볼 수 있고 더 자기희생을 한다고도 볼 수 있는데, 사실 국민들한테는 하나도 존경을 못 받습니다. 제가 보기에는 10년 동안에 그것이 잘되어서 국민들이 기업 하는 사람들을 알아주게 될 때, 이것이 기업 하는 첫 세대로서의 임무도 다 하는 것이 되고, 이를 통해서 다음 세대에는 상당히 우수한 사람이 기업을 이끌 수 있고, 그러면 국력이라든가 하는 모든 면에 많이 도움이 되지 않나 생각합니다.

권오기 지금까지 말씀하신 우리 기업가라는 것의 모양을 다시 간추려 이야기하죠. 10년 전 그보다 더 이전에 우리나라 기업가라는 것은 저쪽과 이쪽의 값의 차, 이런 것을 두고 많이 모아다가 약삭빠른 도매상 같은 걸 해온 기업가에 지나지 않았던 것이 아니냐. 그러나 그 후에 정상적인 조건 아래서 여러 나라와도 거래를 하게 됨으로써 기업이라는 것이, 제대로 기업가가 뭐다, 자본가가 뭐다 하는 것을 가까스로 분간해서 볼 눈이 생길 정도가 겨우 되어 있는 것이 아니냐, 그러면 자본가면 자본가, 기업가면 기업가, 각기 가지고 있는 자기의 경험을 쌓아 올리면 저절로 어떤 모양의 소유와 경영의 분리가 되는 것이 아니냐.

김우중 자동적으로 되어가리라고 봅니다.

권오기 네, 그리고 회장님 자신은 내가 돈 있는 사람이라고 하더라도 자본가이기보다는 경영자….

김우중 전문경영자가 되고 싶습니다.

권오기 또 내가 돈을 많이 가졌다라고 하는 것을 무슨 자랑을 하기보다는 그 돈으로 무엇을 했다 하는, 성취를 더 추구하겠다 하는 모양의 사람이 됐으면 좋겠다, 또 앞으로 되지 않겠느냐 하는 이야기죠. 또 흔한 말로 기업은 죽는데 기업인만 살아남는다고 하는 것은 앞으로 10년 후에는 자연인인 기업인은 혹 죽어도 기업은 살아남을 것이다. 그렇게 되어야 기업이 기업다운 모양이 되지 않겠느냐 하는 이런 뜻의 이야기를 하신 것 같습니다. 하긴 그렇죠. 기업이 기업으로 살아남는다는 것이 조직이 조직으로 움직인다는 뜻이겠지요. 그 조직을 어떻게 하는 것은 사람의 개성, 경험, 취향 이런 데 많이 따랐겠죠. 대우가 다른 특별한 모양의 조직으로 또는 방향으로 경영을 해왔다, 또 해간다는 것이 있는지?

김우중 기업의 조직이나 제도, 여러 가지가 이야기될 수 있는데요. 실질적으로 기업은 역사를 쌓아가면서 어떤 특성이 생기는 것 같습니다. 회사 나름대로의 특성이죠. 그 특성이라는 것이 하루아침에 생기는 것이 아니고 장구한 시일이 흘러야 되는 것 같아요. 우리나라에서 흔히 책에서 나오는 선진국의 조직이나 제도는 선진국을 바탕으로 하는 것이기 때문에 우리나라 실정에 맞느냐, 안 맞느냐 하는 것은 따져볼 문제입니다. 그렇기 때문에 지금부터라도 자꾸 고치고 해가면서 우리나라에 알맞은 조직을 만들기 위해 노력하는 거지요. 어떤 것이 좋다고 하기는 힘든 것 같습니다.

권오기 지금 한국에서는 일단 하나의 큰 성취를 이룬 기업으로 대우그룹이 성장했는데 '스케일'에 있어서야 다른 나라에 훨씬 더 큰 것이 많겠지요. 스케일만이 아니고 가지고 있는 질이라든가 하는 것으로 따져서 흔히 꼽는 외국의 성공적인 많은 기업들에 비해 대우가 어느 면에서 손색이 있고 어느 면에서는 그것을 능가하는 것이 있나요?

김우중 큰 회사하고 비교해 보면 판매라든가 영업하는 것에 대해서는 기업을 해나가는 데 손색이 없는데 역시 조직이라든가 제도라든가 하는 면에서는 상당히 손색이 많은 것으로 알고 있습니다. 아직 역사가 짧기 때문에….

버는 건 자신 있지만 쓰는 건 전문가에게

권오기 자본가, 경영자가 우리나라에서는 덜 정착되었다. 왜 그렇겠느냐는 여러 가지 사정을 말씀하시는 가운데 장사하는 것을 천하게, 좋지 않게 보았던 옛날 풍조 같은 것도 있지 않았느냐고 말씀하셨죠. 사실 조선시대 이후로 사농공상(士農工商)이라고 하는 류의 감각으로 봐서 장사하는 분들이 제일 밑에 있었다는 말씀이에요. 요즘은 많이 달라졌습니다만 사농공상의 '상'을 한번 해보겠다고 택하게 된 이유를 이야기해 보시죠.

김우중 제 집안이 할아버지 때부터 학교 선생님을 하셨어요. 할아버지께서 선생 하시고 아버님도 교수를 하셨고 아시다시피 교육자 집안이 안정적이기 때문에 예를 들어 집이라든가 가구라든가 하는 것은 괜찮을지 모르지만 사실상 현금이 없습니다. 그런데 제가 마침 중학교 2학년 때죠. 6·25전쟁이 나서 피난도 못 가고 서울 있다가 9·28수복 후 1월에 피난을 가야 했었지요. 아버님이 납북당하신 상황이라 피난생활에 상당히 고생을 많이 했습니다. 제 위로 형님들도 계셨지만 모두 군에 가시고 해서 집에서는 제가 제일 윗사람이 되어 그 당시 누구나 고생했지만 신문 가두판매도 해보는 등 고생을 했었어요. 그런 고생한 생활이 하나의 연유가 되지 않았나 하는 생각도 있지만 한편으로는 왠지 모르게 제가 어렸을 적부터 아버님이 형제들에게 "너는 무엇을 해라" "무엇에 맞겠다"라고 하셨을 때 저에게만큼은 장사를 하면 좋겠다고 하셨어요.

권오기 아, 그래요.

김우중 그래서 다른 사람들도 마찬가지겠지만 저도 초등학교 때는 대학을 졸업하게 되면 이러한 회사에 들어가 열심히 뛰고 또 나이가 30이 되면 어떻게 되고 하는 꿈을 그려왔습니다. 그 말씀이 하나의 주어진 운명처럼 생각되어 받아들인 거죠. 또 그 운명을 받아들였다 하더라도 대학 졸업 후에 우연한 기회가 있어야 연결되는 것이지 않겠습니까. 사실 저는 돈을 많이 벌겠다는 생각보다도 일을 많이 하고 그래서 어떤 직종에서든지 유능하여 인정을 받으면 되는 것이니까 그런 쪽으로 많이 생각했어요. 그때 인연이 된 것이 한성실업이라고—지금도 건실하게 잘하고 있지만—하는 회사에서 대학 4년 동안 장학금을 받아서 공부했지요. 대학 졸업 후 그 회사에서 "와서 일 좀 해달라"라고 했을 때 '공부시켜줬는데…' 하는 생각에서 안 할 수도 없고 해서 그 회사에 들어간 것이 장사하게 된 동기라고 말씀드릴 수 있죠.

권오기 아버님이 교수생활 하셨다고요?

김우중 해방 직후에 대구사범대학 학장을 하셨고, 상경하셔서 문교부에 오래 계셨고 지금의 용산고, 서울교육대학 등에서 첫 교장, 학장을 하셨고 서울 상대에서 강의도 하시고 했습니다.

권오기 그런 분이 무엇을 보시고 우리 김우중 씨는 장사를 했으면 좋겠다고 말씀하셨나요?

김우중 어렸을 때부터 아무 설명 없이 말씀하셨어요. 제일 위 형님은 의사를 하라고 하셨고, 둘째 형님은 교수를 해서 아버님을 이으라 했고, 저는 장사를 하라 하셨고 동생은 법률가를 하라고 했어요.

권오기 형제가 네 분입니까?

김우중 네. 큰 형님은 당시 군에 들어갔기 때문에 군에 계시고, 마침 아버님 말씀대로 둘째 형은 교수로 가셨고, 저는 장사를 하게 되었고… 제 동생만은 어떻게 법률을 안 하고 경영학을 했습니다. 4형제 중 두 형제는 아버님 말씀이 맞았는데 큰형은 당시 형편 때문에 맞지 않았던 것 같습니다.

권오기 아버님께서 "너는 장사를 해라"라고 그러셨을 때, '장사하라는 것'이 "너는 변호사를 해라, 너는 정치를 해서 뭐를 하라" 이렇게 권하는 것보다는 덜 좋은 것을 권한다는 생각은 없으셨나요?

김우중 전혀⋯ 너무 어렸기 때문에 판단하고 말고 할 수가 없었어요. 단지 아버님께서 하라고 하셨으니까 저는 졸지에 받아들였고 또 그것이 당연한 것처럼 생각되었고⋯ 거기에서 발전해서 저도 자꾸 '내가 언제는 어떻게 되겠다' 하는 그림을 그려가며 성장했기 때문에 별로⋯. (웃음)

권오기 우리가 사농공상이라고 써놓고 보니까 그렇습니다만, 자본주의 발달을 이런 식으로 이야기하는 사람이 있죠. 처음에 상업자본, 여기와 여기 사이에서 무슨 물건을 빨리 수송을 한다든가 하는 것을 해가지고 그 차액에서 얻어 오는 것, 그다음에 뭘 만들잖아요. 이것이 산업자본, 그리고 상업, 산업을 다 통틀어서 위에서 매만지는 금융자본 이렇게 되죠?

그리고 우리나라에서도 은행하는 사람은 자기 돈도 아니면서 상업하는 사람보다 조금 더 나은 것 같은, 대학 졸업하면 모두 은행에 가려고 하고, 그냥 비즈니스 하는 것보다 높게 보는 의식이 있었는데요. 상업자본, 산업자본, 금융자본으로 발전해 가는 과정⋯ 대우는 지금 어디쯤 와 있습니까?

김우중 아시겠지만 제가 상업자본에서 무역을 먼저 시작했고 둘째는 제품을 만들기 시작해서 공업 쪽, 중공업까지 진출해 있고 금융은 다른 회사와 비교하면 상당히 깊이 관여되어 있습니다. 단자회사라든가 은행이라든가 보험이라든가 하는 이러한 일반 금융업에 비교적 다른 데보다 많이 관여하고 있습니다. 세 가지를 형식적으로는 다 하고 있는 것이죠.

권오기 초입은 다 한다 이거죠. (웃음) 돈을 상당히 모으신 분들은 무슨 학교를 한다든가, 또는 문화사업… 이런 것을 한다는 사람도 상당히 나오죠. 그쪽에는 어떻게 생각하시는지.

김우중 제가 생각하기로는 그렇습니다. 역시 하느님이 여러 가지 재주를 한 사람에게 다 준 것은 아닌 것 같아요. 그러니까 '버는 재주를 가진 사람'에게는 '쓸 재주는 안 주는 것'으로 알고 있습니다.

그렇기 때문에 바람직스러운 것은 재단이라든가 문화사업이라든가 하는 것도 자기가 재단을 만들 것이 아니라 쓸 줄 아는 사람에게 돈을 주어서 분리가 되어야 해요. 그래야지, 버는 데 특기를 가진 사람이 쓰는 데도 간섭을 하게 되면 재단이 제대로 될 수가 없을 겁니다. 아까도 말씀드렸지만 저는 성취만 따라가다 보니까 지금 돈이 얼마 있는지 계산도 안 해봤지만 빠른 시일 안에 이 돈을 누구한테 주어서, 그 사람이 쓰는 데만 연구해 가지고 쓸 수 있도록 말이죠. 이렇게 뭘 하나 만들었으면….

그러니까 돈이 없는 것으로 생각하고 맡기면 그 사람은 자기 것이 아닌 남의 것을 위탁받아 쓰는데, 어떻게 유용하게 잘 쓸 수 있느냐? 하는 쪽으로 나눠서 갈 수 있게 만들었으면 하는 것이 제 소원입니다. 가능하면 작년에 하려고 마음먹었는데 아직 안 되어서 금년 중에는 어떻게 해서든지 기필코 해볼 생각입니다.

권오기 어느 분야로 생각하고 계십니까?

김우중 제 생각으로는 여러 가지 재단도 있겠지만 우리나라를 보면 문화, 예를 들면 음악이라든가 미술이라든가 문학이라든가 하는 쪽이 상당히 어떤 공백기를 가지고 있는 것 같아요. 그래서 예를 들면 오케스트라를 만들어 세계 연주를 다니는 등… 역시 문화라는 것이 어떤 공백이 생기면 나중에 우리 후대들한테는 선조들이 욕먹을 것 같아요. '적어도 이롭게는 해주어야 될 것이 아니냐' 하는 생각을 지금 가지고 있습니다만 아직 결정한 바는 없는데요.

권오기 사실 그래요. 어느 외국 사람하고의 이야기도 그렇습니다만, 도서관이다 하면 책이 많아 도서관인데 '책은 없고 집을 크게 지어놓고 도서관이다' 그런단 말이에요. 이런 건 좋지 않다. 뭔가 서울에 빌딩이 많이 섰다. 그렇지만 빌딩의 숫자보다는 그 시가 가지고 있는 오케스트라의 숫자를 가지고 그 도시의 수준이 어느 정도다 하는 이야기를 하는 사람이 있더군요.

김우중 좋은 일 있으면 충고 좀 하시죠. (웃음)

권오기 아이구. 저는 돈 쓰는 연구가를 하나 구해 보겠습니다. 좋으신 이야기였습니다.

기업 하는 사람은 여러 가지 타입이 있다고 봅니다. 저는 소유에 대해서는 별로 흥미를 가지고 있지 않으니까 기업가로서는 '성취형'에 포함되지 않나 생각합니다.

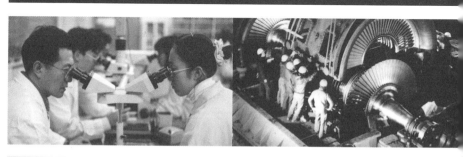

신문팔이 소년의 꾀

어렸을 적 일로는 대구에서 신문팔이 하던 때가 가장 기억에 남습니다. 6·25전쟁이 나서 대구로 피난을 갔는데 제가 집안 끼니를 해결하려고 신문팔이를 하게 되었습니다. 신문 보급소에서 신문을 가져다가 피난민이 많이 모이는 곳에 가서 파는데 주로 방천시장으로 갔습니다.

신문을 파는 데도 경쟁자가 많기 때문에 항상 맨 먼저 보급소에 도착해야 합니다. 먼저 받아서 출발하게 되니까 그만큼 더 팔 수 있는 것이죠. 그런데 먼저 출발해도 조금 가면 뒤에서 달려와서 나를 제치고 가는 거예요. 그러니까 이제는 빨리 달려야 합니다. 처음에는 30분 걸리던 것이 경쟁이 생기니까 25분, 20분으로 단축이 돼요. 그렇게 해서 시장에 도착하면 입구부터 쭉 지나가면서 신문을 팔기 시작합니다.

늘 제가 맨 앞에서 신문을 돌리면서 가는데 신문을 팔다 보면 잔돈을 거슬러줘야 합니다. 그러다 보니까 3분의 1 정도 가다 보면 다른 경쟁자가 다시 앞질러 가는 거예요. 그래서 다음부터는 미리 잔돈을 묶어서 가져갔어요. 예를 들어서 100원을 내면 70원을 거슬러주어야 하는데 이 70원을 미리 묶어서 준비해 가는 겁니다. 이렇게 해도 절반쯤 가면 또 뒤에서 추월을 하니까 안 되겠어요. 신문을 다 팔지 못하면 식구들 밥값이 부족하니까 또 고민을 하는 겁니다.

그래서 생각해 낸 것이 신문만 우선 돌리고 돈은 나중에 돌아오면서 받는 방법입니다. 돈을 못 받는 경우도 있지만 그래도 이것이 더 이익이 큽니다. 몇 번 하다 보니까 대금 못 받는 경우도 줄어들고 거의 다 받게 됐어요.

−1985년 1월 16일, 신입사원 교육 회장과의 대화

연중무휴

왜 신들린 사람이라는 말이 있지 않습니까? 사람이 절실해지면 길이 열리더군요. 무슨 일이든 정신집중하면 길이 보이고 노력 안 하면 길이 안 보이는 것 같더군요. 창업 무렵엔 공장도 없었고 뛰어다니며 사다 나르며 팔아야 했어요. 한성실업 때도 7년동안 아침 새벽부터 통금까지 일했습니다. 월급쟁이 때부터 남보다 서너 곱은 될 만큼 바쁘게 뛰었습니다.

독립해서 나온 후에는 '잘해서 독립하더니 별수 없구나' 하는 말 안 들으려고 했어요. 믿을지 모르겠지만 창업 이후 지금까지 하루도 쉰 적이 없습니다. 일요일을 포함해서 말입니다. 결혼한 날도 여행이라고 가서 하룻밤 자고 그다음 날 오후에 올라왔습니다. 지금 생각해 보니 그날밖에 쉰 날이 없었군요.

-1985년, 《월간조선》 5월호 김대중 출판국장과의 대담

첫 와이셔츠 수출

나는 지금도 대우가 처음으로 와이셔츠 수출할 때를 잊지 못합니다. 외국 바이어로부터 첫 주문을 받고 원단 선택에서부터 재봉을 거쳐 마지막 실밥을 없애는 끝마무리까지 여공들과 함께 숙식하며 완벽한 제품을 만들어냈습니다. 첫 출하된 와이셔츠는 고객으로부터 큰 호평을 받았고 그 자리에서 첫 물량의 3배나 되는 오더를 추가로 받았습니다.

대우가 만드는 제품은 최고의 품질이어야 한다는 원칙이 이때부터 내 마음속에 확고하게 자리 잡았습니다. 품질이 뒷받침되었기 때문에 고객이 늘고 거래가 지속된 것입니다.

－1986년 10월 14일, 국제품질분임조대회(ICQCC) 연설

우리는 젊습니다

저희는 아직 젊습니다. 이 젊음을 의욕으로 연결하고 용기를 더해서 이 나라 기업의 풍토를 개선하고 사회적 공기로서의 사명감을 다하려고 노력해 왔습니다. 또 앞으로도 저희는 남이 한 시간 일할 때 두 시간 일하는 자세로 임해 우리 세대의 노력이 다음 세대의 영광으로 이어지도록 봉사의 마음으로 매진할 각오를 가지고 있습니다.

저희는 회사를 경영하면서 지금까지 중역의 친척이나 제 친척을 채용한 일이 없으며 또 납품 알선을 도모한 일이 없습니다. 제가 사실상 적수공권으로 회사를 설립하고 오늘 5,000여 주주 여러분을 모시고 총회를 개최하는 영광을 갖게 되었습니다만, 저로서는 돈을 많이 번다는 생각은 추호도 없습니다. 또한 제가 돈을 가지고 있다고 생각해 본 적도 없고 마찬가지로 사장이라는 느낌도 갖고 있지 않습니다.

이러한 자세로 회사를 경영해 왔기 때문에 우리 임직원도 수긍하여 주고 새벽부터 밤 늦게까지, 심지어 일요일도 없이 일하면서도 젊은이들이 불평 없이 업무에 임해 왔다고 자부합니다. 여러분이 저보다 경륜이 두터우시고 체험이 많으신 만큼 더 이해가 깊으시겠지만 불로소득을 하고 요행을 바라고 시운을 기다리고 제도에 얽매이고 눈치나 보고 하면 실제 일할 시간은 없습니다. 우리 직원들은 차 안에서 자고 기다리는 시간에 자고 몸살은 긴장으로 극복하는 자세를 가지고 있습니다.

아프리카, 남미 구석에 보따리를 메고 외로운 행상을 하면서도 조금의 피로한 기색도 없이 만날 사람을 기다리고 기다려서 인내로써 장사를 했습니다. 경제는 결코 기적이 없습니다. 우리 젊은 사람이 무엇을 어떻게 할 것인가를 항상 생각하고 무엇이 국가와 사회를 위한 길인가를 자각하고 자기는 남보다 좋은 일을 해야겠다는 긍지를 깊이 명심해 왔습니다. 우리가 기업을 공개한 것도 지정을 받기 전에 솔선해서 한 것이고 우리가 선택하고 사업을 계획하는 업종도 우리나라 현실에 적절히 부합하는 것만을 물색한 것입니다. 우리에게 부과된 막중한 업무를 수행하는 데 있어서 오늘 이 시점의 희생을 전제하지 않는다면 실효가 없음을 저나 우리 직원 일동은 너무나 잘 알고 있습니다. 우리 직원의 가족까지도 일심으로 매진할 각오를 가지고 여러분을 모시겠습니다.

－1973년 6월 30일, 대우실업(주) 기업공개 임시 주총 의장 인사말

옷감 대신 철판을 재단해 보자

1976년까지 보면 대우가 세계에서 제일 큰 섬유 매뉴팩처러였어요. 와이셔츠를 한 달에 1,000만 장 수출했습니다. 그 많은 양을 수천 가지 스타일로 만들었어요. 보기에는 그냥 같은 와이셔츠처럼 보이지만 바느질이나 각도가 다르고, 칼라가 좁은 것, 넓은 것 등 수천 가지예요. 이렇게 다양하게 만들기 때문에 옷장사를 제대로 한 사람이면 아마 무슨 일이든 할 수 있을 거예요.

옷장사만 하다가 정부가 한국기계를 인수하라고 해서 안양공장에 가보니까, 우리는 옷감을 잘라 옷을 만드는데 거기는 철판을 잘라서 재단을 해요. 재료만 달랐지 사실상 똑같은 거지요. '야, 남자라면 철판 가지고 재단을 해야지, 옷감 가지고 할 수 있냐' 하는 마음이 들었어요. 그게 마음을 바꿔 한국기계를 인수하기로 결심한 계기가 되었어요.

−1998년 2월 18일, 쌍용자동차 Family Training 대리·사원 교육, 회장과의 대화

상은 많을수록 좋다

제가 처음으로 경영자상을 받은 것이 1973년도였습니다. 처음 시작할 때는 저도 크게 되겠다는 생각은 없었습니다. 하다 보니깐 생각보다는 빨리 가고, 또 주위에서 잘한다고 그러고 상도 주고 하다 보니까, 이제는 잘못해서는 큰일 나겠다는 압박감에서 더욱 열심히 일을 하게 됐습니다. 이게 바로 사회발전에 굉장히 중요하다고 봅니다. 나쁘다고 매일 꾸중할 게 아니라, 잘하는 사람은 잘한다고 조금씩이라도 북돋아 주면 그 사람은 엄청난 리더십을 발휘할 것이라고 봅니다.

－1984년 2월 27일, 관훈토론회

~ ~ ~ ~ ~

우리나라 사람들은 남을 칭찬하는 데는 인색하고 끌어내리는

데는 열심인 것 같아요. 남을 의심하려고만 들지 말고 잘했을 때는
칭찬도 해줘야 하는 사람도 신이 납니다. 그리고 칭찬받은 사람도
그 굴레 때문에 나쁜 짓을 못하지요. 따라서 상은 많을수록 좋고
많이 주어야 합니다.

−1984년, 출처 미상

"1년쯤 계속하니까
믿어주더군요"

기업의 기초는 신용입니다. 내 신조는 거래할 때 이익의 50퍼센트 이상을 택하지 않는다는 것입니다. 이익은 나누어 가져야 합니다. 우리는 미국의 시어스 로벅 사와 12년째 거래하고 있는데 항상 이윤을 서로 나누었기 때문에 신용이 두텁습니다. 신용은 하루아침에 쌓아지는 것이 아닙니다.

사업 초창기에는 은행에서 대출을 받아야 하는데 그 당시 나는 담보도 제대로 없었습니다. 그래서 일주일에 한두 번 반드시 지점장을 찾아가서 사업계획서를 보이고 상세히 설명해 주었습니다. 평소에 가면 만나주지도 않으니까 아침 일찍 갔습니다. 겨울에는 기다리느라 고생도 많았습니다. 1년쯤 계속하니까 믿어주더군요. 서로 믿을 때 나오는 힘은 어마어마합니다.

−1984년 4월 8일, KBS 김우중 회장과 100명의 대학생 자유토론

세일즈의 마지막은 인간관계

이제 장사가 옛날같이 견본 가지고 파는 것이 아닙니다. 지금은
물건을 사도록 만드는 것이 핵심입니다. 앞으로 세일즈의 최종은
외교, 즉 인간관계가 될 것입니다.

—1985년 5월 23일, STORM '85 부서장과정 회장과의 대화

선구자는 오늘이 아니라
내일을 본다

기업이라는 게 그렇습니다. 오늘을 보고 살면 편안하게 살 수 있지만 우리는 항상 내일을 보고 살아야 합니다. 앞을 향해 나가다 보면 때로 고통도 당하고 질시도 받곤 합니다. 그렇지만 선구자는 인내하는 과정에서 열매도 맺어지고, 꽃도 피고 그렇습니다.

-1996년 1월 28일, 해외지사장 회의

2
일에 미친다는 것

전환시대의 기업, 기업인*

- 1984년 2월 27일. 관훈토론회

사회 대단히 바쁘신 중에도 대우그룹의 김우중 회장께서 이렇게 참석해 주셔서 관훈클럽으로서는 매우 고맙게 여기고 있습니다. 김우중 회장에 대해서 어떤 형식이든지 소개를 안 할 수가 없습니다. 나는 지금까지 국제문제 등 외신분야만 다루었기 때문에 재벌의 총수에 대해서는 사실 잘 모릅니다. 그래서 좀 정확하게 알기 위해서 취재를 한번 해봤습니다. 누구나 다 아는 얘기지만, 우선 김우중 회장께서는 우리나라의 재벌 총수 또는 업주 가운데에서 가장 젊은 분이라는 것을 빼놓을 수가 없습니다. 또한 어떤 사람들은 4·19세대라고도 말들을 합니다. 김 회장께서 40대이니까

• 김우중 회장은 관훈토론회에 처음으로 초청된 기업인이었다. 조순환 관훈클럽 총무의 사회로 재벌 총수 가운데 가장 젊은 나이인 김우중 회장과 토론을 벌인 패널리스트는 김정태 한국일보 논설위원, 우석호 KBS 경제부장, 오근영 연합통신 사회부장, 전육 중앙일보 정치부 차장 등이었다.

4·19세대의 선배가 아닐까 하는 생각도 들지만, 넓은 의미로 4·19세대라고도 말할 수 있을 것입니다. 우리나라에서 4·19세대는 매우 중요한 세대라고 나는 생각합니다.

두 번째로, 대단히 바쁘신 분이라고 얘기를 합니다. 그래서 내가 반문을 했습니다. "우리나라 재벌 총수 중에서 바쁘고 부지런하지 않은 사람이 어디 있느냐?" 그러나 그중에서도 부지런한 분이라고 여러 가지 얘기를 합니다. 새벽 5시부터 회의를 주재하고 현장에 나가 직원들을 독려하는 등 아무튼 매우 바쁘고 부지런하다는 것을 강조했습니다.

그다음에 내가 취재하면서 느낀 것은 매우 성실한 분이라는 점입니다. 성실하다는 것에 대해서는 개인적인 생각이지만, 대단히 중요한 점수라고 생각했습니다. 그래서 오늘 토론에서의 질문하실 분들이 좋은 질문을 하시겠지만, 그러한 질문에 대해서 김우중 씨께서는 매우 성실한 답변을 할 것이라고 보기 때문에 저로서는 기대감으로 부풀어 있습니다.

석세스 스토리의 비밀을 알고 싶다

질문 김우중 회장의 성공담, 그러니까 일종의 석세스 스토리에 대해서는 한국에서뿐만 아니라 미국에서도 널리 알려졌으며, 이웃 일본에서는 특집을 내고, 최근에는 홍콩의 어느 경제잡지에서도 특집을 싣는 등 가히 세계적인 시야에서 단시일 내에 기업을 성취시킨 가장 모범적인 사례로 경영학도들의 연구대상이 되어 있을 정도니까, 이 성공담에 대해서 이러쿵저러쿵 얘기할 이유도 없다고 생각합니다.

그런데 사람이란 다 알다시피, 면대했을 때는 "당신 잘났소, 훌륭하오" 하면서도 뒤꽁무니에서는 "뭐 그 사람이 잘나서 성공했나, 이러이러한 도움도 있고 때를 잘 타고 또 '빽'도 좋아서 그렇게 됐지" 이렇게 이중적으로 얘기하게 마련입니다. 이러한 시각에서 본다면, 항간에 특히 한국의 경제계에서 김우중 회장을 어떻게 평들을 하고 있느냐 하는 것은 김우중 회장 자신에게도 참고가 될 뿐 아니라 여기 동석한 저널리스트들도 경청해야 할 대목도 있지 않을까 하는 생각이 듭니다.

항간에서는, 특히 경제계에서는 김우중 회장을 일본말로 해서 죄송하지만 '사이껜 김'이라고 합니다. '사이껜'은 '재건 역군'이란 뜻입니다. 이것을 의역한다면, 부실해진, 다시 말하면 부도 직전에 있거나 파산선고를 받은 기업을 인수해서 그것을 정비, 회생, 부흥시키는 명수라는 뜻입니다. 김 회장은 명수라도 굉장한 명수니까, 어떤 의미에서는 점수가 좋다는 얘기입니다.

그런데 사람들은 보통 김 회장이 과거, 처음부터의 사업의 출발 얘기는 딱 잘라버리고 얘기를 하고 있습니다. 이러한 김 회장에 대한 첫 인식은 대개 서울역 앞에 있는 대우 총본산인 대우센터빌딩, 교통회관이라는 뼈대만 서 있는, 남이 감히 손을 대지 못하던 것을 김 회장이 손을 대서 완성시켜, 제법 볼품 있는 빌딩을 세운 것에 서부터 시작되었습니다. 이어 김 회장은 남궁련 씨가 손에 벅차서 포기하다시피 한 옥포조선소를 인계받아서, 항간에서는 저걸 맡아가지고 덤터기 뒤집어쓰고 손들 것이다 했는데 그것을 훌륭하게 살려냈으며, 또 지금 정주영 씨가 내심 위협을 느낄 정도로 라이벌이 되었을 뿐 아니라, 세계적인 도크, 야드로 키웠던 것입니다.

또한 자동차 부문에서도 마찬가지입니다. 처음 새한자동차에서부터 출발한 대우자동차를 여러 우여곡절을 겪으면서, 특히 합작선인 GM과의 관계, 또 GM의 세계 자동차 전략에서 연유하는 갖가지 요구조건을 물리치고, 그래도 맵시, 맵시나 등 여러 차종을 단시일 내에 만들었습니다. 그리고 잘 아시겠지만, 대한전선에서 도저히 할 도리가 없다 해서 내팽개치다시피 한 가전제품을 인수해서 저만큼이나 살려놓았습니다. 이런 등등으로 "야! 이건 굉장한 재건 역군이다. 사양길에 접어든 기업을 재건하는 굉장한 역군이다. 정말 보기 드문 역군이다"라고 평을 하는 것입니다.

우리가 전문적인 이코노미스트, 특히 저널리스트로서 "과연 경영인 김우중이 범상치 않다. 보통이 아니다"라는 것을 다 인정을 하고 있지만, "과연 그 사람이 능력 하나 가지고, 성실 하나 가지고, 근면 하나 가지고 그렇게 했겠느냐, 거기에 누구의 도움이 없었겠느냐, '빽'이 없었겠느냐" 하는 것에 대해서 알고 싶은 것입니다.

그런데 그 부분은 항상 오프 더 레코드로 책상 밑에 가려지는 것인지, 아니면 그런 배경 스토리가 없어서 전파가 안 되는 것인지 모르겠지만, 전하는 바로는 '구정권, 박정희 대통령 정권하에서 김우중 회장이 청와대 언저리와 특별히 제휴와 연계를 갖기 위해서 남다른, 말하자면 노심초사한 일이 있다고 합니다. 이렇게 볼 적에 그 언저리에서 김우중 회장을 밀어준 사람이 있지 않느냐, 있다고 할 것 같으면 그러한 세력이 오늘날 김우중 회장의 석세스 스토리의 밑거름이 될 수도 있었지 않았겠느냐 하는 것이 우리 저널리스트적인 생각입니다. 물론 그러한 사실이 있었느냐 없었느냐 하는 것을 말해 달라고 해서, 김우중 회장이 비리에 속하는 얘기를 호락호락 얘기해 줄 까닭도 없지만.(웃음) 어쨌든 그 언저리 얘기라도 해주면 우리가 김 회장을 아는 데 많은 참고가 될 것이라는 얘기입니다.

또 하나는, 그러면 김 회장의 석세스 스토리가 좋다는 것인데, 대부분 이 양반은 남이 하던 일을 자신이 제로에서부터 창업하기보다는 남들이 손을 대 가지고 손을 든 기업을 인수, 오히려 사업을 번창시켰다. 그러자면 그 과정에서 사람을 인수하고 근로자, 경영관리층, 중역까지도 전부 받아들였는데, 이러한 이질적인, 말하자면 이합집산이 심한 이질적인 사람들을 모아놓고서 어떻게 통제를 하고 통솔을 하고 지도를 했기에 오늘날 아무 군소리 없이 저렇게 잘해 나가느냐는 것입니다. 물론 현대 경영학에서는 사람을 어떻게 부리느냐는 것이 기업 경영의 ABC인 것은 두말할 필요가 없습니다. 또한 동시에 어떤 의미에서는 대우 같은 소유와 경영이 분리되다시피 한, 다시 말하면 창업주라고 하는 커다란 비중 있는 신화적인 존재가 없는 기업이, 오히려 현대적인 합리정신에 의해서 결속되기가 쉬울 것입니다. 그러나 어쨌든 이질적인 사람을 모아 가지고 아무 군탈 없이 이렇게 통솔·통제·지도되고 있는 그런 경영 관리의 비법이 무엇이냐는 것입니다. 이것은 여기 계신 분뿐만 아니라, 대한민국의 기업 하는 사람들이 모두 상당히 관심을 가지리라고 생각합니다.

그다음에 또, 여태까지 대우가 비교적 순탄하게, 또 운을 탔는지, 아니면 배경이 좋았는지 모르지만, 아까 김우중 회장이 지적했듯이, 이제는 양해가 통하지 않고, 독점이 통하지 않습니다. 또 요새 신문지상에 보도되고 있는 것처럼, 미국으로부터의 시장개방 압력 등등으로 국내에서의 경쟁체제뿐만 아니라, 국제경쟁에 그냥 막 바로 부딪쳐야 하는 판국입니다. 또 더군다나 현재 한국에 대한 바람이 매우 차갑지 않습니까? 갖가지 수입 규제라든지, 혹은 관제관세, 덤핑 제소 등등 하는데, 이러한 외부로부터 불어온 바람을 제치고 대우가 지금 현재 가지고 있는 기업역량, 생산력, 품질관리 능력, 마케팅 전략 등을 가지고, 과연 국내경쟁이 아닌 세계경쟁에서 능히 이길 자신이 있느냐는 것입니다. 있다면 무엇 가지고 거기에 대처해 가겠느냐? 이것은 기업 비밀을 전부 공개해 달라는 것이 아니고, "우린 이러한 신념으로 나아가겠다" 하는 그런 몇 마디만 피력해 줬으면 합니다. 이상 3가지 질문이 제 1차적으로 코멘트를 겸해서 여쭤보고 싶은 것입니다. (한국일보 김정태)

한 가지 일에 미쳐야 전문가 된다

질문이 많기 때문에 대답도 좀 지루하게 될 것 같습니다. 우선 오늘 이 시간에는 선배님들도 많이 계시고, 동료들도 많이 계시기 때문에, 어떤 형식에 얽매이는 것보다는 솔직하게 모든 것을 말씀 드리는 것이, 오히려 서로의 이해를 같이하는 데 도움이 되지 않겠 느냐는 생각으로 답변을 드리겠습니다. 그리고 제가 이런 데에 숙달되지 않았기 때문에, 혹시 얘기하는 과정에서 실수가 있을지도 모르겠습니다. 이 점은 양해해 주시면 감사하겠습니다.

우선 저희 회사는 기본적으로 1976년까지는 완전히 수출에 의존했습니다. 그렇기 때문에 수출하는 데 대한 특혜는 없지 않아 있었다고 봅니다. 하지만 그것은 모든 사람들에게 똑같은 기회를 주었고, 그 기회를 저희가 잘 활용하지 않았나 봅니다. 처음 제가 독립을 하게 된 동기는, 독립을 하고자 해서 한 것이 아니고, 친구를 도와주다 보니까 독립이 된 것입니다. 친구가 기계를 빌려 왔는데 (주문이 없어서) 그것을 돌리지 못하고 있었기 때문에, 기계를 돌릴 수 있게 도와달라고 해서 주문을 받아주는 것부터 시작이 됐습니다. 실은 그 당시 나는 외국에 가서 공부를 계속 더 하려고 했습니다. 그런데 친구를 돕기 위해 주문을 받아주었고, 또 주문을 받아주다 보니까, 친구가 그것을 해내지 못해 저한테 주문을 준 사람들한테 폐를 끼치게 되었기 때문에, 그것이 꼭 이루어지게 하기 위해서 회사를 설립하게 된 것입니다. 설립 당시의 자본금은 그 당시 돈으로 1만 달러였습니다.

제가 후배들이나 신입사원들을 교육할 때 "사람이 한군데에 미치면 도(道)가 트이게 된다"라는 얘기를 늘 합니다. 내가 생활하면서 실질적인 체험으로 느낀 것이기 때문에 이 얘기를 해주는 것입니다. 예를 들어 그 당시 저는 섬유원단을 수출했습니다. 그래서 원단의 천을 보면, 지금도 그 누구보다도 색감을 잘 잡습니다. 색감이라고 하는 것은 이론적으로 어떻게 설명할 수가 없습니다. 그렇지만 해외에 다니면서 매일 색을 보다 보면, 살아 있는 색인지 죽은 색인지 금방 알 수 있게 됩니다. 그리고 그 색이 상품성을 굉장히 크게 좌우한다는 것도 압니다. 그다음 두 번째가 바로 섬유에 있어서는 터치입니다. 이것은 만져보는 것입니다. 만져봤을 때 필링이 얼마나 좋으냐 하는 것이 촉감입니다. 이것은 수요자가 직접 느끼는 것인 만큼 매우 중요합니다. 제 생각에는 어떤 전문가와 대결하더라도 색감과 필링은 지금도 자신이 있습니다.

다른 예를 들자면, 제가 직원들을 가르칠 때 다음과 같은 얘기를 합니다. "도사가 100미터에서 뛰어내렸는데 다리가 안 부러졌다. 그 이유를 아느냐?" 그 사람이 천성적으로 타고난 소질이 있었는지는 잘 모르겠습니다. 그렇지만 기본이 뭐냐, 1미터부터 시작해서 10미터, 100미터까지 올라갔다는 것입니다. 그렇게 1미터씩 올라가면서 어떻게 하면 다리가 부러지지 않고 뛰어내릴 수 있는지 스스로 요령을 깨우치는 것입니다. 그러한 피나는 노력을 통해서, 마침내 100미터에서 뛰어내려도 다리가 부러지지 않게 된다는 것이 제가 생각하는 원리입니다.

일을 하는 데 있어서도 마찬가지입니다. 어느 누구나 어느 분야건 간에 마찬가지라고 생각합니다. 만약 책 한 권을 사서 봤다고 칩시다. 같은 책을 가지고, 고등학교 때 읽은 것이나 대학교 때 읽은 것이나 그리고 대학을 졸업하고 나서 읽고 사회생활 5년 하고 읽고, 또 10년 하고 읽고, 또 15년, 20년 돼서 읽고 해서 이렇게 한 20번을 읽는다고 하면, 읽을 때마다 그 책에서 나오는 내용이 각각 다 다를 것입니다. 무슨 말이냐 하면, 살 때 한 번 읽고 그것을 자기가 다 잡았다고 생각하고 그 책을 버리면, 그 책이 가지고 있는 20가지 이상의 좋은 점을 다 찾아내지 못한다는 것입니다. 그것과 마찬가지입니다. 학자는 계속해서 공부를 해야 학자가 되고, 또 모든 사람들이 자기 일을 집중적으로 해야만이 거기에 도통하고 전문가가 되는 것입니다.

더 많이 생산하고 마케팅에서도 앞서

그런 의미로 선배님들께서 이해를 해주시면 좋겠습니다. 사실 저는 그때 자본이 없었습니다. 그런데 섬유 제품을 취급하면서 열심히 잘했더니, 은행에서 신용부실로 공장 문 닫는 기업을 자꾸 맡겨 왔습니다. 그래서 제가 생각하기에, 오히려 사람도 다 있고 해서 새로 짓는 것보다 유리하겠다 싶어 맡아왔습니다. 당시 문제가 무엇이냐 하면, 바로 마케팅이었습니다. 그때만 해도 우리나라에서는 만들기만 하면 팔렸기 때문에, 생산하는 사람들이 마케팅에는 별로 신경을 안 썼습니다. 그러다가 불황이 오면 마케팅을 할 줄 모르니까 곧장 쓰러졌습니다. 저는 하나를 해서 마켓을 형성하고, 또 하나를 해가지고 마켓을 형성해 나갔기 때문에, 제가 가만히 있어도 은행에서 와서 (쓰러진 회사를 인수해 달라고) 굉장히 강하게 요청을 했습니다. 그렇게 해서 1975년까지 경공업으로 쭉 성장을 하게 된 것입니다. 솔직한 얘기로 저는 피나는 노력을 했습니다.

한 가지 예를 들어 얘기하자면, 원단만 하다가 처음으로 옷을 만들기 시작할 때인데, 그땐 재단도 할 줄 모르고 아무것도 없는 상태에서 옷을 만들어야 하니까, 미국에 가서 브랜드 있는 셔츠를 사다가 그 모양 그대로 재단을 했습니다. 사이즈별로 사서 재단을 하고 카피를 했는데도 불구하고, 같은 기계로 똑같이 만들어도 생산량이 안 나왔습니다. 그래서 매주 주말이 되면, 부산에 내려가서 공원들을 붙잡고 울기도 수없이 울었습니다. 지금도 그렇게 하고 있는지는 모르겠지만, 그땐 한 조가 20명씩 모여서 아침에 일을 시작할 때 잘하자고 외치면서 시작하고, 끝나고 나서도 내일 잘하자고 외치면서 끝냈습니다. 이렇게 해서 조금씩 올라간 것이 지금은 우리 부산 본 공장에서 나오는 생산량만 해도 일본보다 앞서 있고 세계 어느 공장보다도 한 단위씩 많이 나오고 있습니다. 그 이후에 시설을 근대화시킨 서울이라든가 영등포공장도 부산공장에는 못 따라 갑니다. 그것이 바로 그 안에 있는 보이지 않는 힘 아니겠습니까?

그리고 다 아시다시피 그 당시에는 수출 지상주의였습니다. 그래서 정부에서도 적극적으로 수출을 권장했고, 그 혜택으로 각 기업체에 수출한 실적만큼의 쿼터를 주었습니다. 그때 형편으로 봐서 이 수출 쿼터를 얻지 못하면 살아날 수 없었습니다. 그런데 제가 여기에 대해서 남보다 좀 앞섰다고 생각합니다. 앞섰다는 얘기는, 내 물건을 팔려고 미친 듯이 돌아다녔기 때문에 남이 못 보는 것도 저는 볼 수 있었습니다. 그래서 먼저 수출을 많이 해서 (그 실적으로 나중에 수입 쿼터제가 시행되자) 남보다 쿼터를 많이 확보한 것이 대우의 기본적인 성장의 요체가 됐다고 보겠습니다. 그 당시 돈으로 쿼터 프리미엄만 가지고도 100억 원 이상 벌었습니다. 그 당시 100억 원이라면, 모르긴 몰라도 현재로 따진다면 아마 1,000억 원 가까이 되지 않겠는가 생각됩니다.

그렇다고 수출을 하면서 이러한 쿼터 프리미엄만 가지고 엔조이한 것은 절대로 아닙니다. 한 가지 예를 든다고 하면, 지금도 잊어버리지 않는 것이 미국의 '리테일 프라이스(소매가)'로 13달러 50센트에 파는 제품은 우리가 맥시멈으로 7달러 50센트까지 받을 수 있습니다. 이를 넘으면 여기에 세금 등이 붙어 불리해집니다. 그래서 7달러 50센트까지 받아야 하는데, 보통 6달러 90센트까지 받고 팝니다. 그러면 나머지 60센트가 날아가게 됩니다. 이를 누가 먹느냐 하면 수입상이 먹게 됩니다. 그리고 이것이 스토어에 가면 1달러 더 붙어서 8달러 50센트에 거래가 됩니다. 이러한 시장의 구조를 분석해서 알아내게 되니까 자동적으로 우리는 임포터(수입상)를 배제하고 스토어를 찾게 되고, 그러니까 수입상과 거래할 때보다 조건이 좋아져서 계속적으로 수익이 늘어났습니다. 이러한 형태로 발전하기까지 피나는 노력이 뒷받침됐다고 봅니다. 이렇게 해서 대우의 초창기가 형성되었습니다.

섬유할 때 저는 늘 "남들 먼저 팔게 해주라"라고 얘기했습니다. 왜냐하면 같이 팔게 되면 경쟁이 돼서 제값을 받지 못합니다. 그래서 없는 사람들 먼저 팔게 놔두고, 어느 정도 지나서 우리가 달려듭니다. 이렇게 해서 업계가 모두 가격을 정당하게 받도록 유도했습니다. 지금도 마찬가지로 우리는 제일 나중에 팝니다.

어려운 것부터 시작하라

그 이후, 쿼터만 가지고도 1년에 100억 원을 버니까, 그 당시 은행에 현금 예금을 많이 할 수 있었습니다. 지금까지 저희의 재산 명세를 보시면 아시겠지만, 1975년까지 우리들은 이자 부담이 전혀 없었습니다. 다시 말해 우리가 내는 이자보다 우리에게 들어오는 이자가 더 많았던 것입니다. 그러니까 이자 부담, 즉 자금 코스트가 전혀 없었습니다. 이렇게 예금이 많이 있다 보니까, 정부에서도 젊은 놈이 하나 나왔는데 가만히 보니 기업 경영도 잘하고, 돈도 가지고 있고 하니까 '이런 것 저런 것 맡기자'고 했던 것입니다.

우리가 중공업을 처음 시작한 것이 '한국기계'입니다. 사실 솔직히 말씀드리지만, 우리나라 재계에서 그것(한국기계 인수) 검토 안 한 기업이 하나도 없습니다. 그 당시에 당국에서 그것을 우리보고 하라고 했을 때 저는 이렇게 생각했습니다. '한국에서 안 될 게 뭐가 있냐.' 저는 무엇이든지 안 될 이유가 없다고 생각하고 있습니다. 지금도 기업이 무엇이 잘못됐다고 하면 저는 웃긴다고 합니다. 노력은 안 하고 자꾸 잘못됐다는 쪽으로 간다 이겁니다. 우리나라에서는 어떤 업종이든지 간에 아직도 잘된다고 저는 확신을 하고 있습니다. 그 당시에는 이러한 자신감이 있었기 때문에, 또 연간 100억 원 이상의 수입이 있었기 때문에 과감하게 도전했습니다.

지난 얘기지만 '한국기계'를 인수할 때 우리 회사에서는 기계를 아는 사람이 별로 없었습니다. 그러한 상황에서 몇 사람의 관리자가 나가서 1년 만에 흑자를 기록했습니다. 정말 하나하나 파고들어 갔습니다. 우선 사는 것부터, 즉 돈 들어가는 것을 하나하나 파고들어 가서 줄일 수 있는 것은 다 줄이고 받을 수 있는 것은 다 받았습니다. 이렇게 해서 그 회사는 '대우중공업'으로 바뀌어 아주 잘되어 가고 있습니다. 그때 저는 거기서 밤새기도 많이 했습니다. 그 당시에는 통행금지가 있었는데, 사실 회의 등을 하다 보면 회의가 어찌나 진지했는지 누구 하나 시계를 보는 사람이 없어, 어떻게 지나갔는지 모르게 자정을 넘기는 때가 한두 번이 아니었습니다. 이러한 분위기에서 회사가 안 된다고 하면, 그것은 절대 거짓말이라고 저는 봅니다. 그것을 성공시켰을 때도 그렇고 지금도 마찬가지라고 생각하고 있습니다.

그 이후 옥포조선소라든가 자동차라든가 전자라든가 물론 이런 것을 되풀이해서 말씀드리면 안 되겠지만, 오늘 이 기회에 선배님들을 모셨기 때문에 말씀드리겠습니다. 먼저 옥포조선소를 얘기하자면, 제가 조선을 처음 시작하면서 (우리는) 거꾸로 하는 방법으로 했습니다. 모두들 조선소를 지으면 제일 먼저 싼 탱커 유조선을 합니다. 다시 말해 제일 쉬운 것부터 시작합니다. 그런데 제가 시장에 가보니까 '대우조선'이 조선을 했다는 실적도 없고 배 만든 경험도 없고 사람이 있는 것도 아니고 이런 판국에 시설만 있다고 해서 누가 일을 주겠습니까? 그래서 제가 느끼기에는 '이래선 안 되겠다, 거꾸로 해야겠다'고 생각했습니다. 그래서 제일 처음 우리가 주문받은 배가 아마 지금까지도 제일 만들기 어려운 배에 들어갈 것입니다. 스테인리스로 하는 케미컬 탱커(화학제품 운반선)를 받았던 것입니다.

그 배 4척을 처음 주문받았을 때 모든 사람들이 코웃음을 쳤습니다. 심지어는 국내 사람들까지 배가 안 뜬다고 했고, 일본에서는 친구들이 와서 걱정을 해주는 등 그 소란 속에서 저는 된다고 확신을 가졌기 때문에 그것을 했던 것입니다. 다행히도 조선을 하기 전에는 우리들의 주력이 기계였기 때문에 기계처럼 매끈한 피니시(마무리)가 좋았는지, 처음으로 건조한 배가 그 해의 제일 좋은 배로 선정되었습니다. 그 이후 저는 이렇게 말합니다. "저것을 했는데 왜 이것을 못하겠느냐." 이런 논리로 옥포조선소가 정상화됐다고 봅니다.

이합집산 속에서도 절실한 마음과 신뢰로

또 하나 우리는 옥포조선소를 살리기 위해서는 어떤 절실함을 느껴야만 했습니다. 우리가 지금까지 여기에 1,000억 원을 투자

했습니다. 자본금으로만 그룹 전체에서 나간 것이 1,000억 원입니다. 그것은 실로 엄청나고 어려운 돈이었습니다. 예를 들어 1978, 79, 80년 긴축이 일어났는데, 우리가 그 긴축이 한창 때인 1978년 말에 이 옥포조선을 인수했습니다. 그 당시의 긴축이란 말할 수가 없었으며, 돈의 귀함이란 정말 엄청났습니다. 그렇게 어려운 시기에 1,000억 원이라는 돈, 이건 정말 피와 같은 돈이었습니다. 이 돈에는 자금 코스트가 다 있습니다. 그때 이자가 얼마냐 하면, 지금은 은행 이자가 18퍼센트이지만, 그땐 자체 이자가 26퍼센트에서 30퍼센트까지 갔습니다. 이런 코스트 있는 돈을 집어넣었기 때문에 그 절실함이란 표현을 할 수 없을 정도였고 그 무엇보다도 절실했던 것입니다. 절실한 가운데 최선을 다하면 안 되는 게 없다고 저는 항상 확신을 가지고 있습니다. 그래서 옥포조선소는 금년에 이익을 냈고, 지금 25억 달러 정도의 수출을 가지고 있습니다. 또 철 구조물도 제일 어려운 것부터 받아서 해냈기 때문에, 그다음부터는 다른 것도 뒤따라 척척 해낼 수 있었습니다. 이렇게 해서 옥포조선소가 정상화되었습니다.

반면에 자동차는 그동안에 GM과 한 2~3년 동안 중화학 조정이다 해서 우여곡절이 굉장히 많았습니다. 이것을 계기로 해서 GM 본사에서 파견 나와 있는 책임자들을 설득을 했습니다. 왜냐하면 처음부터 우리 측에서 그 친구들과 계약을 잘못했던 것입니다. 이는 우리가 계약한 것이 아닙니다. 우리는 산업은행에서 가지고 있던 계약조건들을 그대로 인수한 것입니다. 그 당시 계약을 잘못 체결해서 모든 최종 결정은 GM에서 내리도록 하는 등 칼자루를 GM이 쥐고 있었습니다. 그것을 중화학 조정을 계기로 이제는 동등한 입장에서 경영을 합니다. 경영권도 우리가 가지고 있습니다.

그 이후 다행인지 운이 따라서인지 모르지만, 경영권을 받은 이후부터 경기가 좋아졌습니다. 지금도 일요일 없이 정말 열심히 노력하고 있습니다. 그래서 1년 만에 '맵시나' 냈지, 또 '로얄XQ', '프린스' 냈지, 그다음에 '살롱', 그다음에 고속버스, 1.5톤 덤프트럭을 출시했습니다. 이 6가지 차종을 무슨 사람을 가지고 어떻게 해냈겠습니까? 이건 정말로 미치지 않으면 못 해냅니다. 솔직히 말씀드려서 그렇게 해서 작년에는 시장에서 한 100억 원의 이익을 냈습니다. 우리가 경영권을 인수하고 1년 만에 말입니다. 아마 그 친구들이 놀라 자빠졌을 것입니다. 그러면 거기서 얻어지는 것이 무엇이냐? 지금 GM에서 우리와 같이 자동차에 5억 달러를 투자하고 있습니다. 그리고 86년도에는 우리가 만든 자동차 약 10만 대를 미국으로 수출하게 됩니다. 그럼 어떻게 이렇게 할 수 있느냐 하면, 결국 절실한 가운데 자기희생적으로 해야 되는 것이지, 적당히 해서 되는 것이 아닙니다. 이렇게 해서 자동차도 정상으로 됐습니다.

또 전자도 그렇습니다. 저는 바쁜데도 불구하고 매주 수요일 아침 7시 반에는 꼭 중역회의를 엽니다. 그리고 출장을 가는 곳마다 전자를 세일즈하고 있습니다. 현재 우리가 전자를 인수할 때보다 TV 생산시설이 4배가 늘었습니다. 양산을 해서 코스트 다운을 하지 않으면 국제경쟁력도 없을 뿐 아니라 국내에서도 경쟁이 되지 않습니다. 회사가 안고 있는 취약 요소를 찾아내고 그것을 개선해 가는 이런 데서 발전이 이루어지는 것이지, 남들이 얘기하는 여름이 길어서 운이 좋아서, 물론 그런 것도 가미되었겠지만, 결국 기본적인 요소는 노력에 있지 않았나 하고 봅니다.

다음은 그러면 앞으로는 어떻게 되겠느냐? 이합집산된 사람들과 같이 무얼 어떻게 하겠느냐는 질문인데, 저는 인수를 한 후에는 사람조차 따져본 적이 없습니다. 가서 함께 노력하고, 자신이 모범이 되고, 그 사람보다 더 열심히 하는데 안 될 리가 없습니다. 또 희망을 주고 하는 여러 가지 요소가 잘 조화를 이루어야 합니다. 마침 잘 지적해 주셨는데, 우리 회사는 이질적인 요소가 많은 것이 사실입니다. 그러나 그러한 가운데에서도 우리가 해낸 것이, 불가능을 가능으로 이끈 것이, 결코 나 혼자의 힘으로 된 것은 아닙니다. 주력 기업의 사장들, 지금도 최선을 다하고 있으리라고 봅니다. 거기에 따라 직원들의 신뢰, 네가 잘되면 나도 잘되고 같이 잘된다는 공감대가 형성되어서, 그 속에서 사업을 펼쳐나가니까 지금까지 이러한 이합집산을 가지고도 흔들림 없이 잘해 가고 있는 것입니다.

90년대에는 그룹에 박사 1,000명 채용

현재 우리나라에서 기술개발 쪽은 정부나 기업체에서 굉장히 열심히 하고 있기 때문에 이미 분위기는 조성이 됐습니다. 그렇지만 기술개발의 정의가 뭐냐. 지금 우리가 할 수 있는 것은 솔직히 말해서 어느 기업이든지 마찬가지인데, 카피를 하고 수정(modify)을 하다가 이제는 이를 개선하는 단계입니다. 지금 우리의 기술개발이라는 것은 여기에 한정되어 있는 것입니다. 거기서 더했다고 하면 새로운 기술을 소화시키는 정도입니다. 기술의 창조라는 것은 절대로 한 사람의 아이디어에 의해서 되는 것이 아닙니다. 그것은 과학자들이 팀을 짜서 연구해야 되는 것입니다.

그런데 우리나라에서는 여태까지 기초학문을 하는 사람이 그렇게 빛을 보지 못했습니다. 그러니까 머리 좋은 사람들이 전부 어디에 갔느냐 하면, 쉬운 쪽으로 갔지 기초학문 하는 쪽으로는 가지 않았습니다. 그렇기 때문에 정말로 국가가 바란다고 한다면, 기초학문 하는 사람이 대우를 받고 사회에서 인정을 받는 이런 것이 되어야만 기초학문에 모두가 몰려든다는 것입니다. 이렇게 해서 사람을 키워야 발명을 해내지, 솔직히 제조기술, 개선하는 기술 등을 가지고 기술을 창조해 내겠다는 것은 어림도 없는 소리입니다. 그렇기 때문에 오늘 처음 말씀드리지만, 우리 대우의 경우는 1990년 대에는, 1,000명의 박사가 우리 회사에 온다고 봅니다. 지금 현재 1,000명을 목표로 계획하고 있습니다. 또 유학을 보낼 때는 그냥 보내지 않습니다. "너는 가서 무슨 공부를 어떤 쪽으로 어떻게 해라"라는 식으로 보내고 있습니다. 그래서 우리나라는 1990년대 이후 이러한 창조의 기술이 발생하면서 정말로 기술경쟁을 하는 쪽으로 갈 것입니다.

그러면 그 동안에는 어떻게 할 것이냐. 지금 점점 소프트웨어의 비율이 커지고 있습니다. 예를 들어, 과거에는 하드웨어와 소프트웨어의 비율이 70 대 30으로, 30퍼센트가 소프트웨어이고 70퍼센트가 하드웨어였습니다. 그런데 요즘은 50 대 50, 첨단기술 쪽으로 가면 20퍼센트가 하드웨어이고 소프트웨어가 80퍼센트입니다. 그러면 80퍼센트에 해당되는 소프트웨어 쪽에서 부가가치를 늘려야지, 하드웨어 쪽에서 부가가치를 늘린다는 것은 굉장히 힘든 일입니다. 그러면 언제쯤 그렇게 되겠느냐? 제가 보기에 90년대를 지나면 모든 산업들이 그렇게 되리라 봅니다.

그러면 지금은 어떻게 하느냐? 일본과 우리는 기술제휴를 쉽게 맺을 수 있습니다. 하지만 일본과 맺은 회사와 유럽, 미국과 맺은 회사를 비교해 보면, 5년이 지나가면 정반대가 된다는 것을 알게 됩니다. 처음에는 일본하고 맺는 게 좋을지 모르지만 나중에는 유럽이나 미국 쪽이 훨씬 나아집니다. 그렇기 때문에 지금 우리가 할 수 있는 것은 유럽·미국의 소프트웨어와 우리의 하드웨어를 같이 합쳐서 50 대 50의 비중으로 마케팅 해가면서 이 잠정기간 동안을 살아나가야 합니다. 예를 들자면, 대우자동차가 GM과 함께 하는 방식으로 운영해 나가야 한다는 것입니다. 자동차를 팔려면 서비스에 굉장한 투자를 해야 합니다. 거기에 막대한 자금이 필요합니다. 그런데 우리가 현재 가지고 있는 것이 무엇입니까? 보다 현실적으로 냉정하게 생각해야 됩니다. 저희 경우를 보면 GM과 우리와의 자동차, '캐터필라' 사와 '대우중공업' 간의 포크리프트(지게

차), 엑스커베이터(굴삭기), 또 '노던텔레콤' 사와 우리와의 반도체, 또 'ITT'와 우리와의 파이핑(배관) 등 이런 식으로 거기서 소프트웨어를 가져오면서 우리의 하드웨어와 합쳐서 그때까지 생존해 가는 쪽으로 갑니다.

수출 상대국 파고드는 방법 고쳐야

아무리 시장이 막혀도 살 길은 있다고 봅니다. 아직도 우리나라의 수출이란 것이 무역 거래량은 아주 미미합니다. 시장은 아직도 많이 있고, 또 제한이 심할 때는 수출시장을 좀 더 적극적으로 개발할 필요가 있습니다. 대우조선의 경우를 예로 들어 얘기하면, '텍사코'의 자켓(대형바지선)을 수주했습니다. 누구하고 했느냐? 프랑스의 UIE하고 했습니다. 또 요즘 우리 회사에서 나가 알래스카 프루도베이(Prudhoe Bay)에서 작업 중인 '노던 라이트(Northern Light)'라는 해수처리시설, 이것은 '벡텔'하고 했습니다. 또 '브라운 루터'와 사우디아라비아의 '아람코'에 가서 플랫폼을 했습니다. 이런 식으로 세계 유수의 엔지니어링 회사와 소프트웨어와 하드웨어를 같이 연결해서 하면서, 배워가면서, 같이 협력하는 체제로 일본과 경쟁해야 합니다. 결과적으로 일본이 점유하고 있는 시장을 우리가 어떻게 해서든지 먹어들어 가는 쪽으로 가는 것이 소망스럽다 하겠습니다.

제가 미국에 갔을 때 상무성 부국장을 만나 이런 얘기를 했습니다. "일본의 철강수출이 미국에 대해서 25퍼센트인 데 반해, 우리는 1퍼센트도 안 되는데 왜 자꾸 제재를 하느냐. 일본의 1퍼센트만 우리한테 주면 우리는 배(倍)가 되고 일본은 24퍼센트가 된다. 우리는 절대 미국의 철강업계와 경쟁하려는 게 아니다. 왜 우리한테는 기회를 안 주느냐. 일본도 경제성장할 때 너희들이 다 기회를 줘서 이렇게 컸지 않느냐. 우리는 왜 안 주느냐." 이렇게 얘기를 하니깐 답변을 못합니다. 이제는 말로만 형제의 나라다, 전쟁 때 도와줬다, 월남에서 같이 싸웠다, 지금 안보가 어떻다, 이런 것 가지고는 설득이 안 됩니다.

솔직한 얘기로 미국에서 우리나라를 아는 사람이 몇이나 있겠습니까? 그 많은 미국의 의원들이 어디서 듣거나 잡지를 봐서 아는 정도이지 얼마만큼이나 우리나라의 절실함을 알겠느냐 이겁니다. 그럼 결과적으로 봐서 우리가 등한히 한 것으로밖에 볼 수 없습니다. 미국이란 큰 시장을 놓고 기업도 등한히 했고 모든 사람이 등한히 했다는 것입니다. 그러니까 미국에 그것을 이해시켜야 됩니다. 이해시키려면 어떻게 해야 하느냐 하면 자료가 필요합니다. 미국적인 사고방식으로 과학적인 근거에 의해 만들어진 자료를 가지고 납득을 시키면서 설득을 해야 살아남을 수 있다는 것입니다. 이제는 새로운 노력이 필요합니다. 지금까지 해왔던 접근방법이 답습되어선 곤란합니다.

말이 좀 길어졌는데, 우리가 가지고 있는 힘의 가치란 평가할 수 없을 정도로 엄청납니다. 우리 대우의 경우만 보더라도 굉장한 것을 가지고 있다고 봅니다. 지금까지 여기에 얼마만큼이나 투자

되었는지를 보면 그것은 실로 엄청난 것이라고 할 수 있습니다. 지금 67개의 해외지점에 사람들이 나가서 사방에서 뛰고 있는데, 이만하면 마케팅을 하는 데 큰 걱정이 없다고 봅니다.

앞으로 우리나라의 경제는 어떤 각도에서 보느냐에 달려 있습니다. 해방되고 나서는 교육받은 사람들이 매우 적었다고 합니다. 그러나 지금 현재 얘기를 들어보니까 90퍼센트가 고등학교를 나온다고 합니다. 그리고 또 대학을 얼마나 많이 갑니까? 사실 전문가라는 게 뭐 별게 있겠습니까? 한 분야에 들어가서 20년 동안 종사하면 그 이상의 전문가가 어디에 있겠습니까? 그런데 지금 이러한 전문가가 많이 배출되고 있는 것입니다. 현재 우리 연령층에서 장관도 되고 언론사 사장도 되고 하는 등 이렇게 지도층에서 크게 활약하고 있습니다. 그리고 우리 후배 세대들을 봐도 피라미드식으로 두꺼운 관리층이 형성되고 있습니다. 10~20년 경력의 엔지니어만 따져도 엄청난 수가 생겨났습니다. 또 생산현장을 보더라도 마찬가지입니다. 옛날에는 데려다가 6개월 동안 돈 들여서 교육시키고 실습시켜서 겨우 현장에 투입했는데 요즘은 고등학교 2, 3학년이 되면 여름방학을 이용해서 직업훈련을 합니다. 그리고 나서 회사에 들어오면 막바로 생산하는 데 들어가게 됩니다. 우리는 이러한 좋은 기능인력을 가졌습니다. 제가 보기에는 이를 리드만 잘해 가면 우리나라의 잠재력이란 대단히 큽니다.

과거 일본과 우리가 다른 게 뭐였냐 하면, 남들은 성격 차이다 뭐다 얘기들 하지만, 저는 근본적으로 다른 것이 교육 수준 차이라고 봅니다. 그러면 이제는 일본처럼 교육도 받았고, 같은 위치에 있고, 자원도 없는 같은 조건인데 왜 우리가 못살아야 되느냐? 저는 못살 이유가 없다고 생각합니다. 그런 의미에서 어떻게 해서든지 지도자 되는 사람들이 정말로 자기희생적으로 이끌어 주어야만 모든 것이 해결되리라고 생각됩니다. 또 우리는 교육을 받았기 때문에 앞으로 소프트웨어 쪽으로 가는 과정을 빨리 소화할 수가 있습니다. 하지만 우리를 따라오는 나라들은 교육을 못 받았기 때문에 소프트웨어 포션(비중)이 커지면 커질수록 우리가 유리하다는 것입니다. 그런 의미에서 우리나라는 굉장히 잠재력이 있고 보장된 나라라고 봅니다. 문제는 사회를 이끌어 가는 지도층이 어떤 형태로 이것을 형성해 내느냐가 관건이지 않겠는가, 리드하는 사람들, 리더십의 문제라고 봅니다.

대기업 오너들의 재산 헌납, 믿을 수 있을까?

질문 우리가 보통 말할 때 작은 것이 아름답다고 말을 하지만, 이는 사실 큰 것은 강하다는 얘기와도 통할 수 있다고 생각됩니다. 국제경쟁에서 대기업이 이겨야 되겠는데, 그렇게 하자면 대기업이 일을 할 수 있도록, 즉 외국과 경쟁을 할 수 있도록 분위기를 만들어줘야 하지 않겠느냐 하는 이러한 분위기가 대기업의 시행착오를 감싸주고, 그런 가운데에서 대기업이 오늘의 성장을 가능하게 했던 것이 아닌가 하는 생각이 듭니다. 그렇지만 이제는 대기업의 비대화 현상이라든지 각종 시행착오가 이젠 더 이상은 통하지 않습니다. 이제는 번 돈을 어떻게 잘 쓸 것인가를 대기업이 진지하게 논의해야 할 단계가 되지 않았나 하는 느낌입니다. 보통 기업인의 자세라는 얘기로 요약이 됩니다.

그동안 여러 대기업의 오너들이 무슨 큰 문제가 있고 어려움이 있을 때마다 내 재산은 나의 것이 아니고 사회의 것이다, 또는 국가에 헌납을 하겠다, 또 문화재단 등을 만들어 가지고 거기에 자기 재산을 바치겠다, 하는 얘기들을 많이 해왔습니다. 그러면 대기업의 오너가 말하는 이러한 자기 재산을 사회에 환원한다, 또는 헌납한다 하는 발표는 과연 우리가 액면 그대로 믿을 수 있는 것인지, 거기에 대한 얘기를 한번 듣고 싶습니다. (KBS 우석호)

내가 번 돈, 내가 쓰겠다는 생각 안 해

선진국에서도 한때는 기업이 굉장히 욕을 먹고 사회가 기업을 적대시했던 단계는 다 있었습니다. 기업들이 얼마만큼 노력하느냐에 따라서 그러한 적대감을 해소하는 기간도 줄어들 수 있을 것이라고 봅니다. 제가 생각하기에 우리나라는 내가 벌었으니까 내가 쓴다는 자본주의 원리에 의한 사고방식을 갖는다고 하면 상당히 힘들지 않겠는가 하고 봅니다.

사람은 모든 것을 다 잘하지는 못할 것입니다. 사람은 무한한 것 같으면서도 어떤 한계가 있습니다. 잘 버는 사람은 잘 버는 소질이 있고, 잘 쓰는 사람은 잘 쓰는 소질이 있는 것입니다. 잘 버는 사람이 잘 쓴다고는 생각하지 않습니다. 그렇기 때문에 내가 번 돈은 내가 쓰겠다는 생각은 해본 적이 없습니다.

내가 번 돈은 잘 쓸 수 있는 사람을 찾아서 쓰도록 해주어야지 잘 쓸 수 있는 것입니다. 저는 항상 이러한 논리를 가지고 있습니다. 그래서 학교라든가 문화재단이라든가 언론재단이라든가 또 병원 등을 운영하지만, 쓰는 데 관해선 제가 간섭을 한다든가 하는 그런 것은 일절 없습니다. 재단에 있는 돈을 다 쓰고 더 쓰겠다고 할 때 내가 줄 수 있느냐, 없느냐는 것이 문제이지, 그 이상의 것은 제가 여태까지 한 번도 어디에 얼마를 어떻게 썼는지를 보고받은 적이 없습니다. 옛날에 우리가 200억 원 냈던 것이 학교를 분리하고도 400~500억 원으로 자산이 불었다는 얘기는 해주니깐 듣고 있지만, 그것을 쓰는 데는 어디에 얼마를 쓰고 무엇에 쓰라든가, 어디에 썼으면 좋겠다든가 하는 요구는 전혀 하지 않았습니다. 단지 제가 1980년에 사재 200억 원을 내놓으면서 내 생각을 얘기한 적이 있었습니다. 우리나라에는 기초학문이 없습니다. 어떻게 해서든지 기초학문을 빨리 육성시켜야 되겠다는 뜻에서 그 돈은 가급적이면 어떤 과목이라도 좋으니 기초학문 발전에 써달라고 했습니다. 꼭 기술 쪽이 아니더라도 사회적인 것도 좋고 문화적인 것도 좋고 무엇이든지 좋으니, 반드시 기초학문 쪽에 좀 더 써달라고 부탁을 했는데, 저는 이것이 충실히 시행되고 있는 걸로 알고 있습니다.

근로자 복지 충분한가?

질문 사회면을 담당하다 보니까, 앞의 두 분 질문하신 것과는 조금 다른 질문을 하겠습니다. 최근-최근뿐만 아니고-가장 우리 사회에 문제로 되어 있는 학원사태의 학생들 구호 가운데 상당한 비중을 차지하고 있는 것이 소위 근로자 대중문제입니다. 이것은 말할 것도 없이 근로자들의 나쁜 작업환경, 저임금 등과 밀접한 관계가 있습니다. 학생들이 주장하고 있는 구호는 기업이라는 얘기만 안 나오고 있을 뿐, 사실은 바꿔놓으면 기업에 책임이 있다는 얘기가 되겠습니다. 아까 김 회장께서 말씀하신 것 가운데, 대우가 어떻게 커왔느냐 하는 것을 소상히 설명하시면서 운도 아니고 배경도 아니다, 오직 피나는 노력의 뒷받침이라고 말씀하셨습니다. 그런데 대학생들이나 항간에는 근로자나 대중의 문제를 들고 나오는 이유는 솔직히 말씀드려서 와이셔츠 하나를 수출하는 데도 소위 아이디어 논쟁인데, 와이셔츠 단추 구멍을 하나 더 뚫는다든가 와이셔츠의 깃에 재봉틀을 한두어 줄 더 박는다든가 하는 이런 아이디어가 그 기업을 살리고 부흥하게 하는 큰 계기가 될 때가 많습니다.

그러면 제 질문은 그렇게 피맺힌 노력과 밤 12시까지 넘어가는 줄도 모르고 그렇게 오직 일만을 해온 근로자들에게, 거기에 상응하는 대가를 해주셨다고 자부할 수 있는가를 한번 여쭤보고 싶습니다. 대우그룹 산하에는 많은 방계기업이 있는데 제가 질문을 하려고 하는 것은, 꼭 대졸이나 공채를 해서 사무 보는 그런 사원들을 말씀드리는 것이 아니고, 저 맨 말단에 나사를 하나 조이고 기름칠을 하는 그런 사원들까지도 그런 혜택이 골고루 주어지는가 하는 것입니다. 그런 사원들이 광화문에 있는 교보빌딩 앞을 지나가면서 어떤 거부반응을 일으키지 않겠는가 하는 것을 질문 드립니다.

그리고 한 가지 더 여쭙겠습니다. 이 질문에 대해서는 오해하지 말아주기 바랍니다. 사생활에 관한 것이라 대답은 안 해도 되겠지만, 어디까지나 김 회장은 공인이시고 또 세계적인 기업인이시니깐 한번 여쭙겠습니다. 김 회장 부인께서도 기업 일선에 나서고 있는 걸로 알고 있는데, 김 회장 같이 가장 바른 기업인이 부인까지도 기업 일선에 나설 경우, 내조는 어떻게 받고 계시는가 하는 것을 실례가 안 된다면 말씀해 주시기 바랍니다. (연합통신 오근영)

서로 간의 이해가 필요하다

제가 이런 얘기를 다른 말로 비교해서 얘기하면 어떻게 생각할는지 모르겠으나 하나의 예를 들어 말씀드리겠습니다. 제가 살아오는 과정에서 제일 행복한 때가 언제냐 하면, 지금도 솔직하게 선배님들이나 친구들에게 얘기하지만, 6·25 때 아버지가 납치당하시고 대구에 피난 내려가서 신문을 팔면서 생활한 때가 아니었나 싶습니다.

그땐 누구나 다 생활이 어려웠겠지만, 사실 신문장사를 하면서 밥을 먹고 사는데, 신문이 잘 팔린 날은 저하고 어머니하고 여동생, 남동생 등 네 식구의 밥이 네 그릇이 되는데, 안 될 때는 한 그릇이나 두 그릇 될 때가 있었습니다. 보통 통행금지 시간 직전까지 신문을 파니까 늦게 집에 들어가는 경우가 많은데, 어머니는 저한테 우리는 배가 고파서 다 먹었으니까 어서 먹으라고 밥 한 그릇을 제게 내놓습니다. 분명히 전날에 밥 한 그릇 정도 먹을 돈밖에 벌지 못했는데도 불구하고 내놓는 것입니다. 그러면 나도 밖에서 배가 고파 사 먹었으니까 그냥 드시라고 합니다. 그때 제가 느낀 것이 무엇이냐 하면, 그것은 네 사람이 정말 똘똘 뭉쳐서 서로가 서로를 아껴주는 이런 것이 내 평생에 있었다는 것입니다. 이는 정말 자랑스럽게 생각하고 있습니다.

이 얘기는 다르게 말해서, 사람의 행복이란 꼭 물질적인 것만을 가지고 따질 수 있겠느냐는 것입니다. 물론 우리나라 근로자들이 다른 나라와 비교해서 상대적으로 낮은 임금으로 형성되어 있는 것만은 틀림없는 사실입니다. 그것은 수요와 공급의 차이에서 오는 결과가 아니겠느냐고 봅니다. 또 그렇다고 해서 기업이 착취를 했느냐 하면, 제가 보기에는 절대 착취했다고 보지는 않습니다. 우리 근로자들이 생활하는 데 필요한 최저의 돈이 얼마인데 받는 임금이 그것조차 안 된다 하는 것이 결정적인 불만의 요소라고 한다면, 제가 보기에는 결코 그 정도의 임금수준은 아니라는 것을 이기회를 통해 말씀드립니다. 또 나도 그러한 것을 겪었기 때문에, 할 수 있는 최선의 노력은 하고 있습니다. 예를 들어 근로자들 중에서 자식이 좋은 대학을 갈 수 있는 데도 돈이 없어 못 간다면 제도적으로 장학금을 주고 있고, 또 고등학교까지는 학자금을 전부 대주고 있습니다. 대학에 갈 능력이 있으면 교육은 꼭 시켜야 된다는 것입니다.

그런데 잘 알다시피 저는 해외 출장을 자주 다니는 편입니다. 1982년에는 280일 정도 해외에 나갔고, 또 작년에는 한 200일 가까이 나갔습니다. 금년에도 초부터 밖으로 나다니는데 사실 이런 점 때문에 약간 등한히 한 것만은 사실입니다. 이 기회를 통해서 저한테 이런 것을 일깨워주신 것을 고맙게 생각합니다. 역시 문제의 초점은, 서로 간의 이해라고 할 것입니다. 지금 잘사는 사람들이 정당한 소득에 의해서 그만큼 잘사느냐 하면, 솔직히 말씀드려서 그렇지 않기 때문에 그런 것과 비교해 보면 불만도 있을 것입니다. 하지만 실제 생활할 수 있는 금액과 실질적으로 받는 월급과 비교해서 따져봤을 때, 그게 엄청나게 착취하는 것이냐 하면 그렇지 않다는 것을 말씀드립니다.

문제는 단지 요즘의 세태풍조라고 생각합니다. 꼭 부정해서 번 돈은 아니라고 하지만, 부동산 투기다 뭐다 해서 어떤 형태로든 간에 돈을 벌 수 있는 기회가 상당히 많이 주어졌기 때문에, 곁돈들이 생겨서 마구 쓰는 풍조가 생겨났습니다. 여기에 맞추려고 한다면 문제가 있을 수 있다고 생각합니다. 근본적으로 보면, 우리나라 전체가 분수에 넘치게 살고 있습니다. 우리나라의 모든 것이 전체적으로 봤을 때 자기 위치를 자신보다 위에 놓고 있다는 것입니다. 이러한 측면에서 근로자 문제는 이 정도로 양해해 주셨으면 합니다.

여성의 취업 증대로 패밀리 인컴 늘려야

그리고 집사람 얘기인데, 저도 사실 그렇습니다. 제가 처음 그 것을 느낀 것은, 5~6년 전쯤 유고에 갔더니 거기에서는 퍼스널 인 컴(personal income)이 아니고, 패밀리 인컴(family income)이었습 니다. 임금이 우리나라 수준에 비해서 더 낮은데도 왜 그 사람들이 잘사느냐 하면, 거기서는 집안 식구들이 전부 일합니다. 남편도 일 하고 부인도 일하고 애들도 일하고 그래서 하나의 패밀리 인컴을 형성해서 휴가도 갈 수 있고 소득도 증대되는 것입니다. 우리나라 도 조금만 지나면 그렇게 되리라고 봅니다. 예를 들어 대우전자도 사람을 구하려고 사방으로 다니면서 홍보를 해서 데려옵니다. 어 떤 면에서는 현재 사람이 모자라는 형편입니다. 앞으로는 더 모자 라게 되지 않겠느냐고 봅니다. 그러면 결과적으로 보았을 때 여성 의 사회참여는 필연적으로 온다고 봅니다.

지금 현재 우리가 주는 월급을 가지고는 대학을 졸업하고 결혼 을 한 사람이 생활을 충분히 할 수 있느냐 하면 사실상 어렵다고 봅니다. 집에서 도움을 받든가 어떤 형태든지 재산을 증식하지 않 고는 어렵다는 얘기입니다. 이런 점에서 볼 때도 앞으로 패밀리 인 컴 쪽으로 사회를 유도해 가는 쪽이 올바른 방향일 것이라고 생각 합니다.

둘째로는 요새 특히 30~40대 부인들이 사실 쓸데없는 소비를 조장하고 있습니다. 이것은 백해무익한 것입니다. 그래서 이런 부 분에 합리적인 변화를 시도해 보겠다는 발상에서 한번 맡겨본 것입니다. 사실 호텔 경영이라는 것이 굉장히 어려운 것입니다. 제일 처음 호텔을 지을 때 힐튼에 맡기면 골치를 앓을 필요도 없고 잘하지 않겠느냐 해서 맡겨 놓았더니, 세계에서 호텔 경영을 제일 잘한다는 힐튼도 제가 보기에는 그렇게 잘하지 못하더라는 것입니다. 왜냐하면 잘하려는 의지가 없습니다. 그러다 보니 아는 분들이 이용할 때 불편했던 점을 전부 나에게 얘기해 줍니다. 예를 들어서 어디가 뭐가 잘못됐다, 음식이 나쁘다 등의 얘기가 앉아 있어도 수없이 들어옵니다. 다 맡겨서 힐튼이 경영을 하는데, 그게 다 대우가 잘못한 것이라고 생각한다는 것입니다.

또 원래 제 와이프가 건축과를 졸업했기 때문에 인테리어 쪽은 조금 알고, 또 자기 딴에는 돌아다니면서 그런 것을 많이 봐왔고, 또 미술 쪽에도 취미를 가지고 있고, 그런 데다 애들도 다 컸고 해서 시간 낭비하느니 한번 기회를 주는 것도 좋지 않겠느냐는 생각도 갖고 있었습니다. 또 하나는 연간 200여 일을 해외출장이다 국내출장이다 해서 집에 있는 날이 별로 없습니다. 그래서 와이프도 나름대로 자기 생활을 하는 게 좋지 않겠는가… 처음에는 옥포에 있는 학교와 병원을 맡겼습니다. 그러고 나서 가만 보니까 옥포에 왔다 갔다 하면서 열심히 일을 하는 것입니다. 그러던 중, 힐튼호텔에 관해 이런 저런 불평스런 얘기가 자꾸 나오고 해서, 호텔이란 게 섬세하기 때문에 남자가 하는 것보다는 여자가 잔소리를 해가면서 하는 것도 괜찮을 것 같기도 하고, 또 저의 집사람이 죽을 때까지 하는 것도 아니고 경험으로 해서 잘되면 다른 일도 할 수 있지 않겠느냐 해서 호텔을 한번 맡겨본 것입니다. 실무 현장의 경우에는 제가 벌써 3~4년 전부터 기혼여성들을 뽑아 전문직종에 넣어서 일을 시키고 있는데 상당히 성공적이라고 봅니다.

너무 혹사하는 것 아닌가

질문 김 회장께서는 1년의 절반을 외국에서 지내고, 일주일에 7일을 일하고 하루를 24시간 일하는 기분으로 살아가시는 것 같은 인상을 받았습니다. 만일 오너나 최고경영자가 그런 생활 태도를 갖고 있다면, 아랫사람들은 굉장한 혹사를 당하지 않겠느냐는 것입니다. 그러면 그런 혹사를 당하는 사람들한테 충분한 보상을 해주고 있는가. 그리고 '쉬지 않고 일만 하면 바보가 된다'는 영국 속담은 과연 어떻게 되는 것인가. 최고경영자가 되는 조건에서 그런 속담은 아예 빼버려야 되는 것인지 그러한 의문도 있을 수 있겠습니다. 그런 것도 좀 말씀해주시기 바랍니다. (중앙일보 전육)

골프 치고 싶더라도 지도자는 자기희생 있어야

오늘 솔직히 이 자리를 빌려 고백하는데 저라고 사실 골프 치고 싶지 않겠습니까? 제가 약주를 안 하기 때문에 사람들을 만날 기회가 없습니다. 그러면 골프라도 치면서 같이 어울리고 만나다 보면 얘기도 되고 정보도 얻고 사업에 도움도 될 것입니다. 그걸 모르는 건 아닙니다. 그러나 결과적으로 볼 때 역시 리더라는 것은 자기희생을 할 줄 모르고는 리더가 될 수 없다고 봅니다. 그래서 우리 회사에 대해서도 정말 자기희생을 할 수 있는 사람을 최고 점수를 주어서 결정하고 있습니다. 남을 위해서 살 줄 모르는 사람은 리더가 될 수 없습니다. 자기 할 것 다하고 어떻게 리더가 되겠습니까. 물론 참모는 될 수 있을 것입니다. 부장, 차장까지는 할 수 있습니다. 그렇지만 최고의 리더는 자기의 희생을 감수할 수 있을 때만 조직을 이끌어나갈 수 있다고 봅니다.

골프도 제가 생각해 보면 그렇습니다. 치고 싶은 마음도 많고, 한번 쳐볼까 하는 생각도 있고, 우리 집사람도 연습이라도 하라고 권유합니다. 아무래도 나이가 드니까 옛날 같지가 않습니다. 이를테면 옛날에는 아침에 눈이 번쩍 뜨이던 것이 요즈음에는 안약을 넣어야 눈이 떠지고, 그렇지 않으면 시간이 좀 흘러야 떠지고 자꾸 사람이 변해가는 것입니다. 지금 우리나라 현실이 이렇게 전쟁하다시피 하는 상황이고, 세계를 놓고 보더라도 참 어려움 속에 있다고 할 수 있습니다. 그런데 제가 골프를 안 치면 많은 시간과 경비를 아낄 수 있는데, 또 우린 알다시피 전부 같은 또래니깐 제가 무슨 권위를 가지고 지혜를 가지고 철학을 가지고 지배를 하는 것도 아니고, 오직 제가 리더로서 할 수 있는 것은 자기희생, 이것이 명분이 돼서 아무 불만 없이 따라오고 있는데, 물론 제가 만약 카리스마적인 특질을 가졌다면 골프도 치고 하는 방향으로 갈 수는 있을 것입니다.

그러나 내 특질은 무엇이냐? 여태까지 끌어온 게 순전히 자기희생이었습니다. 그런데 이것을 파괴했을 때 과연 제가 지도력을 가지고 계속 지탱해 갈 것이냐 하는 문제와 두 번째는 제가 치면 다른 사람을 못 치게 할 수는 없다는 것입니다. 그러면 만약 다른 사람도 골프를 치게 한다면, 토요일 1시쯤 돼서 골프를 치러 가야 하니까 벌써 나올 때부터 넥타이를 안 매는 친구도 있습니다. 11시쯤 되면 골프를 치러 가려니깐 밥 빨리 먹어야지, 결재한 것 빨리 해 가져와야지, 직원들이 열심히 해가지고 갖다 바치는데, 넥타이도 안 매고 골프 갈 생각이나 하고 있는 친구한테 결재받을 때 과연 그 사람이 받는 영향은 어떤 것이겠는가 하는 문제입니다. 제가 생각하기에는 제가 치면 부사장이 치고 전무치고 이사치고 부장까지 내려가리라고 봅니다.

그러면 지금 과연 우리가 자기 월급 받아서 골프 칠 능력이 되느냐 하는 것입니다. 우리는 접대하는 입장이니까 골프를 치기 위해 기회를 만들어서 모셔 올 것입니다. 그러면 자신이 치는 비용의 4배가 나갑니다. 그 경비를 따져보면 아마 기하학적인 숫자로 불어날 것입니다. 그리고 제가 안 치고 버티고 있는데도 불구하고 그래도 일부 중역들은 눈치를 보아가며 치고 있는데, 지금 우리나라 현실로, 우리 회사의 현실로, 또 우리 회사의 특성으로 봤을 때 골프를 운동이라고 해서 지원해야 하느냐에 대해서도 문제가 있습니다. 그러면 문제는 지금 현재 우리가 주말을 즐기고 휴가를 가야 되는 이러한 처지에 있느냐는 것입니다. 모든 생활의 표준이라고 하는 것이 하나에서부터 전부 연결되어 갑니다.

예를 들어 우리 회사의 경우, 겨울에는 휴가가 없고 여름에는 일요일을 끼워서 2박 3일의 휴가를 주고 있는데, 여름휴가 때는 사원들을 모아 놓고 꼭 이런 얘기를 합니다. "제발 그 돈 가지고 저축을 해라. 앞으로 국제정세도 어려운데 예금을 하지 남 따라서 해수욕장 같은 데 가지 말아라." 이렇게 부탁을 하고 매년 휴가를 실시합니다. 제가 생각하기에는 3일 동안 휴가 가는 것이, 갔다는 데 의의가 있지 얼마만큼의 효과가 있느냐는 것입니다. 또 지금의 현실이 과연 지속될 수 있는 것이냐면 그렇지 않다는 것입니다. 물론 생각하기 따라서는 지속될 수도 있고 안 그럴 수도 있습니다.

우리가 77년도, 78년도에는 사람들이 잘살게 됐다고 해서 농촌 사람들을 관광시키고 한참 흥청대지 않았습니까? 중동건설이 잘 된다고 해서 그땐 좀 그랬습니다. 그러다가 그것이 4~5년의 안 좋은 영향을 미쳤다고 봅니다. 지금 우리가 빚 갚는 것 감안해서 언론기관들이 합심을 해가지고 "이렇게 안 하면 우리는 못산다"라고 자꾸 경각심을 불러 일으켜야 합니다. 옛날에 절실하게 세일즈하고 수출하던 그런 분위기만 조성되면, 연간 100억 달러는 쉽게 갚아질 것입니다. 남들은 집이 몇 채다, 어떻다 해서 신문에서 그냥 크게 써대지만, 어떻게 하겠다는 생각은 아무도 하는 사람이 없다는 것입니다. 정말 옛날로 돌아가서 절실하게 마케팅하고 팔고 하던 그런 정신으로 하면, 1년에 100억 달러씩 4년이면 다 끝나게 됩니다. 우리나라가 그 정도 능력은 가지고 있다고 봅니다.

지금 오지에 가라고 발령을 내면 사표를 내는 친구도 있고, 어디 아프다고 하는 등 허약하기 짝이 없습니다. 그것은 고급화된 데서 오는 병입니다. 우리는 그것을 견뎌야 합니다. 옛날에 제가 수출을 할 적에는, 내가 최고 애국자라는 착각 속에서 살았습니다. 그러한 시대가 사실 있었고, 그런 시대를 한 번만 더 리바이벌 한다면 우리나라의 외채문제는 해결될 수 있다고 봅니다. 요즘의 필리핀을 한번 보세요. 오늘 회사 회의에서 필리핀에서 근무 마치고 신고하러 온 사람에게 물어봤더니, 작년도의 인플레가 150퍼센트라고 했습니다. 또 물건이 없어서 공장이 문을 닫고, 부속이 없어서 자동차가 서고, 모든 사람들이 사재기하고 아우성이라는 겁니다. 필리핀이 1년 전만 해도 과연 그런 나라였느냐는 것입니다. 우리도 한번 생각을 해야 합니다. 우리도 언제 그런 상황이 올지 모릅니다. 그런 것이 우리가 잘못하는 데서 오는 것이 아니라, 정치적인 면에서도 올 수 있고 아무튼 여러 가지의 가능성을 갖고 있습니다. 그러면 우리는 과연 이대로 가야 되겠느냐. 저는 그렇게 생각하지 않습니다. 우리가 다시 한번 분위기를 조성해서 우리 힘으로 해결할 수 있는데 왜 안 하느냐는 것입니다. 신문에선 그냥 나쁜 것만 적어 대고, 국민들은 나쁘다고만 하고 죽기 살기로 서로 간에 이런 식으로 해서야 과연 되겠느냐 하는 것을 한 번 더 생각해 봐야 합니다. 제가 나이도 어린데 선배님들께 이런 말씀을 드린다는 것이 실례가 되는지도 모르겠으나, 내 생각 같아선 가능성이 있다는 것입니다. 우리도 노력만 한다면 충분한 가능성이 있는데, 될 수 있는데 안 하는 것은 태만입니다. 그것은 진짜로 무서운 병인 것입니다.

과연 중역들을 혹사시키는 것이냐, 그러나 저는 그걸 당연하다고 봅니다. 자기가 사장 됐으면 자기희생하는 것이 당연한 것이며, 그렇지 않으면 그만두면 될 것입니다. 사람이 높은 자리에 있을수록 일을 많이 해야 한다고 봅니다. 윗사람이 모범을 보여야지, 모범이 안 되는데 아랫사람이 어떻게 쫓아오겠습니까?

사실 제가 사회에 나가서 월급쟁이를 하든, 사업을 하든 간에 이제까지 풀(full)로 하루 종일 놀아본 적이 없습니다. 다들 즐기고 놀고 할 때 저는 꾸준히 일을 했습니다. 예를 들어 일요일엔 차 타고 공장에 가서 공장이라도 들여다봅니다. 공장을 들여다보면 이 공장이 잘돼 간다 못돼 간다 하는 것을 알 수 있습니다. 만약 잘못돼 가면, 그다음 날 불러서 얘기도 해주고, 또 일요일에 한번 가면 사기도 오르고, 요새 우리는 한 달에 이틀밖에 안 쉽니다. 즉 4번의 일요일에서 두 번만 쉽니다. 그것은 우리 회사의 특성이라고 할 수 있습니다. 그것에 대한 비판은 원칙의 문제인데 그것을 불평하면 곤란합니다. 그러나 종업원들은 따라오고 있습니다. 만약 대우에 있는 종업원 중에 김우중이 죽일 놈이라고 욕하면 데려오십시오. 내 배를 가르겠습니다.(웃음) 솔직한 얘기로 제가 그 사람들보다 더 열심히 하고 더 많이 일합니다.

불확실성의 시대, 국제정치 복잡해져

저는 세계를 보았을 때 누구도 못 믿는다고 봅니다. 미국이나 일본, 그 어느 누구한테도 의존할 필요도 없고 우리밖에 없습니다.

우리가 해결할 것은 우리가 해결해야 합니다. 결과적으로 마지막에 가서는 우리밖에 없는 것입니다. 우리가 힘을 기르는 것 말고는 다른 방법이 없습니다. 자, 요즘 한번 보십시오. 옛날처럼 정부가 서로 협조하고 도와주는 이러한 분위기가 있나요? 다 자기들 살기도 바쁩니다.

그 속에서 실제 선진국을 한번 보십시오. 선진국들도 착각 속에서 주위를 돌아보지 않고 즐기다가 선진국들 자신이 쥐어 맞은 것입니다. 해외를 돌아다니면서 느낀 것인데, 세계 전체로 볼 때 지도자의 빈곤입니다. 너무 구시대적인 사고방식에 바탕을 두고 있다고 봅니다. 싸움을 못하다 보니까 정보만 발달한 것입니다. CIA가 강해지고 비밀경찰이 강해지고… 요즈음 보면 첩보계통에서 전부 힘을 잡기 시작했습니다. 그러니까 국제정치가 굉장히 복합적으로 되어가고 있는 것입니다. 옛날에는 단순했던 것이 복잡해져서 뒤엎고 야단입니다. 그러면서 자기는 잘살려고 하며, 경제적으로는 자본주의 경제, 사회주의 경제할 것 없이 조작을 하는 것입니다. 부동산 올려가지고 따먹고, 금값 올려서 따먹고, 환율 올려서 따먹고, 석웃값 올렸다 내렸다 하면서 따먹고 이렇게 조작을 하면서 살아갑니다. 이러한 불확실성 속에서 살고 있다는 것을 적어도 선배님들께서는 감각으로 알아야 할 것입니다. 그러니까 우리나라도 언제 뭐가 쳐들어와서 어떻게 엎어질지도 모릅니다. 이런 상황에서는 우리가 정신 차려서 잘하는 도리밖에 없습니다. 의존하는 시대는 지난 것입니다.

중국과 소련, 어떻게 보나?

질문 그럼 나도 플로어에 나와 있는 사람 중의 한 사람이기 때문에 간단한 질문을 하겠습니다. 정 바쁘시면 한 30초 정도로 답변하면 되겠습니다. 사실 저는 지금 경제문제가 아닌 외신, 국제문제를 보고 있는데 우리나라 주변에 중국대륙이 있습니다. 또 소련이 시베리아 개발을 하고 있습니다. 제가 보기에는 중국대륙이나 소련이 기업가들의 눈으로 볼 때 큰 돈 덩어리가 아니겠느냐는 생각이 드는데 김 회장께서는 어떻게 보시는지? (사회자 조순환)

우리가 힘을 키우는 게 중요

그런데 문제는 우리가 힘이 없기 때문에 그런 찬스를 강대국들이 다 가져가는 게 아니겠습니까? 제가 보기에는 일본이 우리가 통일하는 것을 좋아하겠느냐, 미국이 우리 통일하는 걸 좋아하겠느냐, 소련이 좋아하겠느냐, 중국이 좋아하겠느냐? 아마 우리가 통일하는 데 쌍수를 들고 협조하는 나라는 없을 것입니다. 상대적으로 보면 그것은 자기들의 이해 침범입니다. 우리가 중국하고 1978년, 1979년에 장사했을 때 결과적으로 우리 배가 중국까지 가려고 했다가 못간 이유가 난 절대로 북한 때문이라고 보지 않습니다. 그건 일본 때문입니다. 일본인들이 북한을 시켜서 했든 어떤 식으로든지 못하게 한 것입니다. 또 우리가 미국에서 철강을 판다고 했을 때, 그것을 방해한 주체가 미국이냐 일본이냐 냉정하게 한번 생각을 해야 합니다. 왜냐하면 아까도 말씀드렸다시피 우리가 커가면 커갈수록, 미국 시장을 먹어가면 갈수록 제일 피해보는 것이 일본이 첫 번째입니다. 그렇기 때문에 이러한 것을 전제로 한 고도의 로비활동 등이 필요하다고 봅니다.

제가 걱정하는 것은 세계 10군데의 분쟁지역을 본다면, 우리도 그중 하나로 들어간다는 것입니다. 단지 우리가 외교를 잘해서 절대 이 싸움에는 어떤 형태든지 간에 걸려들지 말아야 합니다. 만약 우리가 걸려든다면 우리는 처음부터 다시 해야 합니다. 그러니까 외교가 굉장히 필요합니다. 어떤 무모한 도전보다는 슬기롭게 이겨가면서 우리 힘을 키우는 쪽으로 가는 것이 소망스럽다고 봅니다.

허술한데도 1등을 한 이유

수출 면에서 작년까지 4년째 1등을 했는데, 그러면 어떻게 1등을 했느냐? 뭐 제가 잘나서 한 것도 아닙니다. 가만히 보면 우리 회사도 아주 구멍이 많습니다. 허술해요. 그런데도 1등을 한 것은 아마도 남이 열심히 안 한 탓일 거예요. 저는 욕먹을 소리인지 모르지만, 우리 기업인들이 최선을 다하지 않는다고 보고 있어요. 정말 미쳐가지고 파고들지 않는다 이겁니다. 지금 수출이 잘 안 된다, 애로가 많다고 하지만, 저는 그렇게 생각지 않습니다. 수출할 데는 얼마든지 있어요. 수출이 한계에 왔다고 하는 것은 일종의 자기합리화라고 생각해요.

일전에 우리 회사 사람들이 해외출장 간 일수를 통계로 내봤더니 70년대 중반까지만 해도 후진국들에 많이 나갔는데, 요새는 미국이나 유럽 같은 데 많이 나가 있어요. 고생이 많은 아프리카 같은 데 오래 묵지 않고 있다는 얘기지요. 그러나 아시다시피 선진국

230

의 경우에는 시장구조가 잘 짜여 있으니까 어디 가서 뭘 어떻게 하면 된다는 걸 쉽게 알 수 있어서 오래 머무를 필요가 없습니다. 도리어 저개발국일수록 시간이 오래 걸리게 마련인데 고생스러우니까 대강 대강 하고 빨리 돌아온다 이겁니다. 사람들이 약아지고 허약해졌어요. 선진국 사람들 안 가는 데를 파고들어야지 그들 뒤를 따라다녀 보았자 안 된다 그 말입니다.

제가 우스갯소리 하나 할까요? 전 외국에 나가면 길바닥에 돈이 쫙 깔려 있다는 것이 눈에 보입니다. 돈이 사방에 굴러다녀요. 그 돈을 언제 어떻게 거둬들이느냐 하는 것이 문제지, 돈이 안 보여서 못 버는 것이 아닙니다.

－1982년, 《신동아》 대담, "길거리에 돈이 굴러다닌다"

아프리카에서 맞은 생일

제가 올해로 46세인데 이때까지 생일만은 꼭 집에서 지냈습니다. 이는 우리나라 관습에 생일은 집에서 보내야 한 해가 편안하다는 말이 있어서인데 올해는 처음으로 아프리카에서 생일을 보냈습니다. 왜냐하면 올해는 아프리카에서 열심히 뛰어야겠다는 마음으로 각오를 단단히 갖기 위해서였습니다.

－1983년 KBS 대담

장사꾼의 공부법

　장사, 사업은 자신 있지만 이 범위를 벗어난 다른 지식은 빈곤하다는 느낌을 갖게 됩니다. 이렇게 큰 회사를 하다 보니 만나는 사람도 많고 직위도 대통령에서 은행장까지 여러 층이고, 만나서 하는 이야기도 10퍼센트만 경제 이야기고 90퍼센트 정도는 광범위한 이야기를 하기 때문에 지식의 빈곤, 균형의 중요성을 느끼게 됩니다. 그래서 해외출장을 가더라도 가급적이면 철학자, 정치학자, 사학자 등 교수들과 같이 갑니다. 비행기 안이나 호텔 등 같이 있는 시간에 이야기를 주고받으면서 많은 것을 배우려고 노력하고 있습니다. 아직도 부족하다고 느끼는 것이 예술분야입니다. 사람은 평생 배워야 합니다. 장사꾼도 자기 분야만 알아서는 안 됩니다. 모든 분야를 커버할 수 있어야 합니다. 옛날과 달라서 지금은 장사를 초월한 곳에서 사업이 이루어집니다.

−1985년 1월 16일, 신입사원 교육 회장과의 대화

덕장과의 만남

닛쇼이와이라는 일본의 종합상사 회장이 있습니다. 일본은행—
우리나라로 말하자면 한국은행이죠—이사로 유럽 지점장을 지낸
사람인데, 이와이 집안과 사돈이라는 인연으로 그 회사에 들어가
전무부터 시작해서, 제가 만났을 무렵에는 사장이었습니다.

이 사람이 우리하고 거래관계 때문에 우리나라에 왔는데, 둘이
서 3~4일을 같이 지냈습니다. 마지막으로 함께 공장에 내려갔다
올라오는데, 마침 비가 와서 자동차를 타고 오게 됐어요. 차 안에
서 그 사람이 하는 말이, 자기가 이번에 와서 굉장히 쇼크를 받았
다는 겁니다. 자기도 일본에서는 엘리트니 뭐니 해서 아무튼 대단
히 우수하다고 생각했는데, 나하고 같이 다니면서 보니 모르는 게
없어 감탄했다고 칭찬을 하면서, 대우는 앞으로 무한히 발전할 거
라고 얘기를 하더군요. 그 사람은 쉽게 말하면 덕장이에요. 아주
부드러운 사람이죠.

그래서 내가 뭐라고 했느냐 하면, "그렇게 칭찬해 줘서 고맙지만, 어느 규모까지는 괜찮은데 기업이 너무 커지니까 내가 빨리 그만두는 게 회사에 도움이 될 것 같은 생각이 든다, 나 때문에 아래 사람들이 실력 발휘를 못 하고 매일 혼나니까 주눅이 드는 모양이다, 나는 칭찬을 거의 안 한다, 사람이 칭찬도 받고 그래야 되는데… 당신은 조금 잘해도 칭찬해 주는데, 그러면 직원들이 고무가 돼서 더 열심히 할 것이다, 그런데 나는 그런 걸 못하는 성격이니 이제는 오히려 내가 빨리 그만두는 게 우리 회사 발전에 도움이 될 것이다, 당신은 덕장이니까 앞으로 닛쇼이와이가 굉장히 클 거다" 하고 말해 주었습니다.

그리고 헤어졌는데, 지금은 회장이 됐다고 하더군요. 닛쇼이와이는 그 사람이 사장으로 있는 동안에 상당히 커졌습니다.

−1994년 4월 2일, 문화사랑동우회 초청강연

성공이란
노력의 부산물

사람마다 자기가 어느 정도 되겠다는 생각은 다 하지 않습니까? 거기에 도달하지 못하고 가는 사람들이 많은데, 지금 와서 가만히 돌이켜보면 나는 정말 생각했던 것보다 빨리 성공했습니다. 복잡하게 생각할 것 없이, 그건 열심히 일한 결과입니다.

−1994년 4월 2일, 문화사랑동우회 초청강연

3
대우라는 공동체

신입사원들에게

여러분 중 80퍼센트 이상이 스스로 결정해서 대우에 입사했다니 고맙게 생각합니다.

대우를 창업한 지가 어언 25년에 가까워지고 있습니다만, 창업 당시 우리 경제 현실을 보면 그때 총 수출이 3억 달러 정도였습니다. 그 3억 달러 중에서 1차 상품, 예를 들어서 수산물이라든가 광산물, 농산물이 대략 반이었고 공산품 수출이 약 1억 5,000만 달러였습니다. 이런 통계만 봐도 25년 전 우리나라 경제상황이 어떠했는지 대략 짐작이 갈 것입니다.

어떤 사람들은 우리 보고 역사가 짧다고 합니다. 그런데 1967년 창업 당시 우리나라 총 공산품 수출이 1억 5,000만 달러였다는 사실은 그때까지도 우리나라에는 조직적이고 전문 인력이 있고 시설이 충분히 구비된 그런 형태의 기업이 존재하지 않았다는 말이 됩니다. 때문에 사실상 우리나라에서 본연의 기업 역사가 시작된 것은 대략 25년에서 30년 전이라고 보는 것이 타당할 것입니다. 어떤 기업은 '60년 된 회사다', '70년의 역사를 지녔다'는 얘기를 많이 합니다. 아마 구멍가게만 한 상점을 차려놓고 시작했던 그때부터 따진다면 대략 그쯤 될 것입니다. 그렇지만 우리가 흔히 말하는 기업의 역사, 기업다운 기업이 등장한 시기는 냉정하게 볼 때 최근 약 30년 사이라고 봐야 할 것입니다.

대우를 창업하고 제가 처음으로 내수를 하게 된 것은 1976년에 현재의 대우중공업을 시작하면서부터입니다. 당시에는 한국기계였는데 이 회사를 인수해 처음으로 내수를 했습니다. 그 전까지만 해도 우리는 100퍼센트 수출만 했고 여러분이 흔히 입는 와이셔츠를 거의 1년에 600만 장에서 1,000만 장 정도 수출했습니다. 만일 당시 우리가 내수를 해서 돈을 벌겠다고 생각했다면 수출하고 남는 와이셔츠만 팔았어도 큰 부자가 되었을 것입니다.

그렇지만 우리는 회사 시작하고 10년 동안은 한 번도 국내시장에 팔지를 않았습니다. 우리가 섬유제품을 국내시장에 팔게 되면 많은 중소기업들이 도산했을 겁니다. 우리는 수출할 능력이 있었기 때문에 이런 업체들이 피해를 입을까 봐 내수는 하지 않았던 것입니다.

1978년에 자동차를 인수하고 그리고 그해 연말에 조선을 인수하게 되어 소비재가 아닌 자본재 중심으로 국내시장 참여가 시작되었습니다. 우리가 하는 내수 소비재가 있다면 전자제품이 주종일 텐데 이는 대한전선에서 가전사업 분야를 양수받으면서 시작한 것입니다. 당시만 해도 산업화하는 과정에서 부실기업들이 생기는 예가 많았습니다. 그 부실기업들이 대부분 은행의 보증으로 해외에서 자재를 들여오고 은행에서 대출을 받고 했기 때문에 부실기업이 생기면 이를 은행이 다 안고 있었습니다. 이런 현실 때문에 정부에서는 부실기업체 몇 개를 대우가 인수하도록 요청했고 비싸고 귀한 이자를 지불하면서 들여온 시설들이 놀고 있는데 이를 정상화해서 가동시킨다면 국가에 도움을 주는 게 되지 않겠느냐 하는 뜻에서 우리는 이를 받아들였던 것입니다.

어떻게 보면 그것은 개발연대의 기업인으로서 사명감 때문이었지 무슨 장사를 위해서 일을 벌이자든가 돈을 더 벌자든가 그런 생각으로 인수한 것은 아닙니다. 오히려 우리는 이로 인해 하고 싶은 대로 사업을 못 했다고 볼 수도 있습니다. 당시 우리는 나름대로 사업전략을 추진해 나가고 있었습니다. 상사의 기능을 고도화하고 또 상사를 하려면 금융이 있어야 되기 때문에 금융기능을 확충하는 이런 계획을 그때 추진하려고 했습니다. 이대로 해나갔다면 대우는 우리나라의 금융을 굉장히 발전시키는 역할을 했을 것입니다. 그래서 지금은 굉장한 규모의 다국적 기업으로 성장해 예를 들면, 뉴욕본사, 영국본사, 프랑스본사, 중동본사 이런 식으로 세계 큰 대륙마다 본사를 가지는 엄청난 규모의 다국적 상사로 발전했을 것입니다. 당시에 증권, 보험, 단자 그리고 종합금융 등 전 분야에 들어갔으니까 지금쯤이면 종합적인 금융회사로 발전해 가지 않았겠느냐 하고 생각해 봅니다.

부실기업 인수의 진실

여러분은 대우가 부실기업들만 인수해 가지고 큰 게 아니냐 하는 얘기를 많이 들었을 겁니다. 대우중공업을 인수했을 때 매출액이 168억이었는데 그게 바로 1976년도입니다. 금년에는 아마 1조 원을 매출하게 될 것입니다. 사람들은 이것이 인수해서 그냥 된 것 아니냐고 쉽게 생각해 버립니다. 하지만 우리가 인수할 당시에는 있는 공장이라는 게 엔진공장과 엑스카베이터(굴삭기)를 만들고 있는 조그만 산업기계공장, 이 두 공장이 다였습니다. 그리고 철도차량공장이 조그맣게 있었고… 나머지는 모두 우리가 인수 후에 새로 시작한 것입니다. 현재 매출이 상당히 큰 건설 중장비공장도 우리가 새로 시작한 것이고 요즘 미국에 수출하고 있는 포크리프트(지게차)공장도 새로 지었고 그다음에 철도차량공장도 배 이상 키웠습니다. 그리고 정밀기계공장도 우리가 시작한 것이고 창원의 공작기계공장, 항공기공장도 다 우리가 키운 것입니다. 기존의 엔진사업도 당시에는 독일 만(MAN) 사에서 도입한 엔진만 했는데 지금은 소형 엔진까지 다양하게 발전되어 있습니다. 이런 신규 사업들이 합쳐져서 1조 원 매출규모로 발전한 것입니다. 금액상으로 보더라도 168억 원이 1조 원이 되었으니까 과거 15년 정도에 약 50배 이상 우리의 노력에 의해 성장했다고 봐야 합니다.

그리고 자동차 경우도 인수할 때 매출액이 180억 원에 자동차 2,000대를 생산했습니다. 지금 부평공장이 승용차만 20만 대입니다. 2,000대 공장이 20만 대 공장으로 됐으니까 우리가 얼마만큼 회사를 변화시켰는지 쉽게 짐작이 갈 겁니다. 또 요즘처럼 자동화된 시설과 그 당시의 시설을 비교해도 엄청난 차이를 느낄 수 있습니다. 아마 자동차가 금년에 1조 5,000억에서 1조 8,000억 원 정도 매출을 하는데 그렇게 보면 15년도 안 돼서 100배 성장했다고 봐야 합니다. 흔히 많은 사람들이 대우가 기업인수 덕분에 큰 것처럼 오해하는데 이런 것들을 보면 결코 그렇지 않다는 것이 입증됩니다. 우리가 투자도 많이 하고 또 기술도 많이 개발하고 또 마케팅도 적극적으로 해서 우리 힘으로 키운 것이지 결코 그냥 앉아서 돈 번 것이 아니라는 점을 알아야 합니다.

사실 우리가 이렇게 노력하고 또 이를 통해 남보다 빨리 성장할 수 있었던 데에는 숨은 저력이랄까 하는 하나의 신념이 공유되어 있었습니다. 그때는 저도 그랬습니다만 젊은 사람들이 우리 회사에 모여든 이유가 있었습니다. 기본적으로 나라를 위한다는 생각, 그리고 잘살아야겠다는 생각, 우리 후배들에게 더 나은 세상을 물려주겠다는 생각, 이런 생각이 대부분의 우리 구성원들에게 가득 차 있었습니다. 누구나 이런 생각들을 마음속에 가지고 있었기 때문에 서로 통해서 열심히 일을 했던 것입니다.

내 자신도 당시에는 마치 최고의 애국자인 것처럼 생각하면서 그런 자부심과 사명감을 가지고 살았고, 또 공장에서 일하는 직공들까지도 자기가 만든 제품이 수출된다는 자부심을 가지고 일을 했습니다. 그렇기 때문에 우리는 많이 놀 때가 기껏해야 한 달에 두 번 정도였습니다. 요새는 3교대도 있지만 그 당시에는 전부 2교대였습니다. 그래서 대략 10시간에서 11시간 일을 했고 또 사무실에서 일하는 관리자들도 거의 회사에서 저녁식사를 했습니다. 그당시는 12시 통행금지가 있어서 11시쯤 돼야 퇴근하는 것이 하나의 일과처럼 되어왔습니다. 이런 것들이 누가 시켜서 하는 것이 아니라 스스로 그 분위기에 휩쓸려서 하는 겁니다.

여기 있는 신입사원들 중에는 여직원도 있는데 그때만 해도 요즘처럼 개방된 사회가 아니라 여자가 밖에 나가서 잠을 잔다는 것은 상당히 힘든 일이었습니다. 그런데 당시에는 선적하고 나면 그다음 날 돈을 꼭 찾아야 한다는 생각으로 전부 밤을 새웠습니다. 그때만 해도 이자가 1년에 36퍼센트였습니다. 그러면 한 달에 3퍼센트 아닙니까? 3퍼센트 같으면 하루에 0.1퍼센트이기 때문에 하루라도 돈을 늦게 찾으면 손해가 크다는 것을 스스로 알고 있습니다. 그래서 시키지 않아도 (수출상품을 실은) 배가 떠난 날은 전부 밤새워 서류를 만들어 다음 날 아침에는 반드시 은행에 제출하고 그날 저녁까지 돈을 받아냈습니다.

이것이 관례처럼 되어 있어서 누구하나 이에 대해 불평하지를 않았습니다. 오히려 그렇게 일하는 것에 대해 회사에 기여한다는 자부심을 가졌습니다. 이런 컨센서스가 형성되었기 때문에 이를 바탕으로 대우가 성장할 수 있었던 겁니다. 만약 그렇지 않았다면 매번 밤을 새워 일하는 그런 무서운 힘이 나올 수 없었다고 봅니다. 이런 식으로 열성을 다해 일하다 보니 남이 생각하지 못한 창조적인 생각들이 많이 나오고 시간이 지날수록 자신을 갖게 되었습니다. 그래서 이를 바탕으로 더 큰 것에 도전을 하게 되고 또 도전하면 꼭 성공을 시키는 기업풍토가 생겨난 것입니다.

해외시장 개척으로 외교관계 이끌어

우리는 또 이 나라를 이끌어가는 경제의 최첨병이라는 자부심을 갖고 살았습니다. 예를 들어 내 경우만 해도, 아무도 안 가려 하는 아프리카 오지에 샘플가방 하나만 들고 반트럭 같은 차 뒤에 매달려 터덜거리면서 돌아다닙니다. 그러면서도 마음속으로는 아무도 가지 않은 곳을 내가 제일 먼저 왔다는 자부심을 가졌습니다. 우리 직원들도 아침 일찍 회사에 나와 저녁 늦게 나가면서도 자기가 남들보다 더 열심히 일하고 있다는 점을 자부심으로 생각합니다. 이렇게 모든 사람이 자기 하는 일에 대해 어떤 소명의식을 가졌기 때문에 아무것도 없이 시작했지만 이렇게 발전할 수 있었던 것입니다.

또 그 당시만 해도 대부분의 사람들이 수출하면 손해 본다고 믿고 있었는데 우리가 수출을 시작해서 돈을 벌어들였기 때문에 그런 데서 자부심을 느끼기도 했습니다. 사실 우리나라 수출은 우리가 주도했다고 볼 수 있습니다. 우리나라 사람들에게 수출해서도 돈을 벌 수 있다고 하는 자신감과 가능성을 심어준 것이 바로 대우였습니다.

여러분 알다시피 우리 역사를 보면 한 번도 해외로 진출해 본적이 없습니다. 따라서 우리가 밖으로 나가서 경제활동을 성공적으로 해냈다는 것은 역사적으로도 큰 변화입니다. 밖에 나가 경쟁해서 이기고 여기서 자신을 갖게 되었다는 사실이 중요합니다. 예를 들어 옛날에는 막연한 두려움에서 서양 사람들이 좀 나은 것 같이 느꼈는데 막상 해보니까 서양 사람들과 별반 다른 게 없다 이겁니다. 이렇게 되기까지는 물론 많은 노력이 숨어 있지만 아무튼 우리가 엄청난 변화를 만들어낸 것만큼은 부정할 수 없는 사실입니다. 우리가 이런 모범을 보이게 되니까 모든 사람들이 해보려고 나서기 시작했고 자신을 갖게 되고 또 나가서 성공하기 시작한 것입니다.

그러다 보니까 우수한 사람들이 우리 회사로 몰리기 시작했습니다. 대우에 오면 꿈을 실현할 수 있다는 희망을 가졌고, 또 그들은 대우에 와서 희망대로 성공을 했습니다. 그 당시만 해도 한국은행 조사국이나 경제기획원, 재무부 등에 있는 엘리트 관료보다도 우리가 더 강한 인재집단이라는 평이 나올 정도로 대우는 엘리트집단으로 인정을 받았습니다.

우리는 열심히 일했을 뿐만 아니라 성장하면서 많은 모범을 보이기도 했습니다. 예를 들어 경영에 관한 기술도 우리가 먼저 앞서가면서 개발해 나갔고 또 사회 전체에도 우리가 이노베이션을 일으켜 왔습니다. 지금 생각나는 것만 해도 현재 우리나라의 수출제도는 거의 다 우리가 바꿔놓았습니다. 이런 것을 개혁해야 한다고 상공부에 건의해서 고치고 새로 만들어진 것이 많습니다. 수출금융도 우리가 정부에 건의해 제도로 정착시킨 것이니 사실상 우리가 한 것이라고 볼 수 있습니다. 수풀상품 개발도 마찬가지입니다. 개발상품부라는 걸 크게 만들어가지고 우리나라가 팔 수 있는 것은 전부다 새로 상품화했습니다. 가방에서부터 야구글러브, 완구 등 수없이 많은 품목을 우리 회사 개발상품부가 최초로 만들어 수출했습니다. 이런 품목을 대우에서 담당하다가 독립해 나가 크게 성공한 경우도 많습니다. 바로 이런 것이 우리도 수출할 수 있다는 자신감을 심어주는 것이고 마케팅의 모범을 보여준 예들입니다.

우리가 개척한 나라도 엄청나게 많습니다. 우리가 정부보다 먼저 개척해 들어간 나라만 해도 아마 열대여섯 군데 될 것입니다. 아프리카, 동유럽, 소련 할 것 없이 사회주의 국가들은 거의 다 우리가 먼저 개척해 들어갔습니다. 요즘은 세계가 많이 변했지만 그당시만 해도 자본주의권과 사회주의권이 나뉘어 있어서 최고의 반공국가인 우리는 세계의 반쪽밖에 들어갈 수가 없었습니다. 아프리카 같은 경우는 우리가 갈 수 있는 나라보다 못 가는 나라가 더많았습니다. 그런 곳을 우리가 처음으로 들어가서 정식 수교를 맺도록 발전시켰습니다. 북한과 외교를 맺고 있는 나라를 개척해 들어가 우리와 수교를 맺도록 한 첫 번째 나라가 아프리카의 수단입니다. 그 이후에도 우리가 외교관계를 만들어낸 나라가 일곱 나라정도 됩니다. 사업을 하면서 정부의 외교관계도 도와주는 이중의역할을 우리가 해온 것입니다. 이것은 말로는 쉽지만 생명의 위태로움을 감수하면서 하는 정말 위험하고 어려운 일들입니다. 이렇게 위험을 무릅쓰고 우리가 처음 들어가 성공하면 이어서 수교가 되고 다른 기업들도 들어갈 수 있게 되는 겁니다.

사회의 모범이 되고자 하는 기업

우리가 경영에서 모범을 보인 경우도 많습니다. 모두가 젊은 나이였기 때문에, 또 우리 세대가 우리말로 공부한 첫 세대라 처음부터 모범을 보여야 된다는 생각이 강했습니다. 특히 세금문제는, 지금은 많이 변해서 세금은 당연히 내는 것이라 생각하지만, 과거에는 소득을 줄여서 신고하고 세금을 덜 내거나 안 내려는 풍조가 일반적이었습니다. 그런데 우리는 수출을 하기 때문에 제도상 그렇게 하면 안 되는 걸로 생각해서 처음부터 세금 낼 것은 내고 경영을 했습니다. 당시에는 우리 회사가 중구 세무서 관할 회사들 중에서 조그만 회사에 불과했습니다. 우리가 1967년에 창업한 법인인데 1969년부터 중구 세무서에서는 법인세로 1등이었습니다. 법인세를 제일 많이 내는 회사였고, 그때부터 성실신고 법인으로 지정을 받아 여태까지 계속 성실신고 법인입니다. 우리가 그렇게 하니까 다른 기업들도 따라와서 결과적으로 우리나라 납세 관행에 아주 획기적인 변화를 가져올 수 있었습니다. 누군가 모범이 되면 점차적으로 이런 좋은 변화가 생긴다는 것이 중요합니다.

한번은 정부에서 농촌을 도와줄 방안을 찾고 있다는 것을 알게 됐습니다. 우리는 계속해서 해외시장을 개척해 나갔기 때문에 항상 상품을 개발해서 수출을 합니다. 그래서 농촌의 소득증대를 위해 당시 부업으로 무엇을 할 수 있을까를 연구해서 우리가 처음으로 시도한 것이 새마을공장입니다. 우리가 농촌에다 공장을 세워서 농한기나 저녁에 일이 없을 때 농민들이 가서 일을 하도록 하는 겁니다. 일감은 우리가 대주기 때문에 문제가 없습니다. 경기도 수원에서 조금 더 가면 비봉이라는 곳이 있는데 그곳에 스웨터 공장을 차렸습니다. 이 대우비봉공장이 국내 새마을공장 1호입니다. 이 공장이 모델이 되어 우리나라에 새마을공장이 생겨나기 시작했습니다. 이런 공장을 한 이유는 농촌의 소득증대를 위해서인데 이런 것을 우리가 왜 했느냐 하면 이게 다 나라를 사랑하는 마음이 있었기 때문에 그런 아이디어가 나올 수 있었습니다. 그런 마음이 있으니까 새로운 시도를 할 수 있었지 아마 편하게 지내려고 했으면 굳이 그런 것을 할 생각도 안했을 것입니다. 이런 사명감과 노력을 통해 기업을 키워왔기 때문에 우리 세대들, 그 당시부터 지금까지 20년, 15년 이상 같이 일했던 사람들의 자부심이란 대단한 것이었습니다.

이렇게 기업을 이끌어왔기 때문에 지금까지 우리 회사는 첫째로 국민들에게 결코 나쁜 인상을 심어주지 않았습니다. 그리고 두 번째는 이런 선도적인 활약을 했다는 데서 자부심을 갖게 되고 컨센서스가 생겨나게 되었습니다. 오늘의 대우는 바로 이런 바탕을 가지고 이룩된 것이지 그냥 회사나 인수해서 적당히 성장했다고 보시면 진정한 대우정신을 익히기 어려울 거라 생각됩니다. 나는 생각하기에 오늘의 대우는 많은 여러분의 선배들이 정말로 같은 생각, 우리 경제를 일으키고 국가발전에 기여하겠다는 그런 생각을 가지고 또 이를 위해 자기희생적으로 최선을 다해 열심히 일하고 해서 함께 만들어낸 것이지 절대 노력 없이 어떤 행운에 의해서 된 것이 아닙니다. 우리가 자랑스럽게 대우가족이라고 부르는 이름에는 이처럼 엄청난 노력과 자부심이 깔려 있다는 것을 여러분은 알아야 합니다.

흔히 많은 사람들이 이렇게 얘기합니다. '대우' 하면 "신화를 낳았다" 또는 "굉장히 급속한 성장을 했다" 이런 얘기들을 많이 하는데 저는 이렇게 생각합니다. 남들은 우리의 역사를 25년이라고 하지만 일한 양으로 보면 그것은 50년 이상의 세월이었다고 봅니다. 우리는 남들보다 두 배 이상을 일했기 때문입니다. 더욱이 그런 노력을 같은 마음으로 했기 때문에 오늘날과 같은 과학의 시대에도 신화가 가능했고 이런 초고속 성장을 하는 집단이 존재할 수 있는 것 아니냐 하는 생각을 합니다. 또 그것은 우리가 이해관계를 떠나가지고 그때는 우리 경제가 발전해야 된다는 어떤 집념, 그리고 거기에 대한 열의, 이런 것들이 다 합쳐져서 가능했던 것이기도 합니다. 그리고 어떤 의미에서 보면 남들이 안 하는 수출을 해서 세계 시장을 개척하겠다는 사명감이 있었고 또 앞서 얘기했듯이 시키지 않는 일도 각자 자기가 할 일을 하고 싶은 만큼 마음껏 했다는 것, 이런 것들이 기반이 돼서 오늘의 대우가 이룩되었다는 것을 여러분께 얘기하고 싶습니다.

리더가 되려면 희생한다는 각오로 더 노력해야

여러분도 교육 끝나고 사무실에 가보면 알겠지만 우리 회사는 전통적으로 일을 시키지 않습니다. 자기 스스로가 하도록 만듭니다. 그러다 보니까 입사하고 나서 한 3~4년 지난 사원들에게 "회사에 들어와서 무엇이 제일 큰 고통이었느냐?" 하고 물어보면 시키지도 않고 가르쳐주지도 않으니까 신입사원 입장에서 함부로 움직일수도 없고, 마치 회사에 나와 벌 받는 것 같았다고 말합니다. 아마한두 달은 이런 식으로 고생하는 모양이에요. 그러다가 아, 이러면안 되겠다 싶어서 자기가 찾아서 일을 시작하고 이렇게 해서 적응해 나가기 시작합니다. 대우에서는 이처럼 누가 시켜서 일을 하는것을 원치 않습니다. 자기 스스로가 깨우쳐서 새로운 것을 성취하고자 도전하기 위해 남보다 더 열심히 일하는 것이 맞습니다.

나는 항상 직원들한테 일하는 만큼 자기 자신이 발전한다고 얘기합니다. 열심히 일을 하는 사람은 그만큼 일하는 양이 많으니까더 많이 배우게 되는 것입니다. 사람이 살아가는 데에는 여러 가지방식이 있습니다. 지도자가 되고 싶다, 어떤 꿈을 가지고 이상을실현하고 싶다, 이렇게 뜻을 가지고 살아가는 사람도 있고, 편안하게 살고 싶다, 평범하게 살고 싶다 하는 사람도 있습니다. 각자가사는 방법이 다르다는 것입니다. 사회라는 것은 그런 사람들이 섞여 있어야 조화가 이룩됩니다. 예를 들어서 100이면 100 전부 다사장이 되겠다고 하면 싸움밖에 안 날 겁니다. 각자의 방식에 따라회사도 조화롭게 구성되어 유지해 나가는 것입니다.

그래서 내가 여러분께 말씀드리고 싶은 것은 편안하게, 가정 중심으로 자신에 충실하게 살아가는 것이 좋다고 생각하는 사람은 그렇게 하라는 것입니다. 그 대신 회사에서는 과장이나 부장까지만 하겠다고 생각해야 합니다. 만일 더 올라갈 생각이 있으면 그때는 즐기고 싶은 마음을 자제하고 남보다 희생적으로 더 노력해야 합니다. 자신이 어떤 것을 좀 희생하더라도 열심히 일해서 리더십을 확보했을 때 그 사람은 회사 내에서 빨리 크게 됩니다. 리더가 되려면 절대적으로 모범을 보여야 됩니다. 이것이 굉장히 중요합니다. 모범을 보이는 것은 자기희생 없이는 결코 될 수가 없습니다. 선택은 여러분한테 달려 있습니다.

예를 들어서 '나도 한번 해보겠다'는 생각을 가지고 '나도 회사 사장이 되겠다', '나는 나중에 독립해서 뭐가 되겠다' 하는 꿈을 가진 사람들은 이를 위해 모범을 보이고 다른 욕망을 자제할 줄 알아야 됩니다. 자신이 모범이 되고 또 다른 사람들을 위해 희생하지 않으면 누가 따라 오겠습니까? 절대로 따라오지 않습니다. 나는 지금도 회사에는 내가 제일 먼저 나와야 된다고 생각하고 있습니다. 그것은 내가 해야 할 당연한 의무라고 생각하기 때문입니다. 또 내가 제일 열심히 일해야 되고, 하고 싶은 것이 있어도 남들이 싫어하면 안 하겠다고 항상 다짐을 합니다. 사람이 그렇지 않습니까? 하고 싶은 것을 모두 다 하면서 뭘 이룩할 수 있겠습니까? 친구 사귈 것 다 사귀고, 가정에 충실할 것 다 하면서 어떻게 리더가 되느냐 이겁니다. 그건 있을 수가 없는 일입니다.

내가 보기에 우리나라가 한 3만 달러 정도의 소득이 됐을 때는 사회의 기초 자체가 달라지기 때문에 그때가 되면 다 즐기면서도 뭔가를 이룩할 수 있는 리더들이 나올 수도 있을지 모릅니다. 하지만 지금 그렇게 해서는 절대로 리더가 될 수도 없고 또한 뭔가를 이룩할 수도 없습니다.

내가 경험한 바로, 리더는 고달픕니다. 예를 들어서 요즘 대통령 되고 싶은 사람들 많은데 옳게 대통령을 하려면 대통령이 되는 것은 고난의 길로 들어간다고 생각하고 해야 됩니다. 그것 없이 하다 보니까 문제가 자꾸 생기는 것입니다. 그렇게 해서 통하는 세상도 있긴 하지만 오래 못 갑니다. 따라서 어떤 각오가 없이는 리더가 될 수 없는 것입니다. 자기 취미생활하고 친구 사귀고 가정에 충실하면서 어떻게 회사 일을 남보다 더 많이 생각하고 남보다 더 잘 이끌고 나갈 수 있겠습니까? 자기가 골프 치면서 아랫사람이 골프 치는 걸 욕하는 건 있을 수가 없어요. 어떤 큰 꿈을 실현할 생각이 있는 사람은 아예 지금부터 고난 속으로 들어가겠다는 생각으로 임해야 할 것입니다. 그렇다고 해서 그것이 가정을 희생하라는 것은 절대 아닙니다. 길게 보면 그런 자세가 결국은 자기 자신을 위한 것이 되기도 합니다. 지금 자신을 내던져 남을 위하고 또 모범을 보인다면 그 결실은 결국 자신에게 돌아옵니다.

지금 생각해 보면 그동안 집사람도 고생을 많이 했습니다. 매년 6개월 이상을 해외에서 보내고 또 2~3개월 이상 국내 출장을 다니고 하다 보니까 우선 집에 있는 시간 자체가 적습니다. 솔직하게 얘기해서 나는 지금까지 한 번도 휴가를 가본 적이 없습니다. 봉급 생활 7년, 회사 차리고 나서 25년인데 이 32년 동안 한 번도 바닷물에 발 담근 적이 없습니다. 요새 흔히 가는 스키장도 가본 적이 없고…. 그러다 보니 우리 집사람은 과부처럼 애들만 데리고 살아가는 겁니다. 하지만 이제는 자신이 희생을 감수하고 내조를 해서 이렇게 회사가 좋아졌다는 사실을 굉장한 자부심으로 느끼고 있습니다. 아마 여러분도 지금 희생하고 그래서 리더가 되면 그때는 가족들도 좋아하고 보람을 느끼게 될 것입니다. 이처럼 오늘의 대우는 내가 혼자서 한 게 아니고 우리 임직원 전부, 또 가족까지 다 힘을 합쳐서 이룩된 것입니다.

기업의 발전은 열심히 뛴 부산물

기업이 이윤만 목적으로 하는 듯이 얘기하지만 결코 그렇지 않습니다. 여러분이 학교에서 배운 이론은 고도로 발달된 자본주의 사회에 기초를 둔 이론이지 결코 우리 현실에 입각한 이론이 아닙니다. 그런 의미에서 보면 지금 우리의 현실은 이론에 나오는 그런 상태로 가기 위한 하나의 과정일 뿐입니다. 그때까지는 이론대로 되지 않습니다. 따라서 지금은 사회적인 컨센서스, 국민의 지원, 이런 것 없이는 기업도 제대로 존립할 수 없는 것입니다. 그렇기 때문에 오히려 어려움이 더 큰 것입니다. 그 어려움을 참고 궁극적인 목표에 도달할 수 있도록 희생하는 세대가 우리가 아닌가 하고 나는 생각합니다.

어떤 면에서 보면 기업이 커지고 돈을 벌고 하는 것도 발전해야 된다는 생각으로 열심히 뛰는 과정에서 부산물로 생긴 것이지 그 자체를 목적으로 했다면 아마 그렇게 될 수 없었을 것입니다. 이 점은 여러분이 대우가 성장해 온 과정을 보면 쉽게 이해가 될 것입니다. 다섯 명이 시작해서 얼마 지나지 않아 100명이 되고, 100명이 1,000명이 되고, 1,000명이 1만 명이 되고 1만 명이 다시 10만 명이 되고… 이렇게 늘려가는 것이 돈만 벌려고 해서 되는 것이냐 이겁니다. 또 돈만 많이 벌겠다고 했다면 이 많은 숫자가 모두 열성을 다해 일할 만큼 동기부여가 되었겠느냐 하는 겁니다. 먼저 시작한 사람이 모범적인 사고와 행동을 보이니까 사람들이 뒤따라오고 또 사기도 높아지고 그래서 더 열심히 일하게 되고, 그러면 윗사람은 부담을 느껴 더 열심히 모범을 보이고 하는, 이런 과정이 계속 상승작용을 하면서 자연스럽게 회사가 커지고 발전하게 된 것입니다. 이처럼 이상적인 목표를 세워놓고 그 목표에 도달할 수 있도록 이끌어나가는 것이 우리의 할 일이 아니냐 하는 생각을 나는 가지고 있습니다.

솔직한 얘기로 비록 우리가 여러 가지 여건상 어려움은 많지만 내가 지금까지 해외에 나가서 활동하면서 보니까 우리 민족이 굉장히 뛰어나다는 것을 느끼게 됩니다. 우리가 해외에 나가서 경쟁을 해가지고 남들을 이기게 되니까 자신감도 생겨나기 시작했습니다. 이제는 어느 나라를 가더라도 무서움이 없어요. 자신 있다 이겁니다. 그 자신감이 어디서 나오느냐 하면 바로 우리나라 사람들이 굉장히 우수하다는 것을 체험으로 느끼게 된 데서 나옵니다. 내가 보기에 앞으로 30년 정도 지난 2020년쯤 되면 우리 자신이 굉장히 팽창될 겁니다.

지금까지는 우리가 밖으로 나가 본 역사가 없었기 때문에 우수한지 어떤지를 비교도 안 해보고 그냥 자신 없어 했던 것이 사실입니다. 하지만 지금 현재도 마케팅 같은 경우는 어느 선진국하고 비교해도 지지 않습니다. 다만 기술이 뒤지는데 그것은 지금 우리의 기초가 약하기 때문에 기술을 창조하지 못해서 그렇습니다. 여기에 우리의 핸디캡이 있습니다. 하지만 내가 생각하기에는 기술도 앞으로 30년 후에는 결국 선진국과 같이 가게 될 겁니다. 그렇게 되면 선진국과 비교해서 어느 면에서도 뒤질 게 없습니다. 이런 상태에서 우리는 자신을 갖고 있기 때문에 엄청난 힘이 생길 거라고 봅니다. 어쨌든 간에 우리는 바로 이런 꿈과 함께 올바른 방법으로 나라를 부강하게 만들고 후배들에게 좋은 나라를 물려주겠다는 이런 뜻을 가지고, 또 각자가 애국하는 기분으로 일을 했기 때문에 빠른 속도로 발전을 이룩해 오늘날과 같은 모습을 갖추게 된 것입니다. 나는 대우의 역사에 대해 이렇게 의미 부여를 하고 싶습니다.

우리 회사는 전통적으로 일을 시키지 않습니다. 자기 스스로가 하도록 만듭니다. 그러다 보니까 신입사원들은 회사에 나와 벌 받는 것 같다고 말합니다. 그러다가 아, 이러면 안 되겠다 싶어서 자기가 찾아서 일을 시작하고 적응해 나가기 시작합니다.

대우빌딩에
직원들이 꽉 들어차는 날

과거에 정부가 서울역 앞에 교통회관이라는 큰 건물을 짓다가 공사가 중단됐습니다. 그것을 미관상 안 좋다고 대우에 인수를 해달라고 해서 그것을 인수해 완성시킨 게 지금의 대우센터빌딩입니다. 한번은 기차로 출장을 다녀와 서울역에 내렸는데 눈앞에 이 거대한 빌딩이 버티고 있는 겁니다. 그때서야 저는 '이거 내가 잘못했구나' 하는 생각을 하게 되었습니다. 이 건물 지을 돈으로 공장을 지었으면 여러 가지로 경제에 도움이 되었을 텐데, 많은 사람들이 이 건물을 보면서 얼마나 욕을 할 것이냐 등등 여러 가지 생각을 해보게 되었고 결국 이 건물을 인수한 것이 굉장히 잘못된 것이라는 생각으로 후회하기도 했습니다. 그런데 또 어느 날은 이 건물을 보면서 '언제쯤이나 저 빌딩에 직원들을 가득 채우고 매일 불 켜놓고 일할 수 있을까' 하는 생각을 꿈처럼 해보게 되었습니다.

그런데 지금은 그 빌딩에 직원들 다 들어차고도 부족해 2~3개의 빌딩이 더 있어야 사람이 다 들어갈 수 있을 정도로 회사가 커졌습니다. 이런 걸 볼 때 꿈이라고 하는 것은 실현될 수 있기 때문에 꿈을 꾸고, 최선을 다하는 사람은 반드시 자신의 꿈을 성취하게 되는 법입니다. 많은 사람들이 꿈이란 성취 불가능한 것이라고 생각하고 도전도 해보지 않은 채 포기해 버리는 경우가 많습니다. 꿈은 실현 될 수 있기 때문에 꾸는 것입니다.

-1991년, YPO 서울지회 초청강연

해외에서 보낸 289일

나는 작년 한 해 동안 289일을 해외 현장에서 보냈다. 그중에는 내 생일은 물론 아내 생일도, 아이들의 생일도 있었다. 도시에서 수백 킬로미터 떨어져 있는 사막의 현장을 돌아볼 때면, 뜨거운 태양 아래 땀 흘리며 일하는 이들이 자랑스럽고 대견하게 여겨지면서도 안타까운 마음 또한 어쩔 수가 없었다.

무엇을 위해 저토록 땀 흘리는가. 무엇을 바라고 지금 이 순간 열심히 일하는가. 저들이 가장 소원하고 갖고 싶고 보고 싶은 것이 무엇인가. 두말할 것도 없이 아내가 보고 싶고 자식이 귀엽고 부모 형제의 안부가 궁금할 것이다. 그런데도, 그 절실한 소망이 있는데도, 오늘이 아닌 내일, 그들 혼자가 아닌 가족의 평안과 안락한 삶을 위해 땀으로 인내를 기르는 것이다.

－시기 미상, 《한국일보》 기고, "위기는 위험도 있지만 기회도"

노사문제의 실마리는
역시 대화

대우자동차의 노사분규를 보면서 나는 이런 생각을 했습니다. 일차적으로는 그 성격이 사회적 불만으로 생겨난 노사분쟁이 아니냐 하는 것이고 두 번째는 소속 종사원들에 대해 우리가 마땅히 해야 할 일에 괴리가 있어서 그 불만이 문제가 된 것이 아니냐 하는 것이고 세 번째는 이 두 가지가 연관되어서 일이 커진 것이 아닌가 하는 것입니다.

우선 첫 사안은 내가 가서 보니까 최소한 노동자들이 대우자동차를 나쁘게 보는 것 같지는 않았습니다. 대우자동차 케이스가 우리나라 전체에 미치는 영향을 고려할 때 기업인으로서 어떻게 해서든 원만히 해결해야 한다고 보았기 때문에 우선은 대화로 해결해야겠다고 내가 현장에 간 이틀 후부터 결심하게 되었습니다.

이 일이 잘못되어서 사회불만의 도화선이 되면 이것은 한 회사의 문제가 아니라 사회전반의 문제로 대두되기 때문에 상당히 크게 생각했고 이것을 해결해 가는 과정에서 앞으로를 위해 노사문제를 공부한다는 마음으로 뛰어들었습니다.

거기에는 두 가지 요인이 있다고 봅니다. 하나는 불순세력이 개입된 것, 또 하나는 사회정의감. 사회정의를 위해서 자기희생적으로 들어간 정의파 대학생으로 지도부가 구성되어 있었습니다. 거기에 대학생이 4명이 있었는데 각자가 다 입장이 다릅니다. 그것을 빨리 파악해서 불순세력하고 연관되어 있는 한 사람은 즉각 구속되었고 그 후에는 계속적인 논쟁이었습니다. 즉, 낮에는 회사 사람이기 때문에 공식적인 일에 참여했고 이들과의 협상은 주로 밤을 이용했습니다.

밤 1시에 만나서 지금 처해 있는 한국의 입장, 그리고 사회적인 여러 가지 여건의 문제, 그리고 회사의 입장 등 세 가지 문제를 놓고 얘기했습니다. 내가 한 번도 임금 가지고 흥정해 본 적이 없습니다. 왜냐하면 고등학교 졸업하고 처음 회사에 들어가 하루 3시간 잔업을 하면 월급으로 보너스 포함해서 27만 5,000원을 받습니다. 국민소득 2,000달러의 나라에서 고등학교 졸업해서 초임이 27만 5,000원이라고 하면 과연 임금이 적은 금액이냐 하는 것입니다. 나는 결코 적다고 보지 않습니다.

이렇게 해서 이야기가 시작되어 각 나라별 임금의 예, 소득별 예, 또 우리나라는 천연자원이 없는 나라이기 때문에 가지고 있는 자원은 사람뿐이다, 즉 사람 머리와 육체밖에 없는 것인데 이런 면에서 우리가 어떻게 가야 우리 사회가 올바로 가는 것이냐 하는 데서부터 논의를 시작해 여러 가지 문제를 이야기했습니다.

예를 들면 그들이 이야기하는 GM의 하청공장이 되는 것 아니냐, 또 자기들이 열심히 일해서 돈을 벌었는데 월급은 안 올라가고 대가가 왜 없느냐 등등.

그런데 회사는 자동차에 투자한 돈이 약 600억 원이 넘는데 투자 이래 아직 10원도 배당을 받지 못했습니다. 또 중화학 투자 조정이 우여곡절을 겪으면서 2년 반 만에 적자가 700억 원이 났습니다. 100~200억 원 정도 적자 날 일이 이렇게 커졌는데 정부가 중화학 투자 조정하라고 해서 한 것인데 그러면 상당한 보상과 정부 책임도 물어야 하는데 사실상 국가적인 일이고 하기 때문에 아무 보상도 받지 못했습니다. 이런 상황에서 대우자동차로 이름 바꾸고 신차 개발하고 어셈블리 공장에 투자하고 부품에 투자하고 해서 1983년 100억 원, 1984년에 150억 원 이익을 내게 되었습니다. 누적적자 700억 원인 상황을 겨우 헤어나기 시작한 것입니다. 이런 사정을 놔두고 적자일 때 보너스까지 받았는데 흑자 후 왜 돈을 안 주느냐 하는데, 이것은 그들이 모르고 하는 주장이라 납득이 갈 수 있도록 설명해 주면 그들도 고등학교까지 졸업한 사람들이기 때문에 말귀를 알아듣습니다.

이렇게 매일 문제점을 가지고 와서 논의해서 자기들이 지면 알았다고 하고 들어가고 또 문제점을 들고 나옵니다. 또 그것 가지고 계속 논의하는 과정이 반복되었습니다. 이런 식으로 해서 8일간을 하루 1~2시간밖에 잠을 못 잤습니다. 하지만 꾸준히 이런 식으로 대화를 하다 보니 끝내 논리적으로 안 맞는 것은 해소가 되어서 실마리가 풀리고 문제가 해결됐습니다.

−1985년 5월 23일, STORM '85 교육 부서장과정 회장과의 대화

돈이나 경찰로는
해결되지 않는 문제

그들(노조측)은 프로급이고 회사 측은 아마추어다. 이번 일로 많은 것을 배우고 있다. 그쪽이 상당히 고도의 상태로 있기 때문에 어려움이 있다. 그러나 만나면 만날수록 진실을 털어놔 조금씩 달라지는 것 아니겠느냐? 대화를 하면서 추진해 나가고 있다. 한 번 만나서 안 되면 두 번 만나고 열 번 만나도 안 되면 백 번 만나면 해결이 안 되겠느냐. 나는 지금 약 2~3개월 갈 생각을 하고 얼마가 적자가 날지는 모르지만 이게 우리나라 전체의 문제이기 때문에 이런 문제를 야기시킨 책임을 통감하고 여유를 가지고 백 번 만나면 해결할 수 있지 않겠느냐고 생각한다. 그래서 매일 하루 두 번씩 만나는 것이다.

돈은 언제든지 벌 수 있다. 이것은 돈만으로는 해결이 안 된다. 돈 가지고 해결할 문제였으면 벌써 경찰을 불러서 해결을 했지 누가 방법을 몰라서 이러고 있겠느냐. 나는 이번 기회에 이것이 하나의 이슈가 되어 모든 사람들이 반성도 하고 각성도 해서 이것이 사회적인 이슈가 되어야 한다고 본다. 그래야 되지 이 상태로 경영했다고 해서 앞으로 경영이 잘 되겠는가. 근본적으로 해결해야 된다.

위장취업에 의한 노동쟁의는 우리나라 경제면에서 큰 문제이다. 그렇다고 못하게 했다고 해서 그만두는 것은 옳지 않다. 그 사람들이 안 해도 될 정도가 되어야 한다. 상식선에서 정의화되어야 한다고 본다. 이것이 정의감이나 그런 형태가 있고 또 불순이 있다. 이것들 전부를 불순이라고 규정짓고 싶지는 않다. 그중에는 정의적인 면도 있다. 이렇듯 두 가지 형태가 존재한다. 불순적인 것은 정말 있을 수 없는 것이고 용납을 해서는 안 된다.

경찰이 내가 하지 말라고 해서 안 하는 것도 아니다. 그들이 투입되는 계기를 만들지 않았으면 좋겠다. 경찰이 투입되어 해결되면 나도 쉽다. 회사도 손해가 덜 난다. 그렇지만 근본적인 문제는 그것이 아니다. 내가 생각할 때는 백 번이고 천 번이고 이야기해서 공감대를 찾을 수 있다면 나는 우리나라 전체 사회에 공헌했다고 생각한다. 지금 사실상 보면 전체가 파업할 정도의 수준에 와 있느냐 하면 그것은 아니다. 그러면 파업할 수준에 와 있으면 휴업할 수도 있지 않느냐. 상대적으로 악순환이다. 나는 이것을 통해 많이 배우고 있다. 사실 절실한 환경에서 정말 머리를 싸매고 해결해야지 쉽게만 해결하려고 하면 되겠는가?

−1985년 4월 22일, 《중앙일보》 노사분규 관련 인터뷰(요약정리)

솔·선·수·범

관리혁명을 추진하면서 느낀 것 중의 하나는 어떤 혁신운동이든지 '나'부터 변하겠다는 의지가 있어야 한다는 점입니다. 관리혁명 초기에 혁명을 이루어야 한다고 했더니 그것을 자기 문제로 보지 않고 남의 문제만 제기하는 경향이 나타났습니다. 이것을 극복하기 위해 제가 강조드리고 싶은 것은 누구보다 위에 있는 사람이 모범을 보여야 한다는 것입니다.

최근에 대우자동차 협력업체 사장들과 만나서 많은 얘기를 나누고 있습니다. 어떤 사장은 '나는 사장이니까 일은 아래 사람이 처리한다'는 식의 생각을 갖고 있습니다. 그러다 보니까 회사의 문제점이 무엇이고 개선하기 위해서는 어떤 방법이 필요한지에 대해 아무런 대책도 세우지 못합니다. 경영자는 적극적인 사고로 끊임없이 혁신을 추구하면서 열심히 일하는 모습을 보여주어야 합니다. 최고경영자가 열심히 일하면 직원들은 시키지 않아도 열심히

할 것입니다. 이렇게 해서 기업 전체가 건전한 모습으로 발전해 나
가면 외부에서도 이를 인정하고 도와주게 됩니다.

-1992년 5월 22일, 충남대학교 산업대학원 초청강연,

"경영자의 솔선수범과 경영혁명"

안 하고 있을 뿐,
안 되는 일은 없다

잘못을 할 수 있는 사람이 잘할 수도 있는 사람이라고 저는 봅니다. 잘못도 하지 않고, 잘하지도 않는 사람이 제일 관리하기 어렵습니다. 과거에는 일을 저질러 회사에 피해를 주더라도 많이 용서해 주었습니다. 내가 볼 때 일은 스스로 알아서 해야지 제도로 통제하는 것은 좋지 않다고 봅니다. 물론 회사가 커지고 조직이 커지면 시스템과 제도가 중요해지지만, 아직까지는 일에 대한 재미, 흥미가 더 중요한 시점입니다. 스스로 하려고 마음먹느냐의 문제인 것입니다.

사람은 엄청난 능력을 가지고 있지만 그것을 제대로 쓰지 않습니다. 열심히 노력하면 보통 사람도 큰 능력을 발휘할 수 있습니다. 열심히 하면 안 되는 일이 무엇이 있겠습니까? 노사문제도 여러분이 진심으로 노력하면, 해결 안 될 문제가 무엇이 있겠어요.

내가 옥포에 있을 때 이야기 하나 하겠습니다. 결혼한 직원이

나를 집으로 식사 초대를 했습니다. 그래서 아침에 집을 찾아가 식사를 같이 한 적이 있습니다. 그게 소문이 나더니 직원들이 서로 초청을 하겠다고 합니다. 그래서 1년 반 동안 300이 넘는 직원 가정에 초대를 받아서 식사를 같이 했습니다. 노사관계가 격렬하다는 대우조선에서도 이런 일이 있었습니다. 여러분도 마찬가지라고 봅니다. 여러분이 나서서 설득하고 노력하면 무슨 문제가 생기겠느냐 이겁니다. 몇몇 문제 있는 사람도 있겠지만, 대다수의 직원은 순진하고 착하기 그지없습니다. 방법은 1,000가지, 1만 가지가 있습니다. 우리가 안 하고 있을 뿐이지, 안 되는 일은 없습니다.

-1998년 2월 15일, 쌍용자동차 Family Training 부·과장 교육, 회장과의 대화

책 보내고 나무 심는 이유

사원과 가족을 위한 복지·문화 사업에도 최선을 다할 각오입니다. 그동안 책 보내기 운동을 통해서 지금까지 3만 4,000권의 책이 모였습니다. 우리나라 기업체 중 책을 가장 많이 보유한 회사가되게끔 도서관을 건립하여 정서생활을 도모하는 분위기를 조성하겠습니다. 또 철을 다루다 보면 거칠어지기 쉬운데, 회사에 나무를많이 심어 정서를 안정시키려고 조선소 건립 초기부터 지금까지심은 나무가 200만 그루나 됩니다.

−1990년 2월 6일, 대우조선 직원 부인과의 대화

연말연시는 해외 직원들과

우리나라도 연말연시가 되면, 12월 20일부터 시작해서 1월 6일쯤 까지는 일이 안 됩니다. 연말에는 크리스마스, 망년회 등등 한 열흘 그냥 지나가고, 연초에는 휴일에다가 또 아침에 출근하면 서로 새 해인사 다니고 하면 한 이틀 그냥 지나갑니다. 그래서 저는 1980년 대 초부터 연말에는 꼭 출장을 나갑니다. 주로 오지로 나가는데 건 설현장이라든가 공장이라든가 지점 같은 데 가서 크리스마스와 연 말을 거기 직원들과 같이 보냅니다. 혼자 나와 있는 직원이나 근로 자들이 집에 편지를 보내면서 회장도 여기 와서 같이 설을 쇠고 있 다고 하면, 한국에 있는 가족들의 불만이 상당히 감소됩니다.

−1994년 2월 5일, 내무부 공무원 연수교육 초청특강

일은 원래 재미있는 것

저는 평생을 열심히 살아왔고, 또 후회도 없습니다. 생각보다도 빨리 기업이 커졌고, 또 내가 잘하려고 애썼다기보다 열심히 하다 보니까 잘한다고 인정해 주고, 인정해 주는 사람 기대에 어긋나지 않게 더 열심히 하게 되고, 더 열심히 하다 보니까 또 잘한다고 그러고…. 이런 식으로 사업에 미쳐서 지금 이 자리까지 오게 된 겁니다. 옛날에 청상과부가 3년을 수절했더니 열녀비를 세워주는 바람에 나중에는 시집을 가고 싶어도 못 갔다는 말처럼, 제 능력이 탁월해서라기보다 남들에게 떠밀려 이렇게 된 게 아닌가 생각합니다.

사람은 누구나 자기 일에 미치면 그 분야에서는 반드시 일등이 될 수 있습니다. 해보지도 않고 안 될 것으로 생각하고 포기를 해서 그렇지, 누구나 다 될 수 있다고 생각합니다. 저는 지금까지 제가 하는 일에 최선을 다했고, 요즘도 그렇습니다. 몇 시간밖에 안

자면 피곤해서 되겠느냐 하지만, 최근에 저는 자동차공장에서 밤 12시 30분까지 근무를 합니다. 11시까지 일하고, 11시에는 꼭 현장에 들어가서 1시간 반 정도 둘러보고, 12시 30분에 직원들이 밤참 먹으러 가면 그때 저도 집으로 갑니다.

그러고 나서 아침 일찍 나와도 피곤한 줄 모르는 건, 그 일을 하면서 스스로 재미를 느끼고, 안 되던 것이 되면 희열을 느끼고, 이렇게 일 자체를 즐기기 때문입니다. 제가 만약 단 2, 3일이라도 하기 싫은 일을 하면서 하루에 4~5시간밖에 못 잔다면 아마도 쓰러질 것이 분명합니다.

-1994년 2월 5일, 내무부 공무원 연수교육 초청특강

자율경영을 시작하며

어제 20여 년간 그룹의 최고 의사결정기구 역할을 해온 '운영위원회'가 공식적으로 폐지되었습니다. 이제 회장단 간담회만이 그룹 내 유일한 의사협의기구가 되었습니다. 그런 만큼 이 모임은 '책임'과 '기대'를 함께 모으고 있다는 점을 명심하여, 자율경영에 장애가 되지 않는 범위 내에서 효율적인 모임이 될 수 있도록 노력해 주기 바랍니다. 경영대개혁을 통해 이미 밝혔듯이, 회장단 간담회는 비공식적, 비정기적인 모임입니다. 따라서 특별한 형식과 내용에 구애됨 없이 서로 허심탄회하게 의견을 나눌 수 있는 자유스러운 분위기로 운영되길 바랍니다.

자율경영은 책임경영이며 권한을 주는 만큼, 자신이 판단하고 결정한 사항에 대해서는 당당히 책임을 지는 태도로 임해야 합니다. 책임경영을 위해서는 내부적인 권한 위양이 필수적으로 뒤따라야 합니다. 사장은 물론 임원들에게 순차적으로 과감하게 권한을 위임해야 합니다. 전 임직원이 책임경영의 의미를 이해하고 자율경영을 함께 완성해 나가야 합니다.

여러분은 우리나라는 물론 대우에서 전문 경영인의 첫 세대에 해당됩니다. 앞으로 대우를 이끌 후배 전문 경영인들에게 모범이 될 수 있는 훌륭한 전문가의 상을 서로 협조하여 만들어주기 바랍니다.

이 모임은 여기 참석하신 분이라면 어느 때든 소집할 수 있습니다. 조언과 의논이 필요할 때는 언제든지 연락해 주기 바랍니다. 몇몇 사람의 힘으로 문제를 해결하던 시대는 지났습니다. 중지를 모아 나의 회사라는 마음으로 애정을 가지고 최선을 다하다 보면, 대우는 지금보다 몇 배는 더 성장할 수 있는 잠재력을 가지고 있다고 생각합니다.

-1995년 2월 28일, 제1차 회장단 간담회 인사말

"회장님, 제발 좀 오지 마세요"

저는 대략 밤 11시부터 12시 30분까지 반드시 공장을 한 바퀴 돕니다. 처음에는 엔지니어가 아니라서 잘 모르니까, 기계가 서는지 안 서는지 그것만 보았습니다. 그러다가 서 있는 기계가 있으면 그다음 날 공장에 가서 담당이나 부장을 불러서 물어봅니다. 그리고 불합격된 부품이 있어서 그런 것이면 납품업자를 불러 주의를 주었습니다. 그래서 부품업자들도 불량 부품이 나오지 않도록 열심히 노력하게 되었고, 이렇게 하다 보니 생산력도 올라가서, 부평 공장이 현재 20만 대 공장에서 50만 대 공장이 되었습니다.

얼마 전에는 노조에서 제발 공장에 들어오지 말라고 합니다. 그래서 제가 그랬습니다. 일본 수준만 되면 들어오라고 간청해도 안 들어갈 테니 빨리 그 수준이 되라구요. 그러고는 계속 우기고 들어갑니다. 물론 저녁 늦게까지 있는 게 중요한 것은 아닙니다. 문제가 생기지 않게 단속하는 것이 중요합니다.

저는 오랫동안 세일즈만 해왔지만, 이제는 생산현장에서 문제점을 보면 대략 지적은 할 수 있습니다. 그리고 공장에 들어가 공장 환경 등도 이것저것 살펴 개선해 나가고 있습니다. 공장 환경이 깨끗하고 좋아야 좋은 제품이 나오지, 환경이 나쁘면 제대로 된 제품이 나오지 않습니다.

-1995년 7월 4일, 외교안보연구원 초청특강, "세계경영으로 본 경제외교의 과제"

폴란드 노조의 자발적 오버타임

질문 폴란드를 비롯해 동유럽 지역 투자를 가속화하면서 노사
문제에 대한 우려가 제기되고 있는데, 어떻게 생각하십니까?

가장 강하다는 폴란드 노조원들을 국내에 초청, 3개월 연수를
했는데, 이들이 귀국해서 자발적으로 사회주의 시절 동유럽에서는
생각지도 못한 오버타임을 하고 있으며, 5년간 무파업 조건에도
동의했습니다.

−1995년 9월 16일, 《한국일보》 인터뷰

"좋은 일은 자기들이 하고
자꾸 어려운 일만 가져와"

회사를 하다 보면 좋은 일들은 중역이나 사장들이 합니다. 좋은 일은 내게 안 가져오고 하다 하다 안 되면 내게 옵니다. 나는 해결사예요. 어렵다고 미리 알려주면 쉽게 해결할 것도, 꼬이고 꼬여 안 되게 되었을 때 가져오기 때문에 해결하는 데 힘이 더 들죠. 책임을 지다 지다 못해 어쩔 수 없을 때는 내가 할 수밖에 없죠.

내가 모든 일을 하는 것처럼, 내가 없으면 힘든 것처럼 사람들이 생각하는데, 와서 보면 알 거예요. 나는 어려운 회사를 도와주는 그런 일만 합니다.

－1998년 2월 18일, 쌍용자동차 Family Training 대리·사원 교육, 회장과의 대화

4
세계경영,
무국적 기업을 향하여

세계경영 3년의 현황과 전망

- 1996년 1월 28일, 대우그룹 임원회의에서

그동안 세계경영을 착실히 추진한 결과 피부로 느낄 만큼 굉장한 변화가 있었습니다. 작년에 그룹 매출이 대략 34퍼센트 늘어났고, 이 가운데 세계경영을 통한 해외매출이 대폭 증가했다는 점은 주목할 만한 사실입니다. 또 현재 해외 사업장을 보면, 현지법인이 244개, 지사가 97개, 연구소가 10개, 건설현장이 45개로, 약 400개의 해외거점이 활발하게 움직이고 있습니다. 여기에 따른 인원도 현지 고용인이 10만 명을 넘어서 이제는 해외나 국내나 고용인원이 50 대 50 정도로 비슷하게 가고 있습니다.

전략국가를 살펴보면 아시아에서는 중국, 베트남, 인도, 이 세 나라에서 중점적으로 비즈니스를 전개해 왔고, 아프리카에서는 수단, 유럽에서는 영국, 프랑스를 위시로 폴란드, 루마니아, 체코, 이 밖에 우즈베키스탄과 CIS(독립국가연합)에서 부단히 움직이고 있습니다. 지금 현재 우리가 진행하고 있는 프로젝트가 모두 완성되면 총 투자액이 120억 달러에 이를 것으로 전망됩니다. 우리가 100억 달러짜리 사업을 한다고 하면 순수 자본금은 30억 달러 내지 40억 달러 정도가 됩니다. 만약 합작을 하게 되면 대략 50 대 50으로 하기 때문에 우리는 15억 달러에서 20억 달러를 부담합니다. 우리가 투자하는 돈은 이 정도면 됩니다. 그리고 나머지는 설립한 후에 회사가 돈을 빌려서 사업을 하는 것이 관례입니다.

2000년까지 600개의 제조업체 생길 것

이렇게 해서 지금 우리가 구상하고 있는 프로젝트가 실현될 2000년쯤이 되면 해외 매출이 720억 달러 정도에 이를 것입니다. 국내 매출이 얼마나 될지는 제가 자세히 계산해 보지 못했는데, 이 둘을 합한다면 2000년에 1,000억 달러가 훨씬 넘을 것입니다. 제 생각에 현재 추진하고 있는 프로젝트들이 1998년까지는 대략 기초가 완성되어야 하는데, 이렇게 된다면 해외에서 2000년 이전에 약 600개 이상의 제조업체가 생길 것입니다. 해외에 600개의 제조업체를 가진다는 것을 우리나라에서는 상상도 못 했을 것입니다. 이러한 것들이 1998년까지 매듭이 지어져야 된다고 보고, 그렇게 됐을 때 2000년대에 가면 전부 가동이 되어 도처에서 매출이 활성화될 것입니다.

때문에 앞으로는 전략국가에 전략적 품목으로 승부해야 합니다. 전략적인 품목이라 하면 내가 보기엔 우리가 브랜드화해서 가고 있는 자동차, 전자, 그리고 중공업의 지게차, 굴삭기 이러한 제품들입니다. 예를 들어 전자가 하고 있는 프로젝트가 완성되면 대략 매출이 40억 달러에서 50억 달러 일어나리라고 보며, 지게차가 세계 10대 메이커로 발돋움해 2000년대에 가면 5만 대를 생산할 계획이고, 또 굴삭기가 2만여 대 목표로 사업영역을 확장해 가고 있는 것 같습니다. 앞으로는 자동차와 병행하여 전자제품과 지게차, 굴삭기 판매를 자동차 딜러 및 쇼룸에서 같이 할 생각입니다. 금년부터 모델케이스로 시작할 계획입니다. 이처럼 우리는 시장을 선점했기 때문에 굉장히 좋은 조건으로 진출하게 되는 셈인데, 이러한 요소를 잘 활용해야겠습니다. 이렇게 된다면 진출 국가에도 이익을 주고, 동시에 우리도 이윤을 창출하는 모범적인 회사가 되지 않겠느냐 생각됩니다.

하지만 우리가 아직 개척하지 못한 시장도 있고, 상품도 있고, 우리가 해야 될 일이 너무나 많이 있어 아직은 더 노력해야 합니다.

㈜대우는 앞으로 해외법인을 통한 현지생산과 판매, 그리고 여러 가지 기술개발, 자금공급 등 할 일이 많겠지만 우선적으로 해야 할 일은 에너지자원에 대한 개발과 수입에 좀 더 적극성을 보이는 것입니다. 석유, 가스, 석탄, 비철금속, 철강, 기타 원료 등의 개발 및 수입 방법을 법인 및 지사에서 심도 있게 검토해 주기 바랍니다. 이렇게 함으로써 안정적으로 원자재를 공급하는 역할을 종합상사에서 담당해 주기 바랍니다. 물론 그동안 제가 관심을 기울이고 추진한 알루미늄 사업이 비교적 전문화되어 가고 있고, 펄프가 조금 있으면 전문화될 것으로 예상하고 있습니다. 또한 구리 개

발을 위해 그동안 여러 차례 조사한 바 있고 곧 실행에 착수할 것입니다. 우선 종합상사가 해야 할 의무를 충실히 이행하고, 이러한 사업방향에 맞춰 많이 고민해 주기 바랍니다.

세계경영 3년의 성과

금년부터 가동되는 프로젝트가 많이 있습니다. 따라서 매출도 자동으로 늘어날 것입니다. 지금 해놓은 일들이 대략 1998년도에 가동되기 시작한다고 볼 때 우리는 지금 세계경영의 열매를 거두는 시점에 점점 다가서고 있다고 할 수 있습니다. 국내 경쟁 회사는 지금부터 일부 나가기 시작합니다. 우리가 평균적으로 3년, 5년 정도 빨리 가고 있는 것입니다. 일례로 중국에서 우리는 제2의 창업기를 맞이하고 있습니다. 종합상사 비슷하게 지주회사 설립을 마친 바 있고, 지난해 수출도 100억 달러를 돌파했습니다. 또 금년에도 계속해서 우리가 추진하는 사업들이 잘 되면 앞으로 엄청난 결과를 가져올 것입니다.

자동차 경우에는 작년도에 적자에서 흑자로 돌아섰고, 금년에도 정상 경영이 이루어질 것으로 보고 있습니다. 우리가 GM과 결별 직전인 1993년도에 18만 대를 생산했는데 금년에는 부평에서 51만 대, 창원에서 티코 18만 대, 그리고 CKD(반조립제품)가 17만 대 이렇게 해서 대략 86만 대의 자동차를 생산합니다. 정부에서 생산을 늘리라고 해서 내주 중에 확정이 되겠지만, 잘 하면 국내에서 CKD 포함, 90만 대 정도 생산되지 않겠느냐 생각됩니다. 90만 대

생산은 엄청난 변화를 의미합니다. 3년 만에 5배 이상 증가한 규모니까 대단한 변화라 할 수 있습니다.

해외 공장도 폴란드, 루마니아, 체코, 인도, 우즈베키스탄, 베트남, 필리핀, 인도네시아 등에서 활발하게 생산활동을 시작하고 있습니다. 또 예정된 나라들을 보면 중국에서는 버스공장을 가동하고 있는데 곧 부품공장이 허가가 나서 내가 보기엔 1998년 말이 되면 한 20만 대 규모의 공장을 지어서 생산하지 않을까 보고 있습니다. 그리고 이란이 3만 대 공장을 지어서 금년 4월에 가동할 예정입니다. 종합적으로 따져보니 해외에서 승용차가 112만 대, 상용차가 9만 대 정도로, 1998년이 되면 대략 120만 대가 생산되지 않을까 생각됩니다. 이것은 우리가 목표했던 국내 100만 대, 해외 100만 대가 현실로 다가오는 것을 의미합니다. 금년 9월, 10월에 군산공장의 30만 대 라인이 돌아가면 대략 우리가 국내에서 100만 대 생산할 수 있는 능력이 생기고 1998년도가 되면 대략 30만 대 CKD가 나가지 않겠느냐, 여기에 해외 120만 대를 합하면 250만 대 정도 자동차를 생산하는 회사로 바뀌지 않을까 합니다.

이것은 불과 3년 동안 이룩한 성과입니다. 특히, 신차가 금년 하반기 9월부터 시작해서 9월, 11월 내년 2월에 걸쳐 다 나오고 1998년까지 계속해서 신차가 나옵니다. 그래서 우리의 생산능력에 부합하는 자동차 개발도 잘 되어가고 있다는 것을 여러분에게 말씀드립니다.

전자도 굉장히 빠른 속도로 확장해 가고 있습니다. 이번에 추가로 유럽에 TV 브라운관에 들어가는 유리공장을 일본 아사히와 같이 프랑스에 짓고 있고, 또 영국이 될지 프랑스가 될지 지금 고민하고 있는데 반도체도 우리가 참여를 하게 됩니다. 그렇게 되면 전자도 굉장히 빠른 속도로 매출이 늘어나리라고 봅니다. 그리고 통신도 늦었습니다만, 정보통신사업단을 창설한 바 있고, 이동통신과 고부가가치 통신 부문의 참여를 위해 열심히 노력하고 있습니다. 그렇지만 좁은 국내시장에서 경쟁을 하려면 엄청난 프리미엄을 내야 하기 때문에, 해외부터 하는 것이 좋지 않겠느냐 생각했습니다. 그래서 그동안 우리와 관계가 깊은 나라들, 특히 인도, 중국을 중심으로 진출하고 있습니다. 중국 흑룡강성에서 독점계약을 체결했는데, 일반 전화와 이동통신이 진출할 것입니다. 흑룡강성만 하더라도 우리나라만 한 크기입니다. 또한 지난 번 우즈베키스탄 방문 때 우리가 합작으로 진출하기로 합의했고, 수단은 지난 연말에 60퍼센트 지분을 갖는 이동통신, 즉 모바일폰 사업을 우리가 진출하기로 했고, 아마 계약을 마쳤을 것입니다. 내가 가서 얘기한 나라가 알제리, 알바니아, 모로코, CIS 등 여러 나라가 있는데 내가 생각하기에는 금년 중에 10개 나라 정도, 여러분에게 어느 나라라고 구체적으로 얘기를 하지는 못하지만 모바일폰이 들어가지 않나 보고 있습니다. 그러니까 앞으로 이것이 구체화되면 큰 변화가 오지 않겠느냐고 생각합니다.

그동안 우리가 옥포(조선소) 때문에 동양투자금융을 팔면서 수모를 겪었는데 이번에 우리가 한미은행 대주주로 참여했습니다.

이번에 BOA(Bank of America)와 얘기해서 일부 주식을 사게 되면 한미은행도 우리가 하게 될 것입니다. 또 한국종합금융도 옛날에 팔았던 것을 이번에 다시 인수했습니다. 종합금융이 창업투자를 지원하기 때문에 같이 참여할 계획이며 할부금융도 우리가 승인받아서 시작한 바 있고, 신용카드회사인 다이너스클럽도 우리가 하고 있습니다. 과거 가지고 있던 보험, 증권을 합해서 종합금융회사로서의 면모를 갖추는 데 아무런 지장이 없도록 지금 잘해 가고 있습니다. 우리가 앞으로 세계화하는 데 있어서 금융은 여러 가지로 중요한 부분을 차지할 것으로 생각됩니다. 그래서 금융분야에 적극 뛰어들고 있고, 여러 나라와 얘기를 하고 있습니다.

경험 쌓은 중역들이 해외로 나가 봉사하자

2000년대까지 전 세계에 600개의 제조업체와 판매법인, 지사, 연구소 등을 합치면 네트워크가 1,000개 정도는 넘지 않겠느냐 생각합니다. 이렇게 되면 매출도 1,000억 달러를 넘길 것이며 회사로서는 또 한 번 큰 도약을 이룰 것이라 생각합니다. 앞으로 해외 조직은 무국적으로 책임경영을 할 것이기 때문에 본사에 의존하지 않고 직접 자금도 조달하고, 개발도 하는 등 현지에서 모든 것을 하는 형태로 바뀌게 됩니다.

이렇게 하려면 어차피 경험 있는 사람이 필요합니다. 그렇기 때문에 중역을 거치면서 다양한 경험을 쌓은 사람이 해외로 나가야 된다고 봅니다. 이것은 대우그룹 전체 연령을 10년에서 15년 정도

낮추는 계기가 되기도 합니다. 그동안은 우리가 열심히 일해서 대우라는 그룹을 만들었는데 제2의 봉사 기회도 될 수 있고, 대우의 다음 세대를 위해 밖에 나가 한 번 더 봉사하는 기회를 갖는 게 낫지 않겠느냐 이렇게 생각합니다.

앞으로 현지에 있는 제조업이라든가 현지 법인은 가급적이면 독자경영을 해서 각자가 갈 수 있도록 만전을 기해 나갈 것입니다. 또 이제 대우그룹은 우리나라를 위한 기업이 아니라 진출한 나라의 경제발전에 도움을 주고 공헌도 하고 또 거기서 회사를 키워 주식도 공개함으로써 그 나라 기업이 되도록 하는 역할도 함께 추구해야 한다고 생각됩니다. 가서 돈 벌어 다 빼오는 그런 시대는 지났다고 봅니다.

지난 연말에 수단을 방문했습니다. 우리가 수단에 1976년도에 진출했으니까 20년이 됐죠. 20년 동안 사업했는데 지금 가보니 방적이 13만 추가 풀(full)로 돌아가고 타이어공장과 태너리(tannery: 가죽공장)가 풀로 돌아가고 은행이 돌아가고 호텔이 3월에 오픈한다 하고 건설도 하고 있고 저로서는 굉장히 만족스러웠습니다. 우리도 다른 나라에 가서 그렇게 해줄 수 있다는 것이 중요한 것입니다. 또 그 사업 자체가 안정돼 정권 변동과 상관없이 제일 큰 회사로서 의연하게 잘 갈 수 있다는 사실이 중요한 것이죠. 또 국민 전체가 우리를 환영하고 존경해 준다는 것, 내가 갔을 때 종업원들이 다 나와서 반겨주고 하는 것들을 보면서 우리가 큰일을 하고 있구나 생각했습니다. 사업이 더 확장되면 지금 7,000명을 고용하고 있는데 앞으로 간단히 1만 명은 넘어갈 수 있을 것이라 보고 있습니다. 그 먼 아프리카에서도 우리가 가서 잘했는데 다른 나라에서도 그 나라 사람들이나 그 나라 정부나 모든 사람에게 우리가 잘하고 있다는 인상을 줄 수 있도록 노력해야 되지 않겠느냐 생각합니다.

앞으로 세계경영을 꽃피우기 위해선 우리가 얼마만큼 좋은 인원을 가져가고 또 그 좋은 인원이 얼마만큼 열심히 하느냐 여기에 달렸다고 봅니다. 그런 면에서 여러분이 마음을 같이해서 잘해 주기 바랍니다. 앞으로 잘하는 후배들에게 회사를 맡기고, 밖에서 우리가 열심히 일해서 회사를 도와준다면 대우는 영원한 기업으로 남지 않을까 생각됩니다.

우리는 회사 창업 이래 오늘까지 정말로 모범 되게 앞장서 왔습니다. 또 국가에 공헌도 많이 했다고 생각합니다. 앞으로 2000년대까지는 이러한 체제로 갈 것입니다. 그 이후의 문제는 다른 사람들이 맡아 해야겠지만 지금은 국가, 사회, 회사 모두를 위해 한 번 더 힘을 합쳐 나가야 할 것입니다. 저 또한 이에 맞춰 정말 열심히 하고 있다고 자부합니다.

기업이라는 게 오늘을 보고 살면 편안하게 살 수 있지만 우리는 항상 내일을 보고 살아야 됩니다. 항상 앞을 향해 나가다 보니 때론 고통도 당하고 질시도 당하곤 합니다. 그렇지만 선구자는 인내하는 과정에서 열매도 맺고, 꽃도 피고 그렇습니다.

지금부터 우리가 어떻게 하느냐가 중요합니다. 유종의 미를 거둘 수 있도록 서로 협조해서 잘해 주기를 부탁드립니다.

자동차 사업의 도약

-1996년 3월 31일, 세계경영 국제 대토론회

이번 '세계경영 국제 대토론회'는 지난 1994년 임원세미나 이후 2년 만에 개최되는 실질적인 경영자 육성 프로그램으로, 전 세계 세계경영 현황을 이야기해 주는 데 주목적이 있습니다. 4개국의 고위 인사를 모시고 그 나라의 경제·사회·문화 환경과 투자전망 등에 관해서 여러분과 많은 얘기가 있었던 것으로 알고 있습니다. 이들 지역에 우리가 투자를 많이 하고 있기 때문에 여러분도 알고 있는 것이 좋지 않을까 생각됩니다. 해당 지역에서 거래하고 사업 하는 사람들은 대략 그 나라에 대해서 알고 있겠지만, 그동안 직접 적인 외교관계가 없었기 때문에 거래하지 않는 회사들은 동유럽에 대해 잘 모를뿐더러 사실상 그 나라의 상황이 우리나라에 잘못 소 개된 점도 많았습니다. 이번 기회를 통해 여러분도 동유럽에 관심 을 갖길 바라며 사업에 도움이 되었으면 합니다.

GM 결별 이후 자동차 부문의 성과

여러분도 잘 알다시피 자동차는 GM과 결별 이후 3년 동안 엄청난 변화가 있었습니다. 물론 3년밖에 안 됐지만 전체적으로 보면 3년 동안 우리는 30년 동안 해야 할 일을 하지 않았나 생각됩니다. 그래서 여러분에게 오늘 자동차를 중심으로 얘기를 하겠습니다.

그동안 자동차에 전념하다 보니 자동적으로 여러분이 하는 일에 대해 많은 도움을 주지 못한 점은 대단히 죄송하게 생각합니다. 내가 생각하기에 기업은 성공해서 지속적으로 발전해 나가야만 경영자로서의 기본 의무를 충실히 이행하는 것이라고 생각합니다. 당시 사정으로 봐서 자동차에 큰 변화를 일으켜 붐을 조성하든가 아니면 하지 않든가 둘 중에서 결정해야 하는 입장이었기 때문에 부득이 그렇게 된 것을 여러분이 이해해 주었으면 합니다.

자동차의 경우 우리가 (GM과 결별하고) 독자적으로 시작할 때 18만 대 생산 규모였습니다. 금년에는 일부 CKD를 포함하지만 90만 대 정도를 국내에서 생산하게 될 것입니다. 그리고 해외에서 36만 대 정도 생산해서 130만 대 가까이 생산하는 회사로 면모가 일신되었습니다. 세계경영 3년이 지난 오늘에 이같이 변모했다는 것은 정말 자동차에 있는 사람에게는 엄청난 노력의 산물이고 변화라 할 수 있을 것입니다. 대부분의 사람들이 아침 일찍부터 밤 10시, 12시까지 일을 했고, 심지어는 토요일, 일요일도 없이 노력을 했습니다. 개발인력이나 생산인력이 부족한 상황에서 품질도 좋아야 하고, 제품도 개발해야 하고, 생산에서 판매에 이르기까지 모든 게 잘 돌아가야 하는데 여러분이 잘해 주셔서 오늘에 이르렀다고 판단됩니다.

인간의 능력과 힘은 하고자 하는 의지만 있으면 얼마든지 더 큰 일을 할 수 있습니다. 금년 9월 말이면 국내에서 105만 대를 생산할 수 있는 시설을 완벽하게 갖추게 됩니다. 특히 군산공장이 5월 말에 완공될 예정입니다. 자동차 개발 또한 순조롭게 진행되고 있습니다. 우리가 개발한 신차를 지금 시험 중인데, 많은 사람들이 걱정했지만 품질과 성능이 기존 차보다 훨씬 우수하게 나오고 있습니다. 개발도 성공적으로 돼가고 있고 또 자동차가 출시되면 알겠지만 아주 잘 만든 차로 평가되지 않을까 생각됩니다. 그리고 해외부문에서도 비록 금년에는 36만 대 정도밖에 생산하지 못하지만 생산설비가 완료되는 내년까지 대략 100만 대 규모를 갖출 것으로 예상하고 있습니다.

자동차를 해보니까 자본집약적인 사업일 뿐만 아니라 여기에 기술도 필요하고 생산능력도 뒷받침되어야 하고, 판매능력도 필요하고… 종합적인 능력이 없으면 자동차 사업은 하기 어렵습니다. 그리고 기존 선진국 시장은 자동차 대당 1,000달러 가까이 되는 고정비를 생각할 때 경쟁력이 현격하게 떨어집니다. 그래서 나는 고정비를 줄이려면 신흥 시장으로 가야 한다고 봤습니다. 그중에서 우리가 진출할 수 있는 나라로 중국, 인도, 러시아, 이 세 시장을 제일 큰 시장으로 설정했습니다. 그다음으로는 동유럽 및 남미로 보았습니다. 그리고 동남아는 일본 기업이 많이 진출해 있기 때문에 이 지역에서는 작게 시작했습니다.

지난 3월 우즈베키스탄에서 신차 생산 기념회를 가졌는데, 티코도 곧 나올 것이고 6월이면 20만 대 규모의 씨에로 생산라인이 본격 가동될 것입니다. 그리고 인도도 지금 6만 대 생산을 하고 있고 15만 대 공장을 건설 중입니다. 루마니아도 10만 대 공장이 준공되어 라인이 돌아가고 있고, 2000년대까지 20만 대 규모로 확장할 계획입니다. 그리고 여러분도 알다시피 폴란드의 10대 뉴스 중 네번째로 꼽히는 뉴스인데 FSO 공장을 인수했습니다. 지금까지 13만 대 규모로 생산했는데 20만 대는 생산이 될 것으로 생각합니다. 그리고 베트남이 2만 대, 필리핀 1만 대, 인도네시아 3만 대, 체코에서는 상용차 공장 아비아를 인수해서 가동하고 있습니다. 이처럼 우리가 계획한 전략지역은 준비가 모두 끝났고, 중국도 토요일에 승인을 받은 바 있습니다. 러시아는 우즈베키스탄을 통해서 진출하면 될 것으로 생각합니다.

많은 사람들은 우리의 기존 인력으로 국내뿐만 아니라 그 많은 해외 사업장을 어떻게 관리하고 유지해 나가는가에 대해 의구심이 많습니다. 또한 이러한 것들이 가능하리라고 생각하는 사람은 정말 아무도 없었을 것입니다. 해외 자동차공장은 대부분 큰 공장들이기 때문에 적어도 한 개의 해외 사업장당 20~30명씩 진출해야 하는데 국내 사업장에서 이들을 모두 내보내고, 국내는 국내 나름대로 생산규모를 50만 대까지 올리고, 군산공장 건립에 또 사람을 내보내고, 그러면서 계속해서 품질을 높이는 활동에 박차를 가하는, 이러한 일이 동시에 가능하리라고 생각하는 사람은 아무도 없었을 겁니다. 그렇지만 우리가 남들보다 일을 더 많이 하고 열심히 했기 때문에 가능했던 것으로 생각됩니다. 이 자리에 있는 자동차 임원들은 이런 경험을 통해 자신감을 가졌으리라 봅니다. 우리가 더욱 배전의 노력을 기울여 신차 개발도 성공적으로 해나가야 된다고 생각합니다. 신차는 금년 말부터 출시가 시작될 예정입니다. 1998년까지 계획대로 후속 모델이 나오면 국내 판매에도 큰 도움을 줄 것입니다.

그리고 자동차 판매도 그렇습니다. 우선 국내 판매를 늘렸고 또 과감하게 수출 드라이브 정책을 펴나가면 남미라든가 아시아 지역, 동유럽 지역, 유럽 지역까지 전부 성공적으로 판매가 되지 않겠는가, 지금 현재 자동차는 풀로 가동이 되고 있고, 판매에 비해 생산이 모자랄 정도로 모든 것이 잘되어 가고 있습니다. 또 유럽도 첫해지만 성공적으로 평가되고 있습니다. 최근 출장길에 유럽 각 나라의 판매 대수를 체크해 보았는데, 금년 들어 독일을 제외하고는 모두 예상보다 많이 판매한 것으로 나타났습니다. 금년에 우리가 목표로 하는 숫자는 충분히 달성하고도 남을 것 같습니다.

동유럽의 잠재력과 기회요인

앞으로 20년 동안은 자유무역주의가 아닌 보호무역주의가 더욱 심화될 것으로 보입니다. 우리가 흔히 EU 확대를 이야기하는데, 물론 계속 확대해 나가리라 생각되지만 굳이 확대하지 않더라도 규제는 점점 더 강화될 것으로 생각됩니다. 많은 사람들이 WTO 체제가 출범하면 자유무역주의가 보장될 것처럼 생각하는데 이는 잘못된 판단이라는 것을 말해주고 싶습니다.

경쟁력 있는 제품을 만들더라도 판매하는 데 문제가 생기면 모든 게 제로로 돌아갑니다. 다른 제품들도 마찬가지겠지만 특히 자동차는 세계 흐름을 정확히 읽고 대처방안을 신속하게 강구해 나가야 합니다. 때문에 지금 국내에 너무 많은 생산시설을 갖는 것이 결코 좋지만은 않을 것입니다. 이러한 점을 여러분이 잘 고려해 주기 바랍니다.

반면에 폴란드에서는 보유하고 있는 건물과 부지에 시설만 조금 보완하고 일부 확장을 한다면, 약 50만 대 규모는 될 수 있습니다. 이 정도면 부평공장과 비슷한 규모입니다. 프레스공장은 오히려 부평공장보다 더 큽니다. 그리고 13개 부품공장이 사방에 흩어져 있기 때문에 부평에서 보유하고 있는 부품 양과 종류보다도 훨씬 다양합니다. 이런 사정을 종합해 볼 때 폴란드 현지에서 50만 대 정도 생산하는 것이 충분히 가능하겠다고 보는 것입니다.

현재 폴란드에서 운행 중인 자동차가 600만 대 정도 있습니다. 이 600만 대 중에 250만 대가 이번에 인수한 FSO에서 만든 차입니다. 간단하게 생각해서 '10년에 한 번은 차를 바꾼다'고 해도 대체수요가 연간 60만 대 정도에 이릅니다. 여기에 신규 수요까지 합하면 훨씬 규모가 커집니다. 우리나라는 운행 자동차 수가 700만 대 정도인데 연간 수요를 120만 대 정도로 보고 있습니다. 이렇게 비교해 보면 아마 이해가 될 것입니다. 폴란드는 지금 운행 중인 자동차 600만 대 중에서 500만 대가 거의 10년이 다 된 차입니다. 그렇기 때문에 앞으로 경기가 활성화되면 자동차 수요는 폭발적으로 증가할 것입니다.

참고로 《파이낸셜 타임즈》에 따르면 금년 한 해 동안 동유럽 전체 투자액의 35퍼센트에 해당하는 총 250억 달러 정도를 폴란드에 투자한다고 합니다. 그리고 폴란드의 소득구조가 패밀리 인컴 체제이기 때문에 우리와 조금 다릅니다. 예를 들어 한 가정으로 보면 우선 부부가 모두 일하고 자식도 스무 살만 되면 다 일을 합니다. 그리고 월 소득은 1인당 500달러 정도 됩니다. 한 가정에서 셋만 일한다고 쳐도 1,500달러의 패밀리 인컴이 발생하기 때문에 이러한 점을 전제로 하면 머지않아 폭발적인 수요가 생기지 않겠느냐 하는 것이 제가 그동안에 몇 번 방문하며 느낀 점입니다. 루마니아도 현재 자동차가 250만 대 정도 있습니다. 또 인구를 보더라도 동유럽에서 폴란드 다음으로 인구가 많은 지역이며 2,300만 명 정도 됩니다. 나머지 동유럽 국가들은 1,000만 명 단위의 조그만 나라들입니다. 이처럼 우리가 그동안 동유럽에 많은 관심을 기울이고 분석을 다 해놓았기 때문에 충분히 성공할 수 있을 것으로 보고 있습니다.

인도도 마찬가지입니다. 일단 관세가 싸기 때문에 경제단위를 고려하여 재빠르게 움직이고 있습니다. 어느 경쟁업체가 진입해 들어오더라도 이길 수 있습니다.

요즘 모든 나라가 경제적 이해만 맞으면 이념이나 국경은 뒤로 한 채 협정을 맺고 문호도 개방합니다. 예를 들어 요즘 동유럽경제 공동체(CEFTA) 국가들의 전자제품은 블록 내에서 면세로 수출입되고 있습니다. 즉 폴란드 제품이 관세 없이 체코나 슬로바키아 일대로 수출되고 있는 것입니다. 루마니아는 아직 CEFTA에 들어가지 못했지만 체코는 자유무역협정을 체결한 바 있습니다. 비단 동유럽뿐만 아니라 전 세계가 이런 블록체제로 재편돼 가고 있습니다.

이러한 추세를 볼 때 앞으로 유럽 지역도 블록체제가 강화될 것으로 보입니다. 최근 유럽 지역에서 매년 증가 추세를 보이던 일본 쿼터가 지역협상을 통해 처음으로 줄어들었습니다. 내년쯤이면 이러한 쿼터 문제가 일본뿐만 아니라 모든 나라를 대상으로 확대될 것입니다. 자동차 쿼터는 많아야 50만 대를 넘지 못할 것입니다.

그렇지만 우리는 그동안 진출한 폴란드와 루마니아에서 생산하면 쿼터 규제 없이 수출할 수 있습니다. 내가 폴란드에서 계산해 보니까 여러 가지 상황을 종합해 볼 때 대당 1,100달러에서 1,200달러 정도의 경쟁력이 있습니다. 왜냐하면 대당 500~600달러 되는 운임과 8~10퍼센트 정도의 관세(600달러)를 감안할 때 대당 1,200달러 정도 차이가 난다는 것입니다. 그렇기 때문에 폴란드와 루마니아에서 생산한 자동차를 우리의 마케팅 네트워크를 통해 유럽에 내놓는다면 연간 50만 대 정도는 충분히 팔 수 있을 것으로 생각합니다.

왜 해외로 나가야 하나

이런 것이 우리가 해외로 사업을 확장해 나가는 이유입니다. 이제부터는 국내에서만 만들어서 파는 형태의 장사는 규모가 커지면 어렵다고 봐야 합니다. 어차피 수출을 하지 않으면 안 되는 구조가 우리나라의 현실이고 숙명인데 수출이 자유롭지 못하게 된다면 어떻게 되겠습니까? 그러니까 나라를 위해서라도 밖으로 나가야 하는 것입니다. 밖으로 나가서 하면 적어도 국내에서는 100퍼센트 다 수출하지는 못하더라도 적게는 30퍼센트, 많게는 50퍼센트 정도의 부품이라도 가져갈 수 있습니다.

두 번째로 제조업을 하면서 느낀 점인데 기술경쟁을 하려면 해외에서 경쟁하며 부단히 기술력을 키워야 합니다. 국내에서 기술력을 배양해 세계와 경쟁하려고 하면 너무 많은 시간이 걸립니다. 그래서 이제는 기술도 그 나라에 가서 개발할 수밖에 없다고 잘라 말한 것입니다. 그렇게 해도 그 기술은 우리 기술이니까 언제든지 우리나라로 가져올 수 있고 반대로 우리나라에서 가져갈 수도 있습니다. 국내외에서 기술을 함께 개발해서 공용하면 기술경쟁력도 훨씬 빨리 배양될 것입니다. 또 서로 자극이 되고 재미가 생겨 더 빨리 기술개발이 이루어집니다.

그리고 세 번째는 우리가 30년을 맞는 기업인 만큼 사업을 함께 시작한 중역들의 나이도 모두 노년기에 접어들고 있습니다. 때문에 앞으로 국내 사업은 어차피 젊은 후배들에게 인계해 주어야 합니다. 그렇다고 해서 요즘은 나이가 들어도 일을 하는데 일없이 국내에서 지내는 것보다는 오히려 해외에 나가서 그동안 쌓아온 경험을 활용하는 편이 훨씬 도움이 될 것입니다. 시니어들이 다시 한 번 밖에 나가서 책임경영을 하는 것도 바람직한 현상이라 생각합니다.

이렇게 되면 우리는 경쟁사보다 세대교체를 10년 이상 앞당길 수 있습니다. 제가 그만두기 전에 세대교체를 하고 그만두어야겠다는 생각이 들어 저 또한 밖으로 나가고 있는 것입니다. 그리고 또 우리의 특기가 부실기업을 인수해서 키우는 것인데 많은 나라가 예전 우리 상황과 똑 같습니다. 선진국들은 예전에 했기 때문에 감각을 상실했고, 후진국들은 몰라서 못하는데 우리는 얼마 되지 않아서 상대적으로 유리합니다. 비근한 예로 FSO 같은 공장을 신규로 건설하려면 부지 100만 평에 건물이 60만 평 정도 되는 데 아마 몇 십억 달러가 들 것입니다. 다른 사람이 가면 몰라도, 우리가 가서 보면 3년 동안 고생하며 배워서 그런지 웰딩(용접)라인과 페인트샵(도장공장)만 임프루브시키면 큰돈 들어 갈 것 없이 생산이 가능하다는 판단이 섭니다. 차도 우리가 이미 개발을 다 해놨기 때문에 라인만 구축하면 새 차를 만들 수 있습니다.

그래서 앞으로 두고 보시면 알겠지만 돈을 많이 투자할 생각은 없습니다. 조금 투자하고, 나중에 벌어서 운용하면 된다고 생각합니다. 내가 지금 현재 벌이고 있는 동유럽의 자동차 사업은 3억 달러면 충분합니다. 남들은 다해서 30억 달러 정도 되지 않느냐고 이야기하는데 물론 30억 달러를 투자할 것입니다. 그중에서 약 6억 달러는 순수 투자로 하고, 20억 달러는 7년 동안 벌어서 투자하면 30억 달러가 되는 것입니다. 여러분도 알다시피 루마니아 같은 경우에는 (지분구조가) 51 대 49인데 우리가 1억 5,000만 달러만 투자하면 루마니아 측에서도 1억 5,000만 달러를 투자하게 되어 있습니다. 대략 유럽은 자기자본이 30퍼센트 정도 되니까 양자가 3억 달러를 만들면 6억 달러는 빌릴 수 있습니다. 우리도 이러한 방식으로 해나가면 됩니다. 그것도 모자라면 벌어서 투자하면 됩니다. 물론 폴란드는 70 대 30이지만, 우즈베키스탄도 50 대 50이고, 또 인도의 경우에는 우리가 65퍼센트 보유하고 있지만 공개법인이고 자본이라는 게 자기 포션만 투자하면 되는 것입니다. 지금까지 투자한 부문은 전부 장기 전환사채를 발행해서, 그것도 당시 조건이 참 좋아서 10년 상환 조건으로 투자했기 때문에, 이름만 그렇다뿐이지 코스트에 큰 부담을 주지 않고 지금 진행하고 있습니다.

우리가 진출한 나라는 대부분 선진국 기업이 과거에 진출하지 않은 나라들입니다. 우리가 먼저 진출했다는 점도 있고, GM 등 선진국 자동차 회사의 회장이 직접 나와서 총체적으로 계획을 세우고 경영을 하면 모르겠지만, 부장급 정도가 사장 직함을 달고 나와서 우리와 경쟁하기 때문에 총체적인 눈은 내가 그들보다 높다고 자부합니다. 이들과 경쟁해서 충분히 이길 자신이 있습니다. 이러한 측면에서도 우리가 굉장히 유리하게 가고 있는 것입니다.

선진업체와 경쟁할 때 코스트는 비슷하지만 기술은 아무래도 우리가 아직 모자랍니다. 그렇지만 현지에서 요구하는 자동차의 수준이라는 게 미국이나 유럽처럼 까다롭게 요구하는 것이 아니기 때문에 그 정도의 기술은 우리도 경쟁력이 있다고 생각합니다. 생산 측면에서도 현지에 맞는 생산 노하우는 우리가 더 있으면 더 있었지 절대로 뒤지지 않습니다. 지금 선진국 회사는 자기들이 과거에 만들던 이전 세대의 자동차를 가져와서 다시 생산하는데, 그렇다고 자동화를 많이 하면 자본 코스트가 비싸서 경쟁이 되지 않기 때문에 그런 면에서 우리가 유리합니다. 또한 가져가는 부품도 우리가 훨씬 싸기 때문에 일본이나 유럽이나 미국과 충분히 경쟁해서 이길 수 있습니다. 유럽처럼 기술과 생산시설이 이미 있는 나라에 진출하여 경쟁하면 힘들겠지만, 우리가 그들보다 앞서 진출하거나 아니면 같이 진출한 상태에서 공정한 경쟁을 한다면 충분히 이길 수 있습니다.

2000년대의 전망

앞으로 2000년대까지 큰 변화가 있을 것으로 보고 있습니다. 알다시피 지금 오스트리아 슈타이어 사와 영국의 로터스 사를 인수 추진 중인데 이들 회사는 세계적인 명성을 가진 회사들입니다. 이 달 말까지 결말이 날것으로 예상했는데 아직 결말을 보지 못하고 있습니다. 내가 보기에는 조만간 매듭이 잘 지어질 것으로 보고 있습니다. 인수 협의가 잘 되면 자동차 기술부문도 외국 어느 회사 못지않게 갈 수 있을 것으로 생각합니다. 영국 로터스 사는 섀시 (chassis)와 엔진 및 구동 전문 회사입니다. 이론적으로 엔진 및 구동 측면을 개발하던 회사로, 엔진도 큰 것을 보유하고 있고, 두 가지 엔진을 만든 실적도 있어 인수하게 되면 앞으로 기술부문에 큰 도움이 되지 않겠느냐 보고 있습니다.

그래서 런던이나 오스트리아에 신차 개발 및 R&D센터가 세워지게 되면, 이 센터를 유럽 현지 독립법인화해서 앞으로 유럽의 자동차부문 투자액을 이 회사 소유로 하는 등 이 회사를 엄청나게 키울 작정입니다. 영국 정부, 그리고 오스트리아 정부와 협의 중인데 10년간 법인세를 면제해 달라고 한 바 있고, 10년만 면세해 주면 10억 달러를 투자하여 2000년까지 50억 달러 회사로 만들 수 있지 않겠느냐 보고 있습니다. 자본금 50억 달러 규모의 영국 회사로 가면 충분히 세계적인 자동차 회사로 갈 수 있을 것으로 생각합니다. 앞으로 결정되면 여러분께 자세한 얘기를 해드리겠습니다.

기초는 구축이 돼 있으니까 이제 생산, 판매, A/S, R&D 등만 잘 연계한다면 자동차는 정상적으로 돌아가게 됩니다. 그래서 이를 바탕으로 전자도 한번 테스트 케이스로 해볼 생각을 하고 있습니다. 요즘 여러분이 신문지상으로 접했겠지만 전자부문도 전략지역을 중심으로 적극적으로 나아가고 있습니다. 유럽 등지에서 큰 변화를 일으킬 수 있도록 획기적인 변화를 기할 생각입니다. 최근 자동차가 루마니아, 폴란드 등지에서 명성을 날리게 되니까 현지에서는 '대우' 하면 다 압니다. 전자제품 판매에도 굉장한 도움을 줄 뿐만 아니라 앞으로는 이를 바탕으로 가전제품을 자동차와 공동으로 판매하는 기법을 도입해서 만약 성공을 한다면 크게 확대시킬 생각입니다.

앞으로 10년 이내에 동유럽은 유럽과 같이 갈 것입니다. 틀림없이 변화가 그렇게 갈 것입니다. 현재의 유럽을 동유럽의 미래라고 보고 동유럽 현지 사업을 운영하면 됩니다. 일이라고 하는 것은 하지 않겠다고 앉아 있으면 되는 일이 하나도 없습니다. 자신감을 가지고 하겠다고 하면 다 되는 것처럼 보입니다. 하겠다는 의지로 일을 해나가야지 자리에만 앉아서 '뭐가 되겠느냐'며 하늘만 쳐다보면 뒤처질 수밖에 없습니다. 안 될 게 뭐가 있습니까? 내가 보기에는 아직도 다 된다고 보고 있습니다.

오히려 내가 걱정하는 것은 맞을지 안 맞을지 모르겠지만, 금년 하반기부터 2000년대까지 우리나라 경제가 굉장히 어려울 것으로 보입니다. 앞으로 2000년까지 국내 상황이 상당히 어렵다고 본다면 바깥에서 벌어서 국내의 손해 부문을 커버하지 않으면 굉장히 어려울 것입니다. 이러한 어려움이 어떤 면에서 보면 기업의 경쟁력이나 자생력을 키우는 계기가 됩니다. 자동차만 하더라도 삼성이 들어왔습니다. 삼성이 들어와서 1998년에 신차가 나오면 자동차 가격이라는 게 누가 얼마나 덜 손해 보는가 하는 가격에서 죽기 살기로 경쟁할 것입니다. 처음에는 잘 모르고 시작하겠지만 이런 상황이 3~4년간 지속되면 얼마나 손해가 났는지 서로 알게 되고, 그리고 다시 재편되기까지는 또 상당한 시간이 걸릴 것입니다. 이 기간 동안 밖에서 벌어서 국내부문을 못 메꿔놓으면 잘못하다 큰일 날 수도 있습니다. 자동차라는 게 대당 가격이 굉장히 비싸기 때문에 엄청난 영향을 줍니다. 반대로 일단 이러한 일을 겪고 살아남으면 그다음부터는 엄청난 경쟁력이 생길 것입니다.

지금 대우가 여러분이 생각하는 것보다 굉장히 앞서가고 있습니다. 우리의 잠재력이 생각보다 큽니다. 발전을 어떻게 이룩하느냐 하는 것도 다 자기 마음가짐에서 비롯되는 것입니다. 우리는 항상 꿈을 가지고 살아야 합니다. 20만 대 하는 친구가 200만 대 한다고 하니까 GM 등 선진 자동차 회사들이 우습게 봤을 겁니다. 내가 5월부터 정식으로 사인하고 전부 다 되면 하나씩 인터뷰하면서 얘기해 나갈 것입니다. 내년에는 다보스에도 가고 거기에서 자동차 회의가 있는데 얘기할 것입니다. 아마 우리 위치가 확실히 달라질 겁니다. 경쟁 회사들은 지금 우리가 벌이고 있는 일련의 활동을 엄청나게 뼈아프게 받아들이고 있습니다. 자기 앞마당에 들어와서 황금알을 빼가는 것으로 받아들이고 있습니다. 이러한 상황을 자동차에 근무하는 사람 아니고는 정말 못 느낄 것입니다.

우리 조상들은 한 번도 남의 나라에 가서 점령해 보지 못했지만 우리는 하고 있습니다. 점령이라는 게 군대가 들어가 점령하는 것만 의미하는 게 아닙니다. 어떤 사람이 나보고 "칭기즈칸 이후 동양 사람이 유럽까지 진출해서 다 해먹는다"라고 하는데 우리가 언제 백인을 지배한 적이 있습니까? 이것을 여러분이 우습게 생각해서는 안 됩니다. 우리가 백인을 10만 명 고용해서 성공한다면 하나의 큰 계기가 되는 겁니다. 예를 들어 동양 사람도 서양 사람 데리고 잘할 수 있다는 자신감을 심어주는 겁니다. 우리나라 전체 기업, 그리고 후세들에게까지도 자신감을 주는 겁니다. 우리 선대는 지금까지 한 번도 그런 일을 해본 적이 없습니다.

지금 현재 해외 인원이 국내 인원을 넘었습니다. 오히려 더 많아졌습니다. 2000년대가 되면 해외 현지 사업이 600개 정도, 또 이게 잘 되면 1,000개 정도에 이르지 않을까 생각합니다. 보통 큰 회사들은 많이 나간 곳을 기준으로 할 때 30명씩 나갔는데 30명씩 1,000개면 3만 명이 나가야 됩니다. 또 3명씩만 나간다고 해도 3,000명씩이나 됩니다. 우리 회사의 중역이 대략 1,000명 된다고 들었는데 부장까지 합하면 몇 명이나 되는지 모르겠지만 3명씩 나가도 3,000명이 나가야 되니까 나이 많은 사람들이 우선 다 나가자 이겁니다. 국내는 젊은 사람들이 새롭게 시작할 수 있고 그렇게 하면 결과적으로 엄청난 경쟁력이 생기고 또 이길 수 있으리라 생각됩니다.

최근 시행하기 시작한 사항인데 외국대학 MBA 하는 게 전혀 사치가 아닙니다. 밖에 나가 보니까 일단 말을 해야 되고, 우리나라 대부분의 사람들은 말은 알아듣는데 표현을 잘 못합니다. MBA 과정은 주로 말로 하는 것이니 그만큼 표현 연습이 많이 되는 것 같습니다. 그래서 내가 자꾸 하라고 그랬고, 반별 인원이 40명인데 이번에 두 반이 더 만들어질 것으로 생각합니다. 어차피 여러분이 해외에 나가기 위해서는 영어를 해야 됩니다. 요새 내가 시니어 MBA를 하라니까 영어 딸린다고 해서 먼저 영어를 6개월인가 1년 하고 그리고 MBA 코스를 6개월인가 1년 한다고 들었는데 하여간에 배워야 합니다. 나이가 들어서도 필요하면 해야지 하지 않으면 무슨 방법이 있습니까? 어차피 밖에 나가야 되는데 가서 통역 붙여서 할 겁니까? 이사, 부장 이상은 관리고 뭐고 할 것 없이 전부 영어를 해야 합니다. 이제는 선택의 여지가 없습니다. 내 생각에는 본인을 위해서나 회사를 위해서나 해야 할 것이고 또 나이 먹어 할 일 없어 노는 것이 편해 보일지 모르지만 한번 생각해 보세요. 그때의 처량함이라는 것은 아마 짐작이 갈 것입니다. 오히려 밖에 나가서 일을 하는 것이 훨씬 나을 것입니다.

우리나라 전체를 보더라도 나는 굉장히 중요한 일을 우리가 하고 있다고 봅니다. 이 좁은 땅덩어리에서 뻔한 것 나누어 먹기 식으로 경쟁해 봐야 사람만 이상해집니다. 그런 면에서 여러분이 생각을 달리해야 합니다. 우리가 그동안 쌓아놓은 경험들을 그 나라에 가서 전수도 해주고, 또 그 나라에 가서 경영을 하게 되면 선견지명이 생길 것입니다. 그리고 여러분이 후배를 잘 키워서 그들이 앞으로 회사를 맡아 잘해 나갈 수 있도록 격려해 주기 바랍니다.

우리가 맨날 21세기 21세기 하는데 이제 5년밖에 남지 않았습니다. 남은 5년 동안 대우가 정말로 도약을 할 수 있도록 옛날처럼 한 번만 더 일에 몰입해 주기 바랍니다. 이번 기회를 통해 모든 것이 잘 정착돼서 회사가 굳건하게 갈 수 있기를 기대하겠습니다.

국내 최초의 플랜트 수출

　작년 1월 여러분을 모시고 기공식을 갖던 이 자리는 광활한 사막, 바로 그것이었습니다. 그러나 17개월이 지난 오늘 이 9만 제곱미터의 대지 위엔 세계 어느 곳에 내놓아도 손색없는 웅장한 공장이 세워졌습니다. 이 공장이 가동되면 지금까지 외국에서 수입해 오던 타이어가 수단 국내 수요를 완전히 충족시켜 줄 것이며, 나아가서는 수출산업으로서의 중추적 역할까지 감당하게 될 것입니다. ITMD 타이어공장의 준공은 수단과 한국이 우호적으로 시작한 경제협력 관계가 결실을 맺었다는 점에서도 또한 의의가 크다고 생각합니다.

−1980년 6월, 수단 타이어공장 준공식 축사

무국적 기업, 대우

현재 대우는 지사, 현지법인, 투자회사 등을 합치면 대략 170개가 해외에 있습니다. 그리고 약 200개국을 상대로 거래를 하고 있는데 이러한 네트워크는 우리나라에서 제일 많고 강합니다. 그래서 이제는 한국에 본사를 가진 대우가 아니라 세계 전 지역에 본사가 나가 있는 셈입니다. 또 옛날에는 다국적 기업이라고 했는데 저는 이제 대우는 무국적 기업이라고 말합니다. 무국적 기업, 그러니까 기업에 국적이 없다, 국적과 무관하다 이거죠. 어느 시장이든지 현지로 들어가서 생산도 하고 제조도 하고 판매도 하고 또 투자도 하는 이런 형태로 이제 바꾸어 나가고 있습니다.

-1993년 10월 28일, 공대생 초청 대화, "미래의 엔지니어들에게"

미래의 화두는 자원

자동차가 본궤도에 오르면 자원개발 쪽으로 눈을 돌릴 생각입니다. 알루미늄, 니켈, 동 같은 비철금속을 주 종목으로 생각하고 있습니다. 최근에 제가 남미 쪽을 자주 찾습니다만, 알루미늄, 니켈, 동을 그쪽에서 할 생각입니다. 기존 공장을 인수해서 확대발전시키는 방법이 있고, 그것이 안 될 때는 공장을 세워서 들어가는 방법 등을 생각하고 있습니다. 그다음은 오일, 가스 쪽입니다. 탐사는 물론 생산까지 하는 체제로 여러 군데 발을 들여놓고 있는데, 아마 곧 결실이 있지 않을까 생각됩니다.

지금은 제조업도 중요하지만, 자원도 중요합니다. 미국달러가 약세가 되면 앞으로 재료값이 자동적으로 올라갑니다. 미국달러가 떨어지니까 떨어진 만큼 가격이 올라가는 것이죠. 지금은 비철금속 분야가 거의 두 배로 올랐습니다. 앞으로는 자원을 확보하지 않고는 견디기 힘듭니다. 외국에 의존해 그들 시세대로 사서 하려면 상당히 어려울 겁니다. 따라서 종합상사들은 자원을 얼마나 싸게 사올 수 있느냐 하는 문제를 본격적으로 연구해야 합니다. 남미는 워낙 자원이 많고 우리가 필요로 하는 것도 많이 가지고 있는데, 알루미늄은 베네수엘라가 좋고, 니켈은 콜롬비아, 동은 페루나 칠레, 펄프는 베네수엘라, 칠레, 브라질 등이 좋습니다. 남미에서 또 한 가지 할 수 있는 것은 플랜테이션, 즉 약 20~30년을 바라보고 나무를 심고 들어가는 것입니다. 이런 일들을 지금부터 기업들이 적절히 해야 됩니다.

－1995년 7월 4일, 외교안보연구원 초청특강, "세계경영으로 본 경제외교의 과제"

후진국 투자의 지혜

후진국에 투자할 때에는 많은 혜택이 수반됩니다. 우즈베키스탄 같은 경우, 투자를 하면 세금 감면을 비롯해서 엄청난 혜택을 줍니다. 우리나라도 예전에는 그랬습니다. 1960년대에 GM이 우리나라에 들어올 때 한 계약을 보면, 창피한 얘기지만, 그들에게 숱한 이익을 주었고 합작조건도 그들에게 아주 유리하게 해주었습니다. 우리나라도 그런 계약을 감수하면서 외국 기업을 환영하던 때가 있었습니다.

그와 마찬가지로 우리도 현재 후진국에 들어가면 좋은 조건으로 계약을 맺습니다 그러나 우리는 가급적 그쪽 의견을 많이 존중합니다. 지금 당장의 유리함보다 장래에 사업을 더 성공적으로 이끌기 위해서입니다. 제가 보기에는 상당히 희망적으로 잘되어 갈 것 같습니다.

−1995년 7월 4일, 외교안보연구원 초청특강, "세계경영으로 본 경제외교의 과제"

~ ~ ~ ~ ~ ~

저는 한국의 기업인으로서 과거 30년 이상 산업 발전과정에 참여하는 동안 당시 선진국의 다국적 기업들이 얼마나 단기적인 관점에서 일방적 이익을 추구했던가를 확실히 보았습니다. 또 그러한 행위가 윤리적 측면에서 옳지 않을 뿐 아니라 장기적으로는 기업의 이익에도 도움이 되지 않음을 잘 알고 있습니다. 대우는 이같은 잘못을 범하지 않을 것입니다.

−1996년 5월 7일, 한·중동구포럼 기조연설

중소기업과의 상부상조

현재 추진 중인 '세계경영'의 문호를 중소기업에게 개방하고 해외 진출을 희망하는 업체에게 적극적인 지원과 협력을 제공하도록 하겠습니다. 지난 연초에 중소기업의 해외 진출을 돕기 위해 이를 전담하는 지원부서를 신설한 바 있습니다. 뿐만 아니라 현재 추진 중인 각종 해외사업에 대해서도 저희는 유관분야의 중소기업과 동반 진출을 적극 추진해 나가고 있습니다. 이러한 방식은 해외 정보가 부족하고 자체 추진능력이 취약한 중소기업에게 도움이 될 것입니다. 대우와 같은 대기업과 중소기업이 함께 해외로 나가면 투자의 실익도 극대화할 수 있을 것입니다.

-1993년 11월 18일, 중소기업중앙회 연수특강

~ ~ ~ ~ ~ ~

폴란드, 베트남, 인도 등 대우가 진출해서 기반을 내린 나라에
서는 복합공단을 개발하고 있습니다. 여기에 한국 및 현지의 부품
업체들이 합작형태로 참여를 하게 됩니다. 복합공단 개발은 해당
국가에게는 검증된 업체들이 참여함으로써 단기간에 산업기반을
확충해 주는 효과가 있고 한국의 중소 부품업체는 곧바로 해외 진
출 기회를 얻는 두 가지 이점이 있습니다.

-1996년 5월 8일, 독한협회 30주년 초청강연

중역들은 밖으로!

어제 신문에서 40대 직장인이 명예퇴직하고 나와서 아침에 일어났는데 갈 데가 없어 방황하고 있다는 기사를 읽었습니다. 그는 아침에 시간 맞춰서 출근하고 또 퇴근하는 것이 얼마나 행복한 일인지 몰랐다고 합니다. 이와 같은 사회 추세로 간다면 나이 든 사람은 머지않아 모두 퇴직해야 됩니다. 이렇게 오갈 데 없게 되느니 우리는 차라리 모두 다 밖으로 나가자 이겁니다.

내가 전부 이끌고 밖으로 나갈 겁니다. 1,000개 네트워크를 보유하게 되면 중역 3명만 간다고 해도 3,000명이 필요합니다. 우리 회사 전체 중역을 합한다고 해도 1,000명이 채 안 됩니다. 그러면 앞으로 부장들이 회사 일을 도맡아 하는 시대가 열릴 것입니다. 50대 부장들도 있으니까, 거기서 한 번 더 세대교체를 해야 합니다. 한 20년은 젊게 만들어야 됩니다. 그러면 새로운 사람들이 업무를 맡아서 더 활기 있게 할 것이라고 봅니다. 하여간 시니어들은 회사를 이끌어갈 몇 사람만 빼놓고는 나와 같이 전부 밖으로 나가야 합니다.

밖에 나가면 대접 받습니다. 자식들은 다 커서 시집장가 가고, 아니면 대학만 가면 교육 다 끝난 건데 밖에 나가면 얼마나 좋습니까? 나가면 골프 치는데 누가 뭐라고 할 사람 아무도 없습니다. 내가 폴란드에 가보니 거기는 8시간만 일하면 됩니다. 아침에 6시에 나와서 2시면 모든 업무가 끝납니다. 2시 이후면 가족과 함께 지내면 되니까 얼마나 좋습니까? 주말, 금요일 저녁만 되면 별장에 가고 휴가 때면 휴가 가고 골치 아픈 게 없다 이겁니다. 월급 받아서 적게 먹고 재미있게 사는 겁니다. 그렇지만 물론 그것도 아주 잘 사는 방법 중에 하나일 듯 생각되지만 모두가 그렇게 살면 그 나라는 망할 것입니다. (웃음) 그래도 그중에 몇 사람은 열심히 일해야 그 정도의 삶을 유지시켜 줄 수 있을 것입니다.

회사 그만두고 오갈 데 없는데 매일 사우나 가서 앉아 있을 수 없지 않아요? 그런 비참한 꼴보다는 밖에 나가서 우리가 열심히 일해 온 회사에 다시 한 번 공헌할 수 있는 기회를 가지는 게 좋지 않습니까? 나가면 65세, 70세까지는 일할 수 있습니다.

−1996년 12월 1일, 해외지사장회의

그 나라 기업 되는 것이
세계경영

전략적으로 볼 때, 세계경영이라는 것은 현지화 사업입니다. 그러니까 하기는 우리가 하지만 그 나라 기업으로 성공을 해야 합니다. 그렇게 해서 돈을 벌면 그것을 한국으로 송금해 오는 것이 아닙니다. 그 나라에 들어가서 대략 2년을 하게 되면 안정이 되고 그다음에는 그 나라에서 기업공개를 하거나 그렇지 않으면 밖에 나가서 공개를 할 것입니다.

예를 들어서 런던이나 뉴욕이나 동경이나 홍콩이나 싱가포르 이런 나라에 와서 공개를 하고 5년 정도 되면 대략 주가가 올라가게 되니까 그 주식을 팔아서 자기가 투자한 자금을 회수하고 사업은 현지에서 계속 해가는 이런 형태로 갈 것입니다. 돈을 벌어서 국내로 송금하는 것이 아니라 주식시장에 상장을 해서 주식을 팔아서 회수한다는 얘기입니다. 주식 값이 다섯 배가 되면 투자한 것의 20퍼센트만 팔아도 자본금은 전부 회수가 됩니다. 제가 생각하기에는 우리가 투자를 1990년 대초부터 시작했기 때문에 2000년 대가 되면 저희가 투자한 기업이 공개가 되고 그 주식을 팔아서 투자한 돈을 회수하게 되는 게 아니냐 보고 있습니다. 그렇게 해서 투자한 돈은 회수를 하고 기업활동은 계속해서 그 나라와 관계를 유지하면서 키워가는 이런 형태로 바꾸어갈 계획입니다.

그래서 아까 말씀드린 대로 저희는 한 600개 제조업체를 지금 나가 있는 나라들에 세우는 것을 목표로 추진해가고 있습니다. 제가 대략 예상하고 있는 것은 금년 중에, 지금 7월로 예정되어 있습니다만, 7월에 시작해서 서울에 본사가 있는 것이 아니고 현지에 본사를 두어야 되겠다, 그래서 독립된 본사가 15~20개 해외에 생깁니다. 각 나라에 본사가 생기면 한국 본사에 종속되지 않고 완전히 독립된 주체로서 전문 경영인들이 나가서 현지에서 힘을 가지고 모든 결정을 100퍼센트 직접 할 수 있도록 할 것입니다.

-1997년 5월 29일, 총무처 중앙공무원연수원 초청강연,
"대우의 세계 일류화 전략"

~ ~ ~ ~ ~

우리는 투자할 때 8년째부터 돈을 회수합니다. 어떻게 회수하느냐? 우선 투자를 하게 되면 1~2년은 적자를 보게 됩니다. 적자를 안 보면 다행이고, 2~3년째 우리가 적자를 커버하고 3~5년째부터는 돈을 버는데, 돈을 벌었다고 해서 그 돈을 안 가져 옵니다.

또 우리가 투자할 때 이미 이익 난 후부터 5년간 면세를 약속을 받았습니다. 그러면 세금 안 내고 돈을 벌어서 재투자를 할 수 있습니다. 그리고 다시 3~5년 지나서 8년 정도 되면 증권시장에 상장을 할 수가 있게 됩니다. 상장을 하면 제가 보기에 대략 10~15퍼센트만 팔면 투자한 돈의 50~70퍼센트를 회수할 수 있습니다. 우리가 주식을 팔더라도 여러분 알다시피 그 나라에서는 주주만 바뀌지 그 나라 돈은 한 푼도 빠져나가는 것이 없습니다.

이런 방법으로 투자한 돈을 회수해야지 무작정 면세를 해달라 또 송금 보장해 달라고 해서는 내가 보기에 투자해도 성공할 수 없습니다. 모르는 사람들이나 그런 얘기를 하지, 우리는 절대 그렇게 안 합니다. 한 푼도 안 가지고 나간다고 해도, 대신 주식을 가지고 있다가 주식 팔아서 가지고 오면 된다 이거죠. 우리는 그렇게 제안을 합니다.

물론 이것도 어렵습니다. 왜냐하면 8년 동안 자기가 투자한 원금에 대한 코스트, 그것을 부담할 수 있는 능력이 있어야 합니다. 그 능력만 있으면 거기다가 투자를 해놓고 그 회사가 성공하면 그 주식을 팔아서 가져오는 이런 형태로 하면 됩니다.

이런 이유 때문에 사실 대우는 호황 때 보면 남들에 비해서 수익률이 조금 낮습니다. 하지만 저희가 1992년부터 본격적인 투자를 했기 때문에 투자했던 기업이 잘되어서 주식을 팔아서 자금을 회수하고 그동안에 받지 못한 배당금을 받아 오는 이런 형태가 2000년부터 일어나지 않겠느냐? 그래서 2010년쯤 되면 우리가 해

외에서 가져오는 돈이 엄청나게 늘어나지 않겠느냐? 이렇게 생각
합니다.

－1997년 6월 25일, 전남대학교 명예박사학위 수여식 특강,

"한국기업과 21세기 세계경영"

3부

나의 생각

"내가 특별히 우수하다든가 재주가 있어서 그런 건(인정받은 건) 아 닐 것이다. 모든 사람이 다 할 수 있는 일이다. 다만 얼마만큼 열심 히 집중적으로 문제점들을 파악해 가면서 노력하느냐가 중요하다 고 본다.

어떤 사람이든 자기 능력이 100이라면 대부분 20 정도밖에 쓰지 않 는 것 같다. 일에 신들려 열심히 하려는 의지가 있다면 자기 능력의 50퍼센트 이상은 나오게 돼 있다. 또 어떤 일이든지 문제가 있으면 반드시 해결책도 있게 마련이다. 물론 가장 좋은 것은 문젯거리가 안 생기도록 미리 방지하는 것인데 이야말로 자기 능력을 가장 많 이 발휘하는 길이다. 그다음은 문제가 생기더라도 아직 커지지 않 았을 때 빨리 파악하는 것이다. 문제점이 있는데도 모르고 지나치 는 것, 즉 사람이 고급화되고 게을러져서 아예 파악도 못하는 것이 제일 좋지 않다."

—1985년 4월 15일, 《세계저널》

1
성공의 비결

사업을 꿈꾸는 이들에게

— 2016년 10월 11일, 2017년도 GYBM 연수생과의 대화

우리가 세상을 사는 데 하루가 지나면 또 새로운 하루가 옵니다. 연수교육을 받다 보면 이런 하루하루가 지겹다는 생각이 들기도 합니다.

그런데 그 하루하루를 어떻게 볼 것이냐? 지겨운 하루가 갔다고 생각하면 내일 그 지겨운 하루를 또 만나게 됩니다. 반대로 새로운 날이 매번 나에게 온다고 생각하면 내일을 기대하게 되고 밤마다 좋은 꿈을 꿀 것입니다.

GYBM 연수교육도 마찬가지라고 봅니다. 국내 연수를 마치면 여러분이 활약할 나라로 가서 현지 교육을 받게 됩니다. 나 역시 올해는 여러분이 현지에 가서 또 어떤 모습을 보여줄지 기대가 되고 설렘을 느낍니다. 아마 여기 연수생 모두가 그럴 것이라 생각합니다. 이런 기대감과 꿈을 가지고 국내 연수를 잘 마무리하고 현지 연수를 맞이하기 바랍니다.

오늘 나는 여러분에게 인생 선배이자 사업 선배로서 내 생각을 들려주고 싶습니다.

행복의 조건, 행복할 수 있는 방법

사람들은 누구나 행복해지고 싶어 합니다. 행복해지기 위해서 무언가를 하게 됩니다. 어떤 사람은 복권을 사는데 그 복권이 당첨이 되었을 때의 행복을 위해 그렇게 하는 것입니다. 그게 당첨되지 않았을 때 느낄 불행은 생각지 않습니다. 이런 것은 바른 태도가 아닙니다. 오늘만이 아니라 내일도 행복해야 맞습니다.

나는 여러분이 행복하기를 바랍니다. 오늘도 행복하고 내일 더 행복하려면 어떻게 해야 하는가? 먼저 무엇이 나를 행복하게 하는 가를 생각해야 합니다. 나는 그것을 꿈이라고 얘기합니다. 꿈이 이루어지도록 노력하는 것이 행복 그 자체여야 합니다. 불행한 과정을 거쳐서 행복에 이르는 수도 있겠지만 행복을 꿈꾸며 하루하루 노력해 그것이 조금씩 이루어지는 것을 느낄 때가 나는 가장 행복한 순간이라 생각합니다.

나는 그 하나하나의 노력을 '성취의 과정'이라고 봅니다. 내 인생의 보람이 무엇이냐라고 묻는다면 나는 바로 '성취'를 위해 매번 최선을 다해 살았던 것이라고 말할 것입니다. 가만히 생각해 보면 여러분 역시 이 연수과정에서 하루하루 새로운 성취를 이어간다는 것을 느낄 것입니다. 이런 습관이 여러분을 큰 기업가로 만드는 초석이 될 것입니다.

나는 대우를 경영하는 동안 항상 소유가 아니라 성취를 위해 살았습니다. 과거에 강연에 초대받으면 꼭 하는 얘기가 있는데, "기업가는 자기 돈이 얼마 있는지 들여다보는 순간이 끝이다"라는 것입니다. 이 말은 곧 소유에 집착하는 순간 더 이상 도전의지가 생겨나지 못한다는 것입니다.

나는 내 지갑에 돈이 얼마나 있는지, 내 재산이 얼마나 되는지 알려고 하지 않았습니다. 옛날에 정부에서 중화학 투자를 조정하는 작업을 하면서 발전설비 분야를 우리가 맡게 되었습니다. 그때 나는 사심 없이 정말 열심히 해보려고 내 재산을 전부 내놨는데 그때가 1980년입니다. 당시 돈으로 환산하면 200억 원 정도 되는 주식, 부동산 등이었습니다. 내 재산이 얼마나 되는지 그때 처음 알았습니다.

또 하나 예를 들자면 대우를 처음 창업할 때 나는 무일푼이었습니다. 공장을 가지고 있는 친구가 영업을 하지 못해서 나에게 동업을 하자고 제안했습니다. 내가 돈이 없으니까 돈을 꿔주겠다고 해서 50 대 50으로 해서 당시 돈으로 1만 달러, 우리 돈으로 하면 500만 원에 대우를 창업하게 된 것입니다. 내가 영업을 담당했는데 엄청난 속도로 수출을 늘려서 5년 만에 수출 2위까지 올라갔습니다.

이렇게 회사가 커나가니까 동업한 친구가 이번에는 나에게 지분을 정리해 달라, 돈을 충분히 벌었으니 자기는 그만하겠다고 합니다. 그 친구는 대우가 그 정도에서 정점을 찍었다고 본 것 같습니다. 나는 후한 값으로 지분을 인수하고 정리해 줬는데 사실 그때부터 대우는 더 큰 성장을 시작했습니다.

소유를 우선시하면 더 큰 기회를 볼 수 없게 됩니다. 과거나 지금이나 미래에도 기업을 하는 마음가짐은 변할 수가 없습니다. 항상 새로운 도전과 성취를 지향하는 열정이 있어야 사업을 할 수 있습니다. 어디에서 무엇을 하면 더 잘될까 하는 얄팍한 생각을 하기보다는 새로운 성취를 향해 끊임없이 연구하고 도전하면 어떤 사업이든 다 잘될 것입니다. 나는 이 세상에 사양산업이란 없다고 얘기합니다. 시대마다 더 잘되는 사업도 있고 흐름과 유행에 따라 부침이 있을 수 있겠지만 안 되는 사업은 없다고 나는 분명히 말하고 싶습니다.

'열심히 해서 안 되는 것이 어디 있겠는가?' 기업가는 바로 이런 자세로 접근해야 합니다. 그래야 한순간 한순간이 즐겁고 행복하고 보람으로 가득 찰 수 있습니다. 사람은 다 행복하자고 사는 것인데 그 행복이 어떤 것인지 모르면 행복할 수도 없고 행복하면서도 행복한 줄 모르게 되는 것입니다.

성취가 주는 보람과 행복은 그 어느 것보다 크다는 것을 나는 여러분에게 알려주고 싶습니다. 여러분도 하루하루 정말 행복하다고 느끼며 살기를 바랍니다.

철저한 준비가 중요

연수를 받는 동안 아마 여러 번 고비를 맞을 것입니다. 당장 그만두고 싶은 생각이 들기도 할 것이고 흉내만 내고 지나가려는 유혹도 받을 것입니다. 하지만 여러분의 인생을 더 길게 놓고 생각해보기 바랍니다. 결국 지금 하지 않으면 언젠가 더 많은 노력과 고생을 해야 하고 반대로 지금 더 열심히 해두면 나중에 그만큼 여유를 갖게 됩니다.

나는 누구에게나 기회는 온다고 생각합니다. 하지만 누구나 다 기회를 잡는 것은 아닙니다. 세 종류의 사람들이 있습니다. 기회가 왔는데 기회가 온 줄도 모르고 지나치는 사람, 기회가 온 것은 알아챘는데 미처 준비가 안 되어 그 기회를 잡을 수가 없는 사람, 마지막은 준비를 철저히 하고 기다렸기 때문에 기회가 오면 바로 그 기회를 잡을 수 있는 사람입니다.

여러분은 세 번째 부류의 사람이 되어야 합니다. 지금 여러분은 언젠가 찾아올 기회를 잡기 위해 철저한 준비를 하고 있는 것입니다. 이런 생각으로 하루하루를 보낸다면 조금 힘들어도 기쁘고 행복할 수 있습니다. 나는 물론이고 대우에서 일한 사람들도 여러분이 성공의 기회를 잡을 수 있도록 도울 것입니다.

세계를 보되 현지의 눈으로 보라

그럼 무엇을 어떻게 준비해야 하느냐?

첫째로 나는 여러분이 마음속에 세계를 품어야 한다고 생각합니다. 모든 것을 세계를 무대로 해서 생각하라는 것입니다. 글로벌 마인드, 글로벌 스탠다드란 바로 이런 것입니다. 그런데 세계가 나뉘어 있으니 그 나뉘어 있는 지역 하나하나를 연결해서 볼 수 있어야 합니다. 여러분이 베트남이나 인도네시아, 미얀마, 태국을 거점으로 발전을 도모하고 있는 만큼 이 나라에 세계를 담아서 봐야 합니다.

다시 말해 그 나라의 시각으로 세계를 바라보라는 것입니다. 거점은 인도네시아라고 하면서 마음은 서울에 두고, 한국의 눈으로 세계를 보면 아무것도 얻을 수 없습니다. 한국을 기준으로 하면 사업 가능성이 없지만 인도네시아를 기준으로 하면 충분히 사업이 가능한 것이 있습니다. 인도네시아만 염두에 두고 보면 안 되는 것인데 세계를 무대로 생각하면 되는 것이 얼마든지 있습니다. 이런 가능성을 볼 수 있어야 합니다. 이것이 진정한 세계적 안목이고 글로벌 마인드입니다.

나는 과거에 사회주의 국가들이 시장을 개방할 때 아무도 생각지 못한 것들을 그 나라에 가서 시행했습니다. 그때 바로 이런 자세로 접근했기 때문에 모든 것이 가능하게 되었습니다. 예를 들어 우즈베키스탄에 가서 보니까 그 나라는 경제발전을 갈망하고 있는데 돈이 없습니다. 내가 그 나라의 가치 있는 것을 찾아보니 면화 생산이 많았습니다. 그래서 면방산업을 해서 수출하게 도와주고 자동차산업을 할 수 있는 기회를 얻었습니다. 그 나라의 눈으로 보았기 때문에 이런 것들이 보이는 것이고 그것을 세계시장과 연결

한국을 기준으로 하면 사업 가능성이 없지만 인도네시아를 기준으로 하면 사업이 가능한 것이 있습니다. 인도네시아만 두고 보면 안 되는 것인데 세계를 무대로 생각하면 되는 것이 얼마든지 있습니다. 이런 가능성을 볼 수 있어야 합니다. 이것이 진정한 세계적 안목이고 글로벌 마인드입니다.

하니까 방법을 찾게 되는 것입니다.

창의적 사고라는 것은 특별한 것이 아닙니다. 여러분이 마음속에 세계를 품고 철저히 현지화된 눈으로 세상을 보면 기회를 찾을 수 있습니다. 그러면 창의적 실천이 가능해집니다.

꿈을 가져야 한다

두 번째로 꿈과 비전을 가지라고 당부하고 싶습니다. 여러분이 오늘 하루를 보람차게 최선을 다해 열심히 살았다면 과연 무엇 때문에 그랬는지 한번 생각해 보기 바랍니다.

꿈이 있으면 그 꿈을 이루기 위해 누구나 노력을 하게 되어 있습니다. 반대로 꿈이 없으면 내가 지금 무엇을 해야 하는지 알지 못합니다. 그래서 자기도 모르게 시간을 낭비하게 됩니다. 그런 하루하루가 쌓이면 시간이 갈수록 엄청난 차이가 생기게 되는 것입니다.

옛날에 외신 기자들이 나에게 붙여준 별명은 워커홀릭, 일중독자란 것입니다. 그런데 처음 만난 외신 기자들이 잘 알지도 못하는 대한민국의 기업가에 대해서 이런 별명을 붙여주면서 나쁜 취지로 쓰지를 않았습니다. 그 기자들이 기사에서 강조한 것을 보면 전부 다 내가 이루고자 하는 꿈과 그 꿈을 향해 노력하는 모습이었습니다. 그래서 나에게 일중독자라는 별명을 긍정적 의미로 붙여준 것입니다.

나는 여러분이 '꿈 중독자'가 되었으면 합니다. 꿈이 크고 꿈이 선명하면 남이 하지 말라고 해도 스스로 열심히 노력하게 될 것입니다. 베트남에서는 연수생들에게 자기 꿈과 비전, 계획 등을 써서 나에게 편지로 보내보라고 했습니다. 처음에는 억지 시늉만 하는 것 같았는데 나를 할아버지라고 생각하고 편하게 털어놔 보라고 했더니 연수생들이 비로소 자기만의 꿈을 설명하기 시작했습니다.

꿈을 꾸는 것은 누구나 할 수 있는 일이고 그 꿈을 계속 구체화해 나가는 것 자체도 신나고 즐거운 일입니다. 모든 일의 시작은 다 이렇게 해서 기반이 잡히는 것입니다. 기획이다, 전략이다 하는 것들이 교과서를 통해 암기하듯이 배우다 보니까 실제로는 아무런 쓸모가 없는 것이 되어버리는데 나는 간단하게 자기만의 꿈을 꿔라, 이렇게 충고하고 싶습니다. 그거 하나면 모든 일의 출발점으로 충분하다고 생각합니다.

자신감을 키워라

세 번째는 자신감을 키우라는 것입니다. 내가 GYBM을 처음 시작하고 연수생들을 만났을 때 가장 놀란 것은 우리 젊은이들이 자질이 충분하고 능력도 있는데 자신감을 갖지 못하고 있더라는 것입니다.

자신감이 없으면 아무것도 이룩할 수가 없습니다. 도전을 해야 성취가 가능한데 자신감이 없으면 아예 도전을 하지 않을 것입니다. 따라서 젊은데도 불구하고 자신감이 없다면 그것은 젊음을 포기한 것과 같습니다.

옛날 얘기 하나 해드리겠습니다. 내가 우리 회사 엔지니어들을 데리고 사업차 아프리카에 간 적이 있습니다. 우리 엔지니어들이 브리핑을 하는데 선진국 엔지니어들보다 훨씬 잘 알고 있고 브리핑도 아주 잘했습니다. 그래서 칭찬을 많이 받았습니다. 다음에 선진국에 가서 똑같은 엔지니어가 발표를 하는데 이번에는 자기 실력을 보여주지 못합니다. 그때 나는 우리 국민들이 백인에 대한 열등의식이 있어서 실력이 충분한데도 불구하고 그것을 보여주지 못하는 것이라고 생각했습니다. 같은 사람이 같은 얘기를 하는데도 자신감이 있느냐 없느냐에 따라 이렇게 차이가 납니다.

자신감이 필요한 경우가 한 가지 더 있습니다. 누구나 살다 보면 어려운 상황에 직면하게 되는데 이때 난관을 극복할 수 있는 힘도 바로 자신감에 달려 있습니다. 자신감이 있으면 위기를 대하는 태도가 달라질 것입니다. 그러면 무엇이든지 긍정적으로 바꿀 수 있습니다. 자신감이 없기 때문에 매사를 부정적으로 보게 되고 결국은 극복하지 못합니다. 사람이 하는 일은 다 마음먹기에 달려 있습니다. 그래서 나는 위기를 위험과 기회의 합성어라고 봅니다. 위험하기도 하지만 기회일 수도 있다는 얘기입니다.

사실 우리 민족은 굉장히 뛰어난 민족입니다. 해외에 나가 보면 비교가 되니까 금방 알 수 있습니다. 과거에는 우리가 밖으로 나가 본 역사가 없기 때문에 우수한지 어떤지를 비교도 해보지 않고 그냥 자신 없어 했습니다. 우리가 밖으로 나가기 시작한 지 딱 50년이 되었습니다. 우리나라 기업 중에서 최초로 해외로 나간 대우가 창업 50주년을 맞으니까 우리가 밖으로 나가 경제활동을 한 것이 50년밖에 안 된다는 겁니다. 우리가 해외에서 경쟁을 해가지고 남들을 이기게 되니까 '아, 우리도 하면 되는구나' 하는 자신감이 서서히 생겨나기 시작했습니다. 요즘 젊은이들은 해외에 나가도 절대 기죽지 않을 것입니다. 자신감이 생겼기 때문에 그렇습니다. 대체로 자신감은 체험으로부터 생겨납니다. 여러분도 앞으로 해외에 나가서 체험을 쌓으면 쌓을수록 더욱 더 자신감이 커질 것입니다.

지난 50년 동안 우리가 경험을 통해서 자신감을 쌓았기 때문에 여러분 세대에는 굉장히 팽창을 할 수 있다고 봅니다. 내가 1990년대에 접어들 때 30년 후인 2020년쯤 되면 우리나라는 세계에서 굉장한 위상을 갖출 것이라고 얘기한 적이 있습니다. 그 시기가 앞으로 5년 남았습니다. 나는 우리 경제가 정점에 도달하는 시기가 바로 이때라고 봅니다. 그 5년 후에는 바로 여러분이 사회의 중심에 서 있을 것입니다. 이런 시대적 상황을 고려해 여러분은 반드시 자신감을 가지고 시작해야 합니다.

절실해야 끝까지 갈 수 있다

네 번째는, 내 경험에서 나오는 것인데, 절실해야 한다고 말하고 싶습니다. 옛날에는 우리나라에 헝그리 정신이라는 것이 있어서 배고프니까 죽기 살기로 노력하고 도전했습니다. 그렇게 해서 성공 신화를 쓴 사람들이 많았습니다.

요즘 세대들은 가난이라든가 배고프다든가 이런 것을 모르고 자랐기 때문에 헝그리 정신이 있을 수가 없습니다. 내가 기억하는 아주 좋은 사례로 우리나라 축구 대표팀을 맡았던 히딩크 감독이 "나는 아직 헝그리하다"라고 인터뷰에서 말했을 때, 우리 국민 모두가 8강에 만족하지 않고 다시 도전하자는 의지를 갖게 되었습니다. 히딩크가 그 말을 하기 전까지는 우리 국민 모두가 8강에 오른 것으로 충분히 만족하고도 남았습니다. 그런데 헝그리하다 생각하니까 꿈에도 생각하지 못한 4강까지 가게 된 것입니다.

결국 더 큰 목표, 더 높은 곳으로 나아가려는 정신자세와 마음가짐이 중요합니다. 나는 그것을 절실함이라고 표현합니다. 대우에서 임직원들이 나에게 결재를 받으러 왔을 때 칭찬을 받는 경우는 거의 없고 지적을 받는 경우가 많았습니다. 지금 생각해 보면 칭찬도 하고 격려도 해줬어야 하는데 그렇게 못한 것이 미안하고 후회도 됩니다. 하지만 달리 생각하면 최종 결정을 해야 하는 내가 최선을 다해서 살펴보려고 했기 때문에 아래서 준비할 때에도 그만큼 최선을 다했을 것입니다.

나는 아직도 일을 할 때 최선인가를 항상 생각하고 또 생각합니다. 절실함은 목표를 달성하기 위해 최선을 다하는 마음이라 할 수 있습니다. 절실하지 않으면 중도에서 포기하기 쉽습니다. 이만하면 됐다고 안주하면 절대로 목표한 바를 이룰 수 없고 그런 습관이 들면 결국 타협하고 끝내는 핑계를 대면서 도전 자체를 하지 않게 됩니다.

자신감을 가지고 도전하고 창의적으로 노력하되, 이것을 뒷받침하는 절실한 마음이 있어야 끝까지 포기하지 않고 소기의 결실을 맺을 수 있게 됩니다. 나는 그래서 절실함을 상징적으로 표현해서 '일에 미쳐야 한다'고 말합니다. 전문가가 따로 있는 것이 아닙니다. 미친 듯이 최선을 다하면 누구나 전문가가 될 수 있습니다. 단, 최선을 다하되 구체적인 목표를 가지고 해야 합니다. 확실한 목표가 서 있고, 그 목표를 달성하려는 절실한 마음이 있으면 반드시 그것을 이룰 수 있습니다.

지금 한번 눈을 감고 본인이 얼마나 절실한 마음으로 임하고 있나 생각해 보기 바랍니다. 내 목표는 무엇인지, 자신감은 있는지, 그래서 정말 절실한 마음으로 그 목표를 향해 노력하고 있는지 각자 냉정하게 한번 생각해 보기 바랍니다. 나는 어떤 때는 밥도 못 먹고 잠도 안 올 지경일 때가 있습니다. 정말 절실하면 이렇게 됩니다. 어떤 큰일을 이루어낼 때 나는 항상 이런 자세로 임해서 그것이 가능해졌다고 봅니다.

열심히 노력해야 한다

다섯 번째는 아주 사소해 보이는 것인데 바로 '노력'입니다. 세상에 성공한 사람치고 노력하지 않은 사람이 없습니다. 누구는 운이 좋아서 한 번에 크게 성공했다고 말하는데 사실 자세히 들여다보면 사람들이 모르는 노력들이 쌓이고 쌓여서 어느 순간에 성공을 이루게 되는 것입니다.

우리나라를 한번 보기 바랍니다. 맨손으로 아무것도 가진 것 없이 시작했는데 우리는 50년 만에 이만큼 발전을 이룩했습니다. 50년 전에는 인도네시아, 미얀마, 필리핀 등이 우리보다 더 잘사는 나라들이었습니다. 우리가 이 나라들보다 앞서 나갈 수 있었던 것은 우리가 그들보다 더 노력했기 때문이지 다른 이유가 없습니다. 대우가 30주년을 맞았을 때 나는 우리 대우의 30년은 다른 회사의 100년과 같았다고 했습니다. 노력은 시간을 벌어주는 유일한 방법입니다.

GYBM 연수과정은 아주 **빡빡한** 일정으로 채워져 있습니다. 이것을 달리 말하면 여러분이 여기에서 배우는 1년은 다른 곳으로 치면 5년, 10년은 걸려야 할 수 있는 것들입니다. 그렇게 해서 5년, 10년을 앞서 나가면 결국 최후의 승리자가 될 수 있습니다. 노력하면 반드시 보상을 받게 되어 있습니다. 노력한 만큼 경험과 역량이 쌓이기 때문에 당장은 힘들더라도 장기적으로 보면 시간을 저축하고 가는 것과 같습니다.

열심히 하다 보면 남다른 생각을 얻는 기회를 갖게 됩니다. 이것은 내가 실제로 많이 경험한 사실입니다. 그래서 나는 노력을 '창의의 원천'이라고 말합니다. 일반적으로 사람들은 쉬어야 좋은 아이디어가 떠오른다고 말합니다. 나는 그렇게 생각하지 않습니다. 열심히 하다 보면 더 좋은 발상을 하게 되고 또 그것을 실현할 수 있는 방법도 찾을 수가 있게 됩니다.

열심히 노력하면 이처럼 많은 것을 얻게 됩니다. 첫째로 시간을 벌게 되고, 둘째로 더 많은 경험을 쌓을 수 있고, 셋째로 창의적 발상도 얻게 됩니다. 결과적으로 열심히 하는 사람과 그렇지 않은 사람은 3배의 격차가 생겨나는 것입니다.

성공의 숨은 비결, 칭찬

오늘 나는 여러분 하기에 따라 한순간 한순간이 모두 행복으로 채워질 수 있다고 했습니다. 또 성공하려면 준비를 잘해야 하는데, 이 연수과정도 바로 여러분의 미래를 준비하는 기회로 활용해 주기를 당부했습니다. 그리고 어떤 마음가짐으로 준비해야 하느냐에 대해 다섯 가지를 얘기했습니다.

첫째, 세계를 보되 현지의 눈으로 봐라.

둘째, 꿈을 가져야 한다.

셋째, 자신감을 가져라.

넷째, 절실해야 끝까지 갈 수 있다.

다섯째, 열심히 노력해야 한다.

아마도 이런 자세로 임한다면 여러분 모두 연수기간을 아주 행복하다 느끼며 보낼 수 있을 것입니다.

마지막으로 한 가지만 더 얘기하려고 합니다. 내가 처음부터 세계경영을 꿈꾸고 한국을 대표하는 대기업을 만들고자 했던 것은 아닙니다. 내가 회사를 처음 시작할 때에는 나이가 여러분 또래인 30이었고 당시 쟁쟁한 선배들이 우리 업계를 이끌고 있었습니다. 나는 선배들과 다른 것을 해보고 싶었습니다. 그래서 당시에는 아무도 관심을 갖지 않았던 수출에 뛰어들었습니다. 그때는 수출하

340

면 밑진다고 다들 생각했습니다. 그런데 내가 수출해서 돈을 버니까 주변에서 달리 봐주기 시작했습니다. 잘한다고 칭찬을 하고 국가가 나서서 격려도 해주었습니다. 회사 설립하고 두 번째 해부터 매년 상과 훈장을 받았습니다. 모두가 잘한다고 칭찬을 해주었습니다. 여러분 나이에 큰 상을 받고 칭찬을 받으면 마음이 어떻겠습니까?

여러분도 아마 나와 똑같은 생각을 하게 될 것입니다. 칭찬을 하니까 더 잘해야겠다는 마음이 저절로 생겼습니다. 그래서 더 열심히 하게 되고 그러면 더 큰 상을 주고 또 칭찬을 하고… 이런 과정을 통해서 성공신화를 써나가게 된 것입니다. 그래서 나는 칭찬받는 것, 이것이야말로 성공으로 이끄는 가장 좋은 동기부여라고 생각합니다. 여러분에게 주는 내 마지막 조언이 바로 이것입니다. 여러분도 열심히 해서 좋은 결과를 만들고 많은 사람들에게 칭찬받도록 살아간다면 여러분은 생각보다 훨씬 빨리 성공가도를 달리게 될 것입니다.

여러분이 지금 받고 있는 GYBM 연수도 그동안 언론과 정부, 또 각계 인사들로부터 많은 칭찬을 받으면서 여기까지 왔습니다. 그런 칭찬이 있었기 때문에 여러분을 지도하는 선생님들, 또 세계경영연구회의 관리자들이 힘들어도 힘든 줄 모르고 열심히 여러분을 위해 뛰고 있는 것입니다. 밖에서도 많은 관심을 보이고 있고 후원자들도 여러분을 위해 적극 나설 것으로 봅니다. 얼마 전에도 후원자가 적지 않은 기부금 지원을 약속했습니다.

여러분이 연수를 마치고 진출할 분야도 다양해지고 있습니다. 나는 여러분이 실력과 경험을 착실히 쌓아서 앞으로 활약할 나라에 가서 창조적으로 비즈니스 기회를 만들기를 기대합니다. 요즘은 세상이 바뀌고 새로운 산업들이 대거 출현하고 있습니다. 또 과거에는 대기업과 중소기업의 격차가 컸지만 지금은 경쟁력을 갖춘 알찬 전문 기업들이 많이 생겼습니다. 이런 기업에 가서 경험을 쌓고 새롭게 접근하는 것도 나쁘지 않다고 생각합니다.

지난 7월에 크루셜텍이라는 회사를 방문한 적이 있습니다. 우리 연수생들의 취업과 진로를 알아보려고 가본 것인데, 한국 본사도 가보고 또 8월에는 하노이 북부 옌퐁 공단에 있는 현지 생산공장도 방문했습니다. 그 회사의 대표를 만났더니 우리 GYBM 연수교육에 관심을 가지고 있었습니다. 그래서 자기 회사에도 선발 기회를 달라고 했습니다. 베트남 경우를 보면 ICT(information communication technology: 정보통신산업) 산업이 빠른 속도로 커나가고 있는데 한국에서 진출한 기업들이 이 분야를 주도적으로 이끌고 있습니다. 삼성과 같은 큰 기업도 있지만 크루셜텍과 같은 전문기업들도 활약이 대단합니다. 지문인식 등 독보적인 기술을 보유한 이런 신흥 기업들에 가면 여러분이 배울 점이 있다고 생각합니다.

앞으로는 GYBM 프로그램에도 이런 흐름을 반영해 나가려고 합니다. 해당 국가의 정책 방향과 산업 지표를 읽고 거기에 능동적으로 대처할 필요가 있습니다. 우리가 한발 앞서 나갈 수 있는 인재들을 배출해서 현재가 아니라 미래를 바라보고 접근하도록 노력을 기울이려고 합니다.

　나도 이렇게 노력하고 있으니 여러분은 나보다 몇 배 더 노력하면서 더 많은 분야에 폭넓게 관심을 가져주기를 부탁합니다. 남은 국내 연수과정을 잘 마치고 나중에 현지에 가서 다시 반갑게 만나기를 기대합니다

우수한 인재라는 축복

자원이 풍부한 나라에는 인재가 귀하고 자원이 없는 땅에서는 우수한 인재가 배출됩니다. 이는 하느님의 공평한 섭리입니다. 하느님은 우리에게 우수한 인재를 많이 주셨습니다. 우리는 좋은 두뇌로 열심히 노력하여 오늘의 서구처럼 풍요한 사회를 우리의 후손들에게 물려주도록 합시다.

내 소원을 말하라면 자고 싶은 대로 실컷 잠을 자는 것입니다. 즐거이 놀고 싶고 편히 잠자고 싶지 않은 사람이 어디 있겠습니까? 그러나 사람이 자기 하고 싶은 대로 한다면 발전이란 있을 수 없습니다. 남들이 놀고 잠자는 시간에 열심히 노력하는 사람만이 성공을 기약할 수 있을 것입니다.

−1975년 8월. 간부사원 교육

세계 제일의 물건을
만들고 싶다

저는 무엇을 개척하고 새로 만드는 일, 좀 거창하게 말해서 창조하는 데 보람과 긍지를 갖습니다. 그리고 기업이라는 것이 어느 개인의 소유가 될 수 없고, 국민들 속에서 자라서 모두의 이익이 될 수 있게 영속되어야 한다고 믿어요. 이렇게 되면 기업인을 보는 눈도 달라질 겁니다. 저는 이런 데 한몫 거들어서 뭔가 하나 이룰 수 있다는 가능성과 긍지의 좋은 사례를 남기고 싶고요. 또 사사로운 욕심이랄까 꿈을 얘기하자면, 무슨 종류건 와이셔츠 하나, 라이터 한 가지라도 세계 제일가는 물건을 만들고 싶거든요. 제가 지금 꽤 여러 가지 일을 하게 됐습니다만, 어떤 때는 뭔가 하나만 줄곧 해봤더라면 지금쯤 세계에서 으뜸가는 걸 만들어놓지 않았겠느냐, 그런 아쉬움이 있고, 나중에 그럴 수 있는 기회가 있으면 꼭 한번 그렇게 하고 싶어요.

−1982년, 《신동아》 대담, "길거리에 돈이 굴러 다닌다"

~ ~ ~ ~ ~ ~

부산에는 대우가 운영하는 세계 최대의 봉제 공장이 있습니다. 만 명이 넘는 기능인들이 거기서 일하고 있습니다. 대우조선에 있는 골리아스 크레인도 세계에서 제일 큰 것입니다. 이런 것들은 바로 우리도 세계에서 제일 큰 것을 할 수 있다는 자신감과 가능성을 심어주고 있습니다. 세계에서 가장 큰 공장, 가장 큰 장비를 가지고 있다면 앞으로 해야 할 일이 뭐겠습니까? 이제는 세계에서 제일 좋은 제품을 만들어내는 것이 필요합니다.

만일 우리나라 사람이 과학 계통 노벨상을 한 번 받으면 우리 후배들에게 우리도 과학 계통에서 세계 제일이 될 수 있다는 가능성을 심어줄 수 있습니다. 노벨상을 받는 것 자체도 의미가 크지만 이를 통해 후대들에게 가능성을 확인시켜 준다는 것 또한 굉장히 중요합니다. 자신감이 없으면 아무것도 할 수 없습니다. 자신감을 가지고 최선을 다하면 도가 트이고 앞이 보이게 됩니다. 그러면 도전하게 되고 결국은 성공하게 되는 법입니다.

—출처 미상

혁신은
죽을 때까지 계속해야 하는 것

어떻게 보면 창업해서 시작하는 것은 쉽다. 누구나 할 수 있다. 그런데 시작해서 어느 정도 되면 게을러지는 수가 많다. 그러면 중간에 쓰러질 수밖에 없다. 원래 이노베이션은 기술뿐 아니라 경영, 가정생활, 자기 자신 등 모든 면에 다 필요하다. 문제는 이 이노베이션이 죽을 때까지 지속돼야 한다는 점이다. 즉 지속성 있게 연구하고 노력하면 절대 중간에 쓰러진다든가 잘못되지는 않는다.

사람은 누구나 다 능력을 갖고 있는데 결국 게을러지는 게 큰 문제. 게을러진다는 것은 곧 사람이 고급화된다는 것을 뜻한다. 기준을 자기 분수보다 아래에 놓고 지속적으로 노력하면 내가 보기엔 충분히 잘될 수 있을 것으로 생각한다.

－1985년 4월 15일, 《세계저널》

노력이 기회를 만들어준다

노력하면 얻게 되는 또 한 가지 이점은 그것이 기회를 창출해 준다는 것입니다. 누구에게나 항상 기회는 주어져 있지만 사람들은 그 기회를 잡을 준비를 미처 하지 못했기 때문에 자신도 모르게 기회를 흘려보내고 있는 것입니다. 따라서 노력하는 사람, 스스로 열심히 해서 기회가 온 것을 알아차리는 사람만이 그 기회를 향유할 수 있게 됩니다.

노력하면 미래도 볼 수 있습니다. 나는 지금까지 경영을 하면서 내 스스로의 계산을 통해 결단을 내린 경우가 많았습니다. 예를 들어 부실기업을 인수할 때만 해도 회사 내에서는 많은 반대 의견들이 대두되곤 했지만 그럴 때마다 나는 모든 계산을 다 해봅니다. 그리고 결국 될 수 있는 방법을 찾아내면 최선을 다해 그 방향으로 나갔습니다. 이것이 미래를 예측하는 비결이며 어느 면에서 이것은 미래를 창조하는 것이기도 합니다.

나는 인간의 능력이 무한하다고 믿습니다. 무엇이든지 열심히 하면 미래도 알 수 있고 기회도 잡을 수 있으며 모든 것을 이룩할 수 있습니다.

-1992년 9월 18일, 일본 게이오대학교 학생들과의 대화

아이디어는
쉴 때 나오는 게 아니다

열심히 일하다 보면 아이디어가 나오는 거지, 머리가 쉬고 있으면 절대로 기발한 아이디어가 나오지 않습니다. 어떤 사람은 "산에 가서 아이디어를 얻었다, 바다를 보고 있으니까 아이디어가 척 걸렸다" 그러는데, 제 경험에 의하면 몸은 쉬고 있어도 머리가 일을 하고 있었기 때문에 아이디어가 떠오른 것이지, 머리가 돌아가지 않는 상태에서는 절대로 아이디어가 안 나옵니다. 좋은 아이디어를 얻기 위해서라도 우리는 열심히 살아야 합니다.

−1994년 2월 5일, 내무부 공무원 연수교육 초청특강

아직 70퍼센트가 남아 있다

인간은 능력이 무한하다는 얘기를 해주고 싶습니다. 노벨상 타는 사람도 제가 보기에는 자기 능력의 20~30퍼센트만 쓰고 죽는 것이 아니냐, 70퍼센트가 쓰지 않고 남아 있다 이거죠. 자기가 노력하기에 따라서는 뭐든지 해결할 수 있는 가능성을 가지고 있다고 봅니다. 그런데 많은 사람들이 가지고 있는 능력만큼 도전도 하지 않고 최선을 다한 것처럼 착각해서 포기하는 우를 범하고 있습니다.

여러분에게 말씀드리고 싶은 것은 뭐든지 할 수 있다는 것입니다. 어려운 일도 노력하면 다 해결할 수 있는데 쉽게 가려는 데서 문제가 생기는 것입니다. 요즘 우리나라 사람들은 선진국에 가든 후진국에 가든 경쟁해서 그 사람들을 이기고 있습니다. 나는 우리 민족이 선택된 민족이라고 봅니다. 이렇게 교육을 받고 경험을 쌓은 민족이기 때문에 우리 경제도 1년 정도 어려울 수는 있지만 결국은 해소가 된다고 봅니다. 방법을 찾으면 되는데 아직 방법을 못 찾고 있어서 일시적으로 어려운 것이라고 봅니다. 지금은 비관론이 많지만 여러분을 포함한 국민 모두가 자신감을 갖고 노력하면 반드시 극복의 길이 열린다고 생각합니다.

−1998년 5월 22일, 사법연수원생 초청특강,
"자심감을 가지고 경제위기를 극복하자"

2
기업가정신

베트남의 미래와
한국 기업의 기회

- 2015년 2월 10일, 하노이 한인상공회의소 초청강연

제가 베트남을 처음 방문했던 때가 1964년이니, 베트남과 저의 인연은 어느덧 50년이 넘게 이어지고 있습니다. 최근 한국과 베트남의 관계도 더욱 긴밀해지고 있고 또 여러분처럼 많은 교민과 기업들이 이곳에 진출하고 있기 때문에 저에게 이런 인연은 더욱 값지고 보람되게 느껴집니다.

지금 베트남에는 우리 기업이 3,000개가 넘게 나와 있습니다. 지금도 계속 늘고 있고 앞으로 더 늘어날 것입니다. 이런 현실을 저는 아주 긍정적으로 평가하고 싶습니다. 현재 베트남의 경공업 분야는 현지인들이 배워서 직접 경영하는 단계까지 발전했습니다. 이제는 단순 가공에서 원자재·부자재 생산까지 분야도 확대되고 있습니다. 수출 비중도 계속 늘고 있습니다. 섬유만 해도 매년 30퍼센트씩 수출이 늘어나 작년에는 섬유만 260억 달러를 수출했습니다. 이처럼 수출이 늘고 원자재·부자재 생산까지 하게 되니 지금

모든 기업들이 증설을 하고 있는 상황입니다.

FTA, TPP 등 무역협정들이 타결되면서 앞으로 베트남의 수출 시장은 더 확대되고 설비 증설도 더 활발해질 것입니다. 예를 들어 원산지를 베트남으로 인정받으려면 원자재도 베트남 산이어야 하기 때문에 이곳 현지 공장들은 더욱 증설이 필요해질 것입니다. 베트남은 지금도 외화 밸런스가 흑자이기 때문에 기업들이 증설을 해도 경제에 큰 문제가 없다고 생각됩니다. 한마디로 말해 현재 베트남은 내부 산업 여건도 좋고 외부 수출 환경도 좋습니다.

앞으로 베트남은 15년에서 20년 내에 아세안 국가 중 싱가포르를 제외하면 최고 위치에 오르게 될 것입니다. 동아시아에서는 사실상 중국 다음가는 나라 정도로 인정받지 않을까 생각됩니다. 그러니 우리는 베트남과 더욱 돈독한 관계를 맺어 나가야 합니다. 저는 이 점에서 여기 계시는 여러분이 지혜로운 선구자라고 생각합니다.

베트남 정부가 어떤 지향점을 갖고 있느냐도 생각해 볼 사안입니다. 저는 일찍이 베트남과 경제협력을 진행하면서 직접 확인하고 체험한 사실들이 많습니다. 베트남이 전쟁 상대였던 미국과 국교 정상화를 가장 먼저 서두르고 월남전에 미국 편으로 참전했던 한국과 같은 나라들을 받아들일 수 있었던 것은 궁극적으로 국민의 행복과 국가의 발전을 진심으로 희망했기 때문이라고 저는 느꼈습니다.

베트남 정부는 특히 개혁개방 정책이 성공하려면 실물경제 경험이 중요하다는 사실을 잘 알고 있습니다. 저는 베트남 정부가 대우를 비즈니스 파트너로 삼았던 것은 실물경제 키우는 것을 배우고 익히면서 미래의 발전 동력을 만들어내는 일을 우리에게 맡긴 것이라고 생각하고 협력사업에 임했습니다. 아시다시피 저와 대우는 한국 기업 가운데 가장 먼저 제3세계 국가들에 진출해서 현지 정부와 협력관계를 구축하고 그 나라 경제발전을 도왔습니다. 비즈니스에서는 서로 진정성이 있어야 파트너가 될 수 있습니다.

베트남에서 어떤 기회를 만들어나갈까

그렇다면 앞으로 베트남에서 우리 기업들은 어떤 기회를 만들어나가야 할지에 대해 제 의견을 잠깐 말씀드리겠습니다.

우선 중국에서 일어나고 있는 변화에 주목할 필요가 있습니다. 지금 중국에서는 임금이 자꾸 오르니까 회사의 부담이 커지고 있습니다. 앞으로 1년에 25퍼센트씩 회사 부담이 증가하면 결국 경공업은 중국이 할 수 없게 될 가능성이 높습니다. 그러면 자동적으로 동남아에서 경공업 제품을 수입해서 써야 합니다. 이런 여건은 베트남에 진출한 우리 기업들에게 아주 좋은 기회가 될 수 있습니다. 지금 중국에서 임금 상승 등으로 생산기지가 베트남으로 이전되고 있는데 원자재, 부자재 수요 증가를 아직은 베트남 기업들이 커버할 수가 없습니다. 한국 기업은 이런 것을 할 수 있기 때문에 베트남을 도와주면서 사업 기회를 얻을 수 있습니다.

한 가지 조언을 드리자면, 해외 현지에서 사업을 할 때 잘 모르고 접근하면 낭패를 볼 수가 있습니다. 따라서 항상 사안의 근원을 이해하고 접근하는 것이 필요합니다. 제가 추진했던 사업 중에 하노이 마스터플랜이란 것이 있었습니다. 원래 베트남은 전쟁 후에 남쪽에 많은 예산을 풀었습니다. 그 결과, 호치민은 소득수준이 5,000달러까지 늘어났고 반면에 하노이는 3,500달러 수준에 머물렀습니다. 그런데 이렇게 소득격차가 생기자, 베트남 정부는 이제 반대로 두 도시의 밸런스를 맞추려는 생각을 갖게 되었습니다. 인접한 2개 성을 흡수해 하노이를 30퍼센트 더 키우고 호치민과 하노이 인구도 600만 명으로 대등하게 맞추면서 하노이 소득수준도 높이려는 것이 하노이 마스터플랜에 담겨 있습니다.

이렇게 볼 때 하노이 마스터플랜은 단순한 도시계획이 아니라 국가 경제 설계의 성격을 갖습니다. 이런 국가 차원의 계획은 시간이 지나도 크게 변화하지 않습니다. 이 마스터플랜은 대우가 처음에 주도했던 것인데 그것이 지금 본격 추진되고 있습니다. 처음부터 사업 취지를 근원적으로 보고 접근하면 시간이 지나도 기회가 유지될 수 있습니다. 상대가 무엇을 원하는지를 근본부터 알아야 장기적으로 함께 비즈니스를 할 수 있습니다.

지금 베트남에는 대기업도 많이 진출해 있지만 제조업을 하는 중소기업들도 적극적으로 진출하고 있습니다. 매우 바람직한 현상이며 또한 당연한 일이라고 생각됩니다. 저는 여기에 진출한 중소 제조업체들이 베트남 경제에도 기여하지만 한국의 제조업을 강화하는 데에도 기여한다고 생각합니다. 국내에서는 경쟁력이 떨어지더라도 해외 생산 기반을 합치면 한국 전체의 제조업이 더 커지고 오래갈 수 있습니다. 강한 중소기업이 많이 생겨나서 국가 경제를 떠받쳐야 미래가 보장됩니다.

중소기업의 경우에는 경영자의 역할이 대단히 중요합니다. 경영자에게는 솔선수범하는 리더십이 있어야 지속적으로 회사를 키울 수 있습니다. 그러기 위해 경영자는 회사의 모든 것을 속속들이 다 알아야 합니다. 그래야 기회가 주어질 때 그 기회를 잡을 용기가 생깁니다. 과거에 거래업체들과 협의할 때 보면 어떤 경영자는 혼자 회의에 참석해 모든 것을 직접 확인하고 대처하는데, 어떤 분은 임원과 함께 와서 임원에게 답변을 시키는 것을 봤습니다. 경영자가 자신이 없기 때문에 임원을 데려와 대신 답변하도록 했을 것입니다. 어떤 경영자가 기회를 얻고 발전할 것인지는 명백합니다.

두 번째로 저는 연구개발과 마케팅에서 새로운 발상 전환이 필요하다고 생각합니다. 대체로 중소기업들은 연구개발도 대기업과의 연관 아래 시행하는 경우가 많습니다. 이런 성과는 대기업과 공유되기 때문에 기술에서 독립적 위상을 확보하겠다는 의지를 상실하게 됩니다. 여기서부터 중소기업은 독자적 마케팅 역량을 구축하는 데 한계를 느끼게 됩니다. 독자적으로 기술을 개발하고 그 성과물을 독자적으로 마케팅하려고 노력해야 합니다. 연구개발과 마케팅은 모두 사람이 하는 일입니다. 앞으로 중소기업의 경우에는 바로 이 분야에 많은 인재를 투입하고 양성하려고 노력해야 합니다. 비즈니스에서는 시간이 갈수록 무엇보다도 사람의 가치가 커진다는 것을 유념해야 할 것입니다.

저는 기업의 이런 노력에 도움이 될 수 있도록 몇 년 전부터 베트남에서 우리 청년들을 유능한 비즈니스 인재로 키우는 교육 사업을 하고 있습니다. 기업은 미래의 꿈이 있기에 지금 열심히 노력하게 됩니다. 미래의 꿈을 만들어나갈 주역을 키우는 일이 그래서 중요합니다. 이제 5년째에 접어들었는데 매년 연수생들이 더 많이 배울 수 있도록 우리 기업들이 취업 기회를 제공해 주었습니다. 이 자리를 빌려 감사하다는 말씀을 드립니다.

이제 저는 인생을 마무리해야 할 나이가 되었습니다. 그런 만큼 과거 우리 세대가 항상 그랬듯이 마지막으로 국가와 주변 분들께 도움이 되는 일을 하면서 남은 여생을 보내려고 합니다. 앞으로도 젊은이들이 우리가 하는 일을 이어받아 더욱 발전시켜 가도록 관심을 가지고 지켜봐 주시면 감사하겠습니다.

기업 발전의 5가지 조건

길지 않은 기업 경영 과정을 통해 터득한 제 나름의 소박한 인식을 바탕으로 기업 발전의 조건에 대해 몇 말씀 올리고자 합니다.

첫째, 기업 내의 모든 사람들이 같은 생각, 같은 목표, 같은 행동 양식을 가지고 협동할 수 있어야 합니다.

둘째, 기업이 지향하는 목표와 행동 방식은 또한 국가의 장기적인 목표와 조화를 이룰 수 있어야 합니다.

셋째, 기업은 광범위한 '국민적 합의'의 기반 위에 서 있지 않으면 결코 영속적으로 발전할 수 없을 것입니다.

넷째, 의식구조, 시장 활동, 교육 훈련, 연구 개발 등 기업 경영의 모든 분야에서 국제화야말로 경쟁에서의 승리와 발전의 주요한 조건이 아닐 수 없습니다.

다섯째, 기업을 이끌어가는 경영자의 자세와 이미지가 건전하고 희생적이며, 또한 기업의 재산을 국가와 민족에게서 수임받은 신탁재산으로 생각하는 태도와 의식이 확립되어 있지 않다면 앞서 말씀드린 여러 가지 조건은 무의미한 것이 되고 말리라 생각됩니다.

−1976년 7월 20일, 연세경영인상 수상 강연, "한국 기업이 사는 길"

창조, 도전, 희생의 사명

　우리나라에서는 과거부터 상거래가 상당히 천시되고 죄악시되어 온 것이 사실입니다. 이것이 오늘날까지 이어져 최근에도 대기업에 대한 비판이 고조되고 있습니다. 그러나 자원이 없는 우리나라에서 부를 창출하기 위해서는 교역을 늘려가야 합니다. 그것을 기업이 담당하고 있습니다.

　이처럼 우리나라 기업은 비판이라는 외로움 속에서도 나라를 위해 자기책무를 다하지 않으면 안 될 자기희생의 운명에 처해 있는 것입니다. 그렇기 때문에 제가 늘 강조해 온 창조, 도전, 희생은 이 시대 이 나라를 사는 우리에게는 숙명적이라 할 수 있습니다.

－1982년 11월, 대우가족 임원세미나 인사말

~ ~ ~ ~ ~ ~

우리 기업들이 이같이 다른 나라와는 좀 별다른 상황에 놓여 있다고 전제할 때 그 나아갈 방향은 어떤 것이어야 할까? 사람에 따라 그 표현은 각기 다를지 모르겠지만 나는 창조, 도전, 희생이라는 세 가지가 우리에게 요구된다고 본다.

그 배경은 이렇다. 우리는 과거 못살아 왔다. 풍족한 자원도 없다. 뾰족한 기술도 없고 경험도 없으며 축적된 부도 없었고 이 모든 것들을 유효적절히 기획하고 관리할 능력, 여력도 없었다. 개화할 만한 시기에는 일제치하에 놓여 그 기회조차 박탈됐고, 해방되는가 했더니 전쟁과 분단으로 어려움은 더 했다.

그러나 지금은 다르다. 선대는 못살았으나 후대는 잘살게 할 수 있는 기회가 우리에게 주어졌다. 이 시대를 살고 있는 우리들이 그 갭(gap)을 좁혀놓지 않는다면 누가 할 것인가. 그 갭을 좁히기 위한 사명감이 우리에게 있고 그 핵심 역할을 기업이 담당해야 한다.

그러기에 우리는 도전정신을 갖지 않으면 안 된다. 아무것도 없으나 인력은 있고 그 인력도 지난 20여 년간 상당한 교육을 받아 관리 능력을 축적해 왔으므로 이를 바탕으로 새로운 것을 창조하지 않으면 안 된다. 그러기 위해서는 자기희생이 요구된다. 시대가 이것을 요청하고 있다. 미국과 일본이 오늘날 경제대국으로 풍요를 누리고 있지만 그들에게도 서부개척시대, 명치유신시대 등 선대의 피나는 자기희생의 시대가 있었음을 알아야 한다.

이 같은 창조, 도전은 어디에서 이루어져야 하는가? 우리의 땅은 좁고 인구는 남한만 해도 4,000만을 넘어서고 있다. 그러나 세계는 넓다. 우리는 넓은 무대를 향해 뛰어야 한다. 이 시대를 사는 기업·기업인의 사명감은 이같이 세계시장을 향해 도전하는 해외 지향적, 미래 지향적이지 않으면 안 된다. 그래서 창조, 도전, 희생 그리고 해외, 미래추구는 내 자신은 물론 대우의 행동규범이기도 하다.

－1984년 1월, 《사상과 정책》 창간호 기고문, "경영인이 본 기업, 기업 윤리관"

이윤은 도전의 대가

흔히 "기업 하는 사람의 목표는 이윤추구다"라고 하지만 기업의 목표는 이윤이 전부일 수는 없습니다. 오히려 이윤은 기업가의 창조·도전에 대한 대가일 뿐입니다.

−1987년 11월 5일, 대한교육연합회 연구대회 특강

기업이 나라를 이끈다

선진국을 보면 누가 나라를 이끌고 가느냐, 바로 기업과 기업의 인재들이 이끌어가고 있습니다. 그렇기 때문에 결과적으로 국력은 기업과 관련이 깊다고 생각합니다.

우리나라도 1,500만 명이 기업과 관련된 일에 종사하고 있기 때문에 앞으로는 기업과 기업 종사들이 나라를 끌고 갈 것입니다. 또 앞으로 정치를 잘하느냐 못하느냐 하는 기준도 기업이 자유스럽게 능동적으로, 창조적으로 경영할 수 있는 분위기를 조성해 주느냐 아니냐에 따라 결정된다고 봅니다. 요즘 제가 각 나라에 출장 다니면서 들어보면 역시 선진국은 기업의 꽃이 활짝 펴서 굉장히 활기 있고, 기업이 지금 꽃을 피우고 있는 나라는 개발도상국, 후발국은 이제 기업의 싹이 트는 나라로 분류하는 것 같습니다.

-1993년 10월 28일, 공대생 초청 대화, "미래의 엔지니어들에게"

대기업의 존재 이유

〈KBS 심야토론〉에서 우연히 '재벌'에 대해서 논의되는 과정을 보고 깜짝 놀란 적이 있습니다. 알다시피 저는 작년 같은 경우에는 한 280일을 외국 출장을 다니다 보니까 국내에 들어와서 뉴스를 보는 일이 별로 없다가 그것을 보고 충격을 받았습니다.

많은 사람들의 생각이 대기업에 대해 부정적이라는 것은 이 자리를 통해서 인정합니다. 그런데 우선 우리나라에서 대기업이 우리 경제에 도움이 되느냐, 해가 되느냐, 한번 공청회 비슷하게 논의된 적이 있느냐 하는 것이 중요하다고 봅니다. 한 번도 그런 적이 없어요. 어떤 때는 대기업이 절대 필요하다고 하고, 어떤 때는 대기업이 나쁘다고 하고, 그러니까 우리조차도 사실 기업을 하면서도 잘하는 것인지 못하는 것인지 혼란스러울 때가 많습니다.

또 지금 현재 다른 개발도상국이나 발전해 나가는 나라 가운데 우리나라 대기업을 자기 나라의 모델로 택해서 하나의 목표로, 경쟁력 강화의 목표로 삼으려는 나라가 한두 나라가 아닙니다. 내가 보기에는 많은 나라들이 지금 그렇게 하고 있습니다. 그런데도 불구하고 왜 우리나라에서는 이렇게 지탄을 받아야 되느냐? 여러 가지 이유가 있겠지요.

우리가 해야 할 것은 첫째로, '과연 기업의 역사, 서구 기업의 역사가 어떤 과정을 거쳐서 오늘날처럼 기업이 되었느냐?'를 미국의 경우, 유럽의 경우, 일본의 경우, 다른 나라의 경우를 케이스 스터디 삼아서 봐야 합니다. 그래서 우리나라에는 지금 기업이 생산한다면 얼마가 되기 때문에 어디에 와 있고 우리는 지금 현재 무엇을 해야 되고, 우리가 다른 나라에 비해 잘못한 게 뭐고 잘한 것이 뭐냐, 이것을 분석해서 발표를 해야 됩니다. 그리고 또 무엇을 해야 되느냐 하면, 대기업이 우리나라에 얼마나 도움이 되었느냐, 우리 나름대로 컨설팅을 받아서 이것을 정확하게 봐야 합니다.

요즘 자주 거론되는 투명성 문제도 보스턴컨설팅, 쿠퍼스라이브란드 같은 곳에 용역을 주어서 지금 검토하고 있습니다. 그래서 과연 흔히 얘기하는 정부, 언론, 학계 다 합해서 대기업이 잘하는 것이 무엇이고 잘못하는 것이 무엇이며, 전체적으로 봐서 우리가 어떻게 가야 하는지 이런 것을 제시할 작정입니다. 그래서 대기업이 필요하다면 계속해 갈 것이고, 대기업이 필요 없다면 없애고, 국민이 원하고 정부가 원하고 모든 사람이 원하는 쪽으로 갈 수밖에 없습니다.

앞으로 이런 논의가 반드시 되어야 한다고 봅니다. 그렇게 하지

않고 무조건 어떤 때는 대기업에 대해서 아주 인커리지(encourage)
하고 좋은 것처럼 하다가 어떤 때는 또 완전히… 이렇게 가면 안
된다는 것입니다.

−1998년 7월 31일, 관훈간담회, "희망의 싹을 틔우자"

오너가 아니라
경영자가 주인이다

우리나라도 기업 경영을 한 지 30여 년이 지났기 때문에 이제는 전문 경영인에게 독자적으로 경영할 수 있도록 권한과 책임을 줘야 합니다. 외국의 경우 경영자 중에서 주식을 많이 가지고 있는 사람이 경영하는 회사가 몇 개나 됩니까? 기본적인 주인은 누구냐, 꼭 소유주가 주인이 되는 것이 아니라 경영자가 주인인 것입니다. 100퍼센트 권한을 주고 독자적으로 경영할 수 있는 여건을 만들어 주면 경영하는 동안에는 결과적으로 경영자가 주인입니다. 소유와 경영 분리의 문제도 이런 식으로 해결해야 한다고 생각합니다.

-1998년 10월 13일, PAX KOREANA 21 조찬토론 특강,
"IMF 위기극복을 위한 한국경제의 과제"

3

혁신적 사고,
발상의 전환

PROFILE

THE HARDEST WORKER IN SOUTH KOREA

Dashing around the world, the Daewoo Group's founder sleeps in airplane aisles, never takes a vacation, and sometimes worries bankers with the risks he takes. ■ *by Louis Kraar*

Daewoo's man in Paris *chats with the big boss, Kim*

Kim-Choong, Kim dropped by Paris on a trip to Libya, where Daewoo has $2 billion in construc...

여성 신입사원들에게

대우는 4년 전부터 기혼 여사원을 공개채용해 오다 이번에 처음으로 대졸 여사원을 공개채용하게 됐습니다. 대우가 여성 인력에 관심을 갖게 된 것은 남자와 똑같은 교육 투자를 해 키운 인력이 사장되는 것은 그 당사자뿐만 아니라 국가적으로도 큰 손실이라는 생각에서였습니다. 여성 인력이 활용되지 못하고 따라서 그들의 능력이 제대로 발휘되지 못하고 있는 데는 여러 가지 이유가 있을 것입니다. 우선은 우리나라가 전통적으로 남자는 밖에서 일하고 여자는 집안일을 돌봐야 한다는 관습과 여성에게 부여되어 있는 제도적 불이익, 또 하나는 아직도 좁은 우리나라의 고용시장 때문이라고 봅니다.

다른 하나의 이유를 덧붙인다면 남자들과 같은 책임을 갖지 않으려는 여성 자신의 자세입니다. 많은 직장들이 여성 사원들이 결혼하면 퇴직할 것을 강요해 온 경우도 많지만, 여성 스스로도 결혼을 하면 직장을 그만두고 가정에 충실하는 것이 바람직한 여자의 길로 생각해 왔다는 것입니다. 자의든 타의든 결혼 후에 퇴직이라는 등식은 여성들로 하여금 직장 일에 최선을 다하지 않게 하고 고용주들은 여성의 능력을 높이 평가하지 않는 경향을 낳게 했습니다.

여성이 가정에 충실하는 것이 나쁘다거나, 여성 인력의 낮은 활용도에 대한 원인을 따지자는 것이 아닙니다. 내가 보고자 하는 것은 미래의 한국 사회입니다. 우리나라는 곧 선진 산업사회로의 진입을 눈앞에 두고 있습니다. 산업사회는 복잡성을 그 특징으로 하고 이는 다양한 분야에 보다 많은 전문 인력을 요구하게 됩니다. 이 같은 사회가 되면 남자들만으로 전문 인력을 수급하는 데 한계가 있습니다. 앞으로 여성들의 역할이 여기에 있다고 봅니다.

또한 경제가 발전할수록 문화수준의 요구도 높아질 것입니다. 한쪽만의 수입으로 생활을 할 수는 있어도 여유를 갖고 생활을 즐기기엔 부족합니다. 따라서 앞으로 한국 가정의 수입은 남자 혼자의 수입이 아니라 가족 수입 개념으로 구조가 바뀌어야 한다고 봅니다. 여기에 또한 가정에서 여자의 다른 역할이 발견될 것입니다.

대우는 앞으로 미래의 한국 사회와 미래의 가정, 그리고 미래의 기업 모습을 생각하며 200여 명의 여러분을 모집했습니다. 전통적 사고에서 보면 이는 하나의 모험이고 시험입니다. 왜냐하면 신입사원이 일에 익숙해지려면 최소한 6개월, 스스로 업무를 찾아서 일을 하기에는 2년이 걸리는데 여러분이 2~3년 후 그만둔다면 회사로서는 큰 손실이 될 것이기 때문입니다.

내가 면접시험 때 관심을 가지고 물었던 것은 결혼 후에도 계속 근무를 희망하느냐는 것이었습니다. 99퍼센트가 그럴 계획이라고 답했습니다. 다행스런 일이라 생각하며 여러분의 이런 자세가 변하지 않기를 바랍니다. 모두들 너무 큰 모험이라고 하는 여러분의 채용이 훌륭한 성과를 얻길 바랍니다. 그것은 여러분에게 달려 있다고 봅니다. 여러분은 대우뿐 아니라 다른 기업이나 조직으로부터 관심의 대상이 될 것이며 우리의 성공 여부는 여러분 후배들 진출에 큰 영향을 줄 것입니다. 이런 생각에서 나는 여러분께 몇 가지를 당부하고자 합니다.

첫째는 공채 1기로서 긍지와 사명감을 갖고 일해 달라는 것입니다. 여러분은 어떤 면에서 선구자, 개척자가 될 것입니다. 원하건 원치 않건 간에 회사 안팎으로부터 주시의 대상이 될 것입니다. 부디 자부심과 사명감을 갖고 일해 주기 바랍니다.

둘째는 조직생활에서 인내심을 길러달라는 것입니다. 사회는 한 사람이 사는 것이 아니라 여러 사람이 서로 힘을 합쳐 이루는 예술이라고 봅니다. 즐겁고 신나는 일도 있지만 짜증스럽고 불편한 일도 많습니다. 부하나 동료 혹은 상사들과의 갈등도 있을 수 있고 못마땅한 점도 있을 것입니다. 대우는 전통적으로 친절히 일을 가르쳐주고 할 일을 누가 주는 것이 아닙니다. 창업 이래 지금까지 자기 일을 스스로 찾아 하는 풍토 속에 성장해 왔습니다. 매일 할 일을 가르쳐주면 능동적이고 창조적인 능력이 죽고 수동적이 됩니다. 큰 조직에서는 일을 만들면 많고, 안 하면 또 안 하고 지낼 수도 있습니다. 우선은 여러분이 처음이고 해서 각 사장들에게 여러분이 회사에 잘 적응할 수 있도록 친절히 지도하도록 부탁했지만 여러분은 앞으로 앉아서 할 일이 떨어지기를 기다리는 수동적인 사람이 되지 말고 뭔가 찾아서 하는 적극적인 사람이 되어주기 바랍니다.

셋째는 대우에 대한 소속감을 가져달라는 것입니다. 남자는 일단 입사하면 평생직장으로 생각하고 굳은 각오를 갖고 열심히 일하지만 지금까지 대부분 여성은 입사할 때 큰 포부나 각오가 부족한 것 같습니다. 철저한 직업인이 되겠다는 의식이 부족한 것입니다. 앞으로 여러분 중에 중역도 나오고 사장도 나와야 한다고 나는 생각합니다. 미국뿐 아니라 아시아 다른 나라에도 벌써 여성들이 기업의 회장, 사장, 중역들이 많고 세일즈 책임자가 있는가 하면 여러 분야에 전문 직업인으로서 다양한 능력을 발휘하고 있습니다. 한국 여성이라고 이 같은 능력이 없다고 생각하지 않습니다. 문제는 철저한 직업인으로 성장하겠다는 의식이 부족한 때문이라고 봅니다. 결혼하기 전 잠깐 시간을 보내겠다는 생각이나 사회생활 경험을 하겠다고 생각한 여성이 많다고 하면 우리의 시도는 실패로 돌아갈 것입니다.

마지막으로 여성 사원과 남자 사원 간의 약간의 봉급 차이가 있습니다. 이는 남자들이 국방의무를 수행해야 하는 기간을 고려한다면 여러분이 충분히 이해하리라 믿습니다. 그리고 여러분의 능력이나 근무 자세가 남자들과 차이가 없다는 평가가 나올 때 이 같은 차이는 점차 사라질 것으로 믿습니다.

이와 관련해서 한 가지 덧붙일 말이 있습니다. 여러분이 똑같이 대우를 받기를 주장하기 전에 남자와 똑같이 일할 자세를 가져야 된다는 것입니다. 예를 들어 남자들은 회사 간 혹은 공장 간 전보로 서울에 근무하다 지방 현장으로 발령을 받을 수도 있고 해외 근무나 출장을 갈 수도 있습니다. '나는 여자이기 때문에 지방이나 해외를 갈 수 없다'며 여자의 입장을 강조한다면 같은 대우를 받을 수 없으며 전문 직업인으로서의 자세라고 볼 수 없을 것입니다. 지금은 여사원이 적지만 남녀 사원 수가 비슷해지는 앞날을 생각해 봅시다. 남자들이 차별을 받는다고 아우성칠 것입니다. 이 말은 당장 꼭 이렇게 하겠다는 뜻보다는 남자가 할 수 있는 일을 여자라고 못한다는 자세를 버려야 여러분이 전문 직업인으로 성장할 수 있다는 의미입니다. 회사는 앞으로 여러분이 전문 직업인으로서 성장할 수 있도록 최선의 노력을 할 것입니다. 여러분도 굳은 각오와 선구자적 사명감으로 자기 발전을 위해 노력해 주기 바랍니다.

올해는 한국에서 여성교육이 시작된 지 100년을 맞는 해라고 합니다. 이 같은 해에 대우로서는 여성 대졸 사원 공채 1기를 맞게 된 데 더욱 기쁨을 느낍니다. 여러분의 대우 입사가 여성 사회 참여의 새로운 장을 열고 대우와 여러분이 다 함께 발전하는 전기가 되기를 바랍니다.

−1986년 2월 15일, 신입 대졸 여사원 공채 1기와의 대화

위기에는 위험도 있지만
기회도 있다

현재의 어려움을 극복하기 위해 중요한 것은 '자신감을 갖고 도전하여 개척하고 창조하려는 능동적인 자세'에 있다고 생각된다. 우리는 자주 '위기'라는 말을 쓰는데 이는 위험(risk)과 기회(chance)를 나타내는 두 개의 글자로 되어 있다. 어려운 때에 슬기롭게 대처하면 성공할 수 있는 기회가 온다는 의미로 해석하고 싶다.

—1983년 1월 5일, 《조선일보》 기고, "기업인의 자신감 국민경제 살린다"

~ ~ ~ ~ ~

1970년대 후반 중동 지역에 건설 붐이 크게 일었을 때 대부분의 한국 건설업체들은 사우디아라비아 등 비교적 안정된 국가에 진출해 많은 공사를 수행했습니다. 그러나 대우는 중동 대신 아프리카 지역을 택했습니다. 그 당시 다른 업체들은 이 지역을 거들떠보지 않았습니다. 이 지역은 경제적인 것은 물론 정치적으로나 사회적으로 여러 가지 리스크가 있었습니다. 그러나 대우가 생각한 것은 리스크가 없으면 이익도 없고 리스크가 큰 만큼 그 성취에 상응하는 이득도 크다는 것이었습니다. 물론 이러한 리스크 테이킹 정책(risk taking policy)에서 그 리스크를 얼마나 잘 관리하느냐에 비즈니스 성공의 비결이 담겨 있습니다. 그렇게 하기 위해서는 많은 노력이 필요합니다. 새로운 시장, 새로운 기술, 새로운 산업의 변화에 대한 끊임없는 관찰이 필요합니다. 내가 1년의 반 이상을 해외에서 보내는 것도 현지에서 직접 보고 듣고 느끼고 하여 리스크를 최소화하고 이익을 극대화하기 위해서입니다.

−1986년 1월 30일, 비즈니스위크 주최 corporate planning 100 conference,
"한국의 비즈니스 환경과 대우의 전략"

혁명 같은 혁신이 필요하다

중화학투자 조정 이후부터 주로 해외를 중심으로 일하다가 10년 만에 국내 현장에 와보고 한마디로 경악을 했습니다. 미국의 경우에는 10년 전에는 우리와 비교해 한번 해볼 만하다 싶었는데 지금은 아차 싶은 생각이 듭니다. 캐나다도 마찬가지입니다. 이 나라들은 기업에 가보면 근무시간 이후에도 100개가 넘는 QC팀들이 남아서 생산성 제고를 위해 고민하고 있습니다. 일본은 더합니다. 일본에 가보고 나서는 경악을 넘어 울화통이 터져 밥도 안 먹히고 밤에 잠도 안 왔습니다. 일본의 경영혁신은 10년 전과 비교하면 엄청난 수준입니다. 이런 나라들과 비교해 보면 우리나라는 그때나 지금이나 달라진 것이 없습니다. 일본 미쓰비시 경우에는 우리보다 못한 시설 가지고 30퍼센트만 가동해서 우리의 2분의 1을 생산합니다. 거기는 관리자가 70명인데 우리는 3,000명입니다. 우리는 경비원만 174명입니다. 이것은 아예 타락한 지경이라고 해야 할 것입니다. 이제는 세상 보는 눈부터 달라져야 합니다. 생산은 시설과 정신으로 하는 것인데 지금 우리는 정신이 엉망입니다. 이제는 개선, 개혁 가지고는 안 되겠습니다. 한마디로 혁명을 해야 합니다. 과거의 관리방식을 벗어나야 합니다.

-1989년 12월 19일, 임원세미나 회장과의 대화

~ ~ ~ ~ ~

일본 스즈끼 회사의 근로자들은 우리와는 비교도 안 되는 생산성을 올리고 있었습니다. 그곳에 연수 중인 우리 근로자가 힘이 들어 도저히 못하는 일을 일본의 여성 근로자는 척척 해냅니다. 무엇보다 중요한 것은 넘치는 근로의욕이었습니다.

미국도 예외는 아닙니다. 제가 방문한 폰티악 공장의 근로자들은 늦게까지 남아 품질관리 분임조 활동을 하고 있었습니다. 축적된 기술과 풍부한 자본, 여기에 잠들었던 직업정신까지 되살아난 것을 보고 저는 심각한 위기의식으로 우리 현실을 반성해 보았습니다.

-1990년 3월 3일, 전경련 개최 노사합동연수회 초청연설, "근면성과 리더십"

경비원만 174명

외국 기업들을 보면 모든 면에서 조금씩 조금씩 바뀌어 10년 정
도가 지나면 완전히 새로운 모습을 갖추게 됩니다. 반면에 우리 기
업들은 한번 만든 조직이나 제도를 좀처럼 바꾸려 하지 않습니다.
그래서 한 조직을 20년, 30년 그대로 이끌어 가는 것이 일반화되
어 있습니다. 하지만 요즘처럼 격변하는 시대에는 그것이 결코 허
용되지 않을 것입니다.

한 가지 예를 통해 이 점을 설명드리겠습니다. 제가 3년 전 옥
포에 내려가 대우조선을 현장에서 경영할 당시 조선소에는 경비
원들만 174명에 이르고 있었습니다. 4~5년 전만 하더라도 전반적
인 임금수준이 낮고 생활형편이 어려웠기 때문에 도난을 막기 위
해 경비가 중요했습니다. 그러나 요즘에는 우리나라 1인당 소득이
5,000달러를 넘어서고 근로자들의 월 소득도 대략 100만 원이 넘
습니다. 제가 근로자 가정에 식사 초대를 받아 갔을 때 얘기를 들

어보면 옥포에서는 30만 원 정도면 네 식구가 살 수 있다고 합니다. 이 정도로 여유 있게 생활한다면 과거와 같이 회사 물건을 밖으로 들고 나가는 행위는 없어지게 마련입니다.

따라서 관리가 잘되는 회사라면 이런 실정에 맞게 벌써 경비원을 줄였어야 합니다. 제가 현지에 내려가 맨 처음 단행한 작업은 174명의 경비원을 34명으로 줄인 것입니다. 그리고 1년 후에는 다시 17명으로 줄였습니다. 이것은 사소한 예에 불과하지만 새로운 시각으로 변화된 여건을 보면 어느 기업이나 내부에 90퍼센트 이상의 혁신해야 할 요소가 있을 것입니다. 경영자가 직접 나서서 적극적으로 내부를 들여다보면 낭비와 비능률을 쉽게 찾아낼 수 있습니다. 그렇지 않고 기업인이 구태의연한 자세로 경영에 임한다면 그 기업은 자연히 퇴보할 수밖에 없습니다.

−1992년 5월 22일, 충남대학교 산업대학원 초청강연,
"경영자의 솔선수범과 경영혁명"

상대의 이익, 나의 이익

우리는 대우의 이익만큼 상대방의 이익을 존중합니다. 대우는 아프리카로부터 최근의 사회주의권에 이르기까지 수많은 제3세계 국가들과 경제교류를 펼쳐왔습니다. 그들과 경제협력이 가능했던 가장 중요한 이유는 장기적으로 충실한 경제개발의 파트너가 되고자 했기 때문입니다. 대우는 언제나 그 나라의 입장에서 투자를 주선하고 발전 기반을 제공하는 공존공영의 원칙을 준수했습니다.

−1992년 6월 4일, 러시안 이코노믹 아카데미 특강, "경제발전을 위한 전제"

이익이 공정해야
거래가 오래간다

내가 사업을 하면서 생각하는 것은 거래하는 상대방과 이익을 함께 나누겠다는 것입니다. 즉 50 대 50으로 나눈다는 생각으로 상대편에게 배려를 하는 것입니다. 이것이 누적되면 큰 신뢰가 생깁니다. 이익이 100인데 내가 95를 가지면 다음에는 아무도 상대해 주지 않습니다. 반면에 이윤을 함께 나누면 상대방도 이익이 생기니까 다음에도 계속 거래가 이어질 것입니다. 그렇게 한 번만 더 하면 결국 한 번 거래할 때 이득을 모두 가지는 것보다 오히려 더 많은 이익을 얻게 됩니다. 또 한 번 거래가 이어지면 1.5배가 되고 다시 한 번 더 거래하면 2배가 되는 것입니다. 그러므로 이윤을 함께 나누는 것이 결과적으로는 가장 현명한 방법입니다.

-1985년 1월 16일, 신입사원 교육 회장과의 대화

관행이라는 병

저임금 시대와 고임금 시대의 경영은 그 기본이 달라져야 합니다. 예를 들어서 얘기하면, 저임금 시대에는 기능공, 근로자들이 월급으로 겨우 먹고살았기 때문에 갑자기 무슨 일이 생기면 그것을 해결할 수 있는 여력이 없었습니다. 그러면 회사에서 자재나 부품을 가지고 나가는 경우가 있을 수 있었습니다. 그러다 보니 직원들이 나갈 때 호주머니 조사를 하느라고 수위들이 굉장히 많았다고 합니다. 그때는 1인당 수위의 월급이 10만 원 정도 되었으니까 수위 수가 많아도 별로 부담스럽진 않았습니다.

그런데 그 많은 수위가 고임금 시대가 됐는데도 불구하고 그대로 있으니 어떻게 되겠습니까? 이제는 인권 문제도 있고 해서 수위가 옛날처럼 주머니 뒤지는 일을 할 수가 없습니다. 그러니 일 없이 그냥 있는 겁니다. 처음에 제가 가서 물으니 옥포조선소에 수위가 174명이 있다고 합니다. 요즘은 도둑이 바다로 바지선을 타고 들어와 물건을 싣고 나가기 때문에 수위가 많다고 하더군요. 요새 도둑들이라는 게 무슨 흉기를 들고 들어올지 모르는데 수위가 그것을 당할 수 있습니까? 그래서 제가 셰퍼드를 사줬습니다. 수상한 소리가 날 때 풀어놓으면 수위 10명, 20명보다 개가 잘 덤벼들고 또 예방도 됩니다. 개가 많으니까 아예 오지를 못합니다. 이렇게 해서 수위 숫자가 174명에서 34명이 되었는데, 이건 거의 80퍼센트를 줄인 셈이므로 개선이 아니라 혁명입니다. 제가 떠나면서 그 35명을 또 반으로 줄이라고 했습니다.

한 가지 예를 더 들어보겠습니다. 과거에는 이발소도 회사 내에 설치하고 무료로 이발하게 제공해 주었습니다. 그때는 인건비가 높지 않기 때문에 회사 부담도 크지 않았습니다. 제가 옥포조선소에 가서 보니까 아직도 사내에 이발소가 있었습니다. 한 사람당 비용이 월급을 비롯해 기타 비용 다 포함해서 시간당 2만 원이나 되는데, 옥포는 대지가 한 135만 평 되니까 이발하려면 오는 데 30분, 가는 데 30분, 이발하는 데 1시간 해서 약 2시간이 소요됩니다. 거기다가 이발사 임금이 시간당 5천 원, 이렇게 해서 계산해 보면 한 사람당 머리 깎는 데 4만 5,000원이 들었습니다.

그래서 제가 거제도에 있는 이발소와 다 계약을 하고, 어디든지 표 가지고 가면 한 명당 2,500원에 이발을 하게 했습니다. 4만 5,000원을 2,500원으로 줄인 겁니다. 또 회사 이발관 옆에 목욕탕이 있었는데, 여기는 한 사람당 얼마씩 돈을 받고 있었습니다. 그러니 표 받는 사람이 있어야 하고 그 사람 월급이 100만 원이 넘습니다. 한 달 동안 표 받는 수입은 50만 원도 못 되는데, 월급이 100만 원을 넘으니 결과적으로 50만 원 밑지는 겁니다. 그래서 내가 표 받는 사람 없애고 무료로 이용하게 했습니다.

고임금 시대에는 관리의 기본 개념이라든가 조직이나 제도 같은 것들이 빨리 바뀌어 돌아가야 되는데, 옛날 저임금 시대의 관행이 그대로 남아 있으니 잘될 리가 없습니다. 그래서 제가 경영을 혁명적으로 바꾸라 해서 그때부터 관리혁명이 시작된 것입니다.

−1994년 2월 5일, 내무부 공무원 연수교육 초청특강

일의 급소

1년에 몇 번씩이나 안 된다는 걸 해내면서 느끼는 희열, 이것이 인생의 맛이 아닐까 생각합니다. 한창 성장할 때 보면, 100평 가지고 시작한 공장이 1,000평이 되고, 1,000평이 1만 평이 되고, 1만 평이 10만 평이 되고, 또 우리 종업원 늘어나는 거 보면 그 변화가 마치 신들린 것 같았습니다.

내가 자동차공장에 내려가서 얼마 지난 후에, 비록 엔지니어는 아니지만 내 나름대로 계산해 보고 50만 대 생산할 수 있겠다고 하니까 다들 안 된다고 했습니다. 자동차에 경험 있는 사람들이 30만 대, 32만 대밖에 못한다고 합니다. 그건 고정관념에 빠져서 계산하니까 그렇습니다.

그때 30 몇만 대 이상은 절대 못 나온다고 하던 공장장이 지금은 42만대 나온다고 합니다. 얼마 전까지만 해도 50만 대는 안 된다고 그러더니 요즘 와선 될 것 같다고 그래요. 사실 일이라는 게 수천 가지 과정이 있으면 그중 중요한 것은 4~5가지입니다. 4~5가지를 해결하면 나머지 수천 가지는 자연히 해결되는 것입니다. 바둑에서 포석을 잘하면 되는 것과 똑같습니다. 일에는 바둑의 포석 이상으로 중요한 요소가 있는데, 그 요소만 찾아내면 나머지는 쉽게 해결이 되는 거죠. 사실상 그 요소는 머리가 좋아야 되는 게 아니라 열심히 하다 보면 환히 보입니다.

나폴레옹이 불가능은 없다고 얘길 했다는데, 나도 그런 생각입니다. 어떤 어려움이 닥쳐도 가능하다고 보는 거죠. 남들과 똑같이 정상적인 방법으로 하면 안 됩니다. 그러니까 뭔가 다르게 해야 되는데, 나는 특별한 경우를 빼놓고는 공장에서 밤 12시 반까지 일하다가 퇴근을 하는데, 그런 식으로 (열심히) 하면 뭐든지 잘할 수 있습니다.

-1994년 4월 2일, 문화사랑동우회 초청강연

기술개발은 그런 것이 아니다

흔히 기술개발이다 하면 굉장히 어렵게 생각하는데, 평범한 것부터 시작하면 됩니다. 초기 단계에서는 생산성 올리는 것, 품질을 고급화시키는 것 모두 기술개발입니다. 지금 하고 있는 개발과 관련된 자료들, 각자 머릿속에 들어있는 것 하나씩만 빼내도 기술개발의 자료가 됩니다. 가령 1만 명이 있는 회사라면 1만 개의 자료를 얻게 될 것입니다.

어떤 프로젝트가 끝나면 거기에 대한 평가와 분석을 내려, 잘못된 점과 주의할 사항을 정리합니다. 대우조선에서 요즘 하는 것처럼, 각 부서에서 자기들이 한 일에 대한 자료를 다 모으고 그걸 종합해서 평가 보고회를 한 다음, 그 결과를 정리해 자료로 다시 활용하는 겁니다. 책자로 만들어 여러 사람이 보게 하는 것도 방법이겠지요.

−1994년 4월 29일, 기술전략회의 총평

4

희생·합의·리더십

당신이 어떤 것을
절실히 원한다면

무언가를 해보려고 마음먹었을 때는 반드시 노력이 뒤따라야 합니다. 남이 즐길 때 더 노력하고 더 열심히 하면 기회는 반드시 주어집니다. 열 번 노력하면 열 번, 백 번 노력하면 백 번 찬스가 주어지는 것입니다. 내 경우 노력하고 집중하고 최선을 다하는 동안에 많은 찬스가 왔으며 그때마다 나는 그 찬스를 잡을 수 있었습니다.

개인이 아닌 세대의 노력도 중요합니다. 독일, 미국, 가깝게는 일본을 보더라도 그들의 선대, 적어도 30년, 50년 전의 미국, 독일, 일본 사람들은 지금 같지 않았을 것입니다. 앞 세대가 노력해서 기회를 잡았기 때문에 지금의 발전이 가능해진 것입니다. 지금 우리 세대가 희생적으로 노력해서 무언가 이루어놓지 않으면 우리 자손은 선진국 국민으로 살 수 없습니다. 무언가를 꼭 이룩하고 싶다는 욕망을 가진 사람은 즐기겠다는 생각을 버려야 합니다. 그런 자세를 가져야 우리 세대가 발전을 이룩할 수 있고 그 흔적을 남길 수 있지 않겠느냐는 것이 내 생각이고, 내가 여러분에게 바라는 것입니다.

—1977년 11월 29일, 신입사원과의 대화

"즐길 수 있겠습니까?"

질문 대우를 이만큼 만들어 놓았으니 이제 생활도 좀 즐기시고… 왜 외국의 부호들은 여러 가지로 엔조이하지 않아요?

철가면을 쓴다면 몰라도, 우리 사회가 고도 산업사회가 되고 다 잘살게 되면 남이 뭘 하건 관심을 두지 않게 되겠지만 말이지요. 지금은 안 됩니다. 만일 제가 외국의 재벌들처럼 생활하고 엔조이 한다면 회사가 유지되겠습니까? 중역들이 그렇게 할 거고 그 밑에 부장 차장들이 그렇게 할 거고, 또 그 밑에서 그렇게 할 거고…. 그러다 보면 엉망이 될 밖에요. 그래서 제겐 그저 사업뿐이지요. 사업을 하다 보면 변동도 있고 기복도 있고 해서 저는 사업을 참 즐기고 있어요. 모르겠습니다. 남들이야 어떻게 보고 있는지….

-1982년,《신동아》 대담, "길거리에 돈이 굴러 다닌다"

상위 10퍼센트가
정신 차려야 한다

가장 기본적인 문제는 요사이 10퍼센트의 있는 사람과 90퍼센트의 일반 국민들 간의 격차가 옛날보다 더 커졌다는 점이다. 그러다 보니 상류층에 대한 국민들의 부정적인 심리가 생겨나고 있다. 이럴 때일수록 기업인뿐만 아니라 교수 등 각 분야의 선도 계층이 정신을 차리고 자기 분수에 맞게 살아야 한다.

상대적 불만에서 부정적 심리가 생기는 것이므로 이를 줄이려면 아래를 끌어올리든가 위를 끌어내리는 방법밖에 없다고 본다. 그러나 우리에게는 밑을 끌어올릴 능력이 없다. 능력 없이 끌어올리려면 무리가 온다. 따라서 위를 내려서 일체감을 갖도록 하는 것이 바른 해결책이 아니겠는가? 과소비가 상대적 빈곤과 양극화 현상을 가속화시키고 있는데 절제가 크게 필요하다.

−1985년 4월 15일, 《세계저널》

~ ~ ~ ~ ~ ~

　우리 사회의 경쟁력이나 여건 면에서 볼 때 90퍼센트 이상의 다수자들에게 지금보다 나은 생활을 보장해 줄 수 있는 여력이 우리에게 있느냐를 묻고 싶어요. 10퍼센트의 소수 상층부는 기준을 넘어 올라가고 있는데 나머지 90퍼센트는 올라가려야 올라갈 수 없으니 격차가 심해지고 있는 것입니다. 그 사람들이 납득이 되지 않는 이유는 상대적인 불만 때문입니다. 서로가 컨센서스를 이루려면 상위 10퍼센트의 소수집단이 내려가는 방법밖에 없습니다. 지난번에도 중역들과 얘기했지만 신입사원, 근로자들이 입사를 하면 같이 대화를 통해서 무엇을 생각하고 있는지 들어볼 필요가 있어요. 부하직원들의 생각을 모르고 어떻게 경영을 할 수 있겠어요? 위에서 모범을 보이고 항상 관심을 기울여야 합니다.

-1985년 4월 7일, STORM '85 임원세미나 회장과의 대화

앞 세대의 희생을 생각한다

    돌이켜보면 1960년도에 우리의 1인당 GNP가 70달러였고 수출액이 3,300만 달러였습니다. 그런 어려운 상황에서 우리 선대들은 굶고 할 것 안 하면서 우리를 교육시켰습니다. 부모 세대가 그만한 희생을 해서 대학이라도 나왔으니까 우리가 무엇이라도 아는 것처럼 이야기하지 않습니까? 만일 역사가가 평가할 때 1960년대의 부모가 과연 어떻게 했다고 정의하겠습니까? 우리 선대는 교육이라도 시켜주었습니다. 지금 우리도 똑같이 교육만 시켜줄 것인가 한번 생각해 봐야 합니다.

-1985년 4월 7일, STORM '85 임원세미나 회장과의 대화

~ ~ ~ ~ ~ ~

역사에서 보면 발전은 앞선 세대가 자기희생을 통해 이룩한 결과를 다음 세대가 계승·발전시켜 온 것이라 할 수 있습니다. 최근의 우리 역사에서 첫 희생 세대는 애국계몽 운동가, 제2세대는 독립운동가들, 제3세대는 건국 주역들이라 할 수 있고 제4세대는 밥을 굶으면서도 못 배운 한을 풀기 위해 고생하며 교육이라는 위대한 유산을 물려준 우리 앞 세대, 그리고 제5세대는 경제발전의 기틀을 다진 현재의 우리 세대라 할 수 있습니다.

−1987년 6월 23일, 경찰대학교 학생들과의 대화

오지 병원의 쓸쓸한 현실

최근 들어 우리나라에서도 무인 등대들이 늘어간다는 말을 들었습니다. 수년 사이 등대지기를 하겠다는 사람이 점점 줄어들어서 무인 등대의 비율이 높아지고 있다는 것입니다. 저는 이 얘기를 들으면서 저희 대우가 복지사업의 일환으로 지은 낙도·오지의 대우병원을 생각해 보았습니다. 열악한 근무 조건, 외로움, 문화적 단절감, 그리고 거기에 자녀들의 교육문제까지 겹쳐서 등대지기가 줄어들 듯이 대우병원도 의료인을 구하기 힘든 실정에 있기 때문입니다.

지금 대우재단이 낙도·오지에서 운영하는 네 개의 병원에는 모두 100명에 가까운 의료인들이 연간 약 30만 명의 주민들에게 의료 혜택을 주고 있습니다. 뿐만 아니라 그 지역의 중·고등학생들에 대한 장학사업도 지속적으로 해나가고 있습니다. 이분들은 이제 단지 병을 치료하는 의사가 아니라 지역 주민들로부터 존경과 신뢰를 한 몸에 받는 스승이 되어 있습니다. 지금 심각한 문제는 낙도 병원의 후임자를 못 구하고 있는 점입니다. 현실적인 어려움 때문에 젊은 의료인들이 선뜻 자원하지를 않습니다. 이해는 충분히 하지만 짧은 기간이나마 인술을 실천하려는 사람이 이렇게 없구나 생각하면 조금 씁쓸한 것도 사실입니다.

-1992년 9월 18일, 메디컬 와이즈먼즈 클럽 초청강연, "전환기의 한국경제"

리더의 3계명:
비전, 용기, 희생정신

한국에서 직업 비행사를 빼고 저만큼 비행기를 많이 탄 사람이 드물 것입니다. 저만큼 수많은 외국인을 만난 사람은 없을지도 모릅니다. 그리고 단언컨대 세계 각국의 통치자를 저만큼 많이 만난 사람은 없을 것입니다. 그들의 이름을 일일이 열거하는 것은 큰 의미가 없습니다. 세계적 지도자들을 만나면서 지도자가 갖춰야 덕목에 대해 많은 생각을 할 수 있었습니다. 나름대로 훌륭한 지도자상을 정리하게도 되었습니다. 그것을 세 단어로 압축한다면 비전, 용기, 희생정신입니다. 제가 느낀 것은 바로 훌륭한 지도자는 훌륭한 국가를 만들고, 위대한 국민이 위대한 지도자를 창조한다는 것이었습니다.

−1992년 10월 25일, 전남대학교 경영자과정 초청강연

나는 부자로 남기보다 멋진
경영인으로 평가받고 싶습니다.
나는 열심히 버는 데는 자신이 있지만
잘 쓰는 일은 다른 전문가가 해야
한다고 생각합니다. 대우재단은
내가 주식을 내놓아 설립된 것인데
지금은 재산이 500억 원 정도
될 것입니다. 나는 없어지더라도
대우재단의 이름은
영원히 계속될 것입니다.

2라운드는 없다

일에 미치면 누구나 대가가 될 수 있습니다. 대가가 되면 앞이 보이고, 앞이 보이면 남보다 빨리 가고. 이건 틀림없습니다. 지금 우리 형편에서 열심히 하는 것 말고는 별다른 방법이 없지 않나 하는 것이 내 생각입니다.

선진국은 쌓아놓은 게 많기 때문에 한 세대 정도 먹고 놀아도 남는 게 있고, 기초가 있으므로 다시 시작할 수 있지만, 우리는 한 세대만 잘못 가도 완전히 끝나고 맙니다. 한 세대가 잘못된다는 건 20년 동안 나라가 엉망진창이 된다는 것을 뜻합니다. 터키, 그리스, 그리고 남미 등 여러 나라도 다 끝장났다가 다시 시작한 겁니다. 스페인도 그중 하나입니다. 그러니까 우리도 지금 20대, 30대들까지도 다 같이 잘해야 선진국이 될 수 있고, 다음 세대에게 잘 사는 나라를 물려줄 수 있습니다. 그렇지 않습니까?

-1994년 4월 2일, 문화사랑동우회 초청강연

우리에겐 아직 쉴 시간이 없다

선진국들이 수백 년 동안 쌓아온 경쟁력을 수십 년 만에 따라잡기 위해서는 더 열심히 노력해야 합니다. 우리에게는 아직 쉴 시간이 없습니다. 앞으로 수년 내에 선진국과의 격차를 줄이지 못하면 우리나라가 선진국에 진입할 수 있는 기회는 다시 찾아오지 않을 것입니다.

-1995년 4월 13일, 제주상공회의소 초청강연,
"세계화를 위한 기업의 과제와 전략"

80억 원을 모은 동창회

제가 연세대 상경대학 동창회장을 맡아서 일을 하는데, 학교에서 돈을 모아 상경관을 짓자고 해서 방법을 연구했습니다. 보통 100억 원을 단과대학 동창회에서 모은다는 것은 굉장히 어려운 일로 누구든지 상상도 못하고 아예 시도하지도 않을 것입니다. 그런데 저는 한 달에 월급의 1퍼센트씩 학교를 짓는 데 모아보자고 해서 3~4년에 걸쳐서 우리가 80억 원을 모은 기억이 납니다. 그것이 결과적으로 보면, 전체 졸업생들의 컨센서스입니다.

처음 생각하면 안 되는 것도 된다고 생각하고, 방법을 찾아서 서로가 노력해서 해나가면 되는 방법이 생길 수도 있습니다. 예를 들어서 우리는 졸업생 한 사람당 1년에 10만 원 내는 모금운동을 했습니다. 물론 처음에는 잘 안 되지만, 시간이 지날수록 서로 마음이 합쳐져서 10만 원씩 내는 인원수가 늘어나니까 그것이 가능하더란 말입니다.

제가 왜 이런 말씀을 드리냐 하면, 저는 불가능한 것은 없다고 봅니다. 다 가능하게끔 되어 있는데, 하지 않고 한 것처럼 포기하는 것이 제일 무서운 것입니다.

-1998년 7월 31일, 관훈간담회, "희망의 싹을 틔우자"

5
공존공영

낙도에 병원을 지은 까닭

사업을 해서 상당한 이익이 생겨났습니다. 그래서 1970년도 초에 뭔가 '좋은 일'을 해야 되겠다 싶어가지고 한 2년에 걸쳐서 뭐를 하는 게 좋겠는지를 연구한 적이 있습니다. 그 당시에 나온 결과를 보면, 우리나라가 해외에 너무 잘못 알려져 있기 때문에 오케스트라를 만들어가지고 세계 연주를 하면서 우리나라의 우수성을 한 번 보이는 것도 좋지 않느냐 하는 얘기가 있었습니다. 그런데 그것은 너무 사치라고 하면서 다른 얘기들이 나오다가, 결과적으로 그 당시에는 병원 혜택을 못 받고 있는 곳이 많다고 해서 그런 지역에 병원을 건설하기로 했습니다. 그래서 병원이 없는 낙도와 오지에 그때부터 저희가 병원을 지어서 의료 혜택을 무료로 제공해 오고 있습니다.

-1997년 4월 24일, 군산대 사회과학대학 최고경영관리자과정 초청강연,
"세계화와 군산경제의 발전방안"

정부가 못하면 우리라도 해야

우리 회사는 금년에 아주공대에 50억 원을 냈습니다. 그리고 금년 안으로 50억 원 정도로 문화재단 설립을 마무리 지을 계획입니다. 가능하면 정부가 예산상, 행정상으로 전혀 손을 못 대는 데에 병원, 학교 설립 또는 교통수단을 협조할 생각입니다.

−1977년 11월 29일, 신입사원과의 대화

나는 돕기만 할 뿐

제가 사업을 하면서 절실히 느낀 일인데, 우리나라는 각 분야마다, 특히 학술적인 부문, 또 기술연구 부문 같은 데 기초가 안 되어 있는 것 같아요. 기초학문 하시는 분들이 푸대접을 받고 있어요. 그런 분야를 도와드리고 싶어요. 하지만 돈 버는 사람 따로 있고 돈 쓰는 사람 따로 있으니까, 재단의 사업에 저는 간섭을 안 합니다. 그 방면에 잘 알지도 못하는 사람이 이래라 저래라 하면 일이 더 안 되니까요.

—1982년, 《신동아》 대담, "길거리에 돈이 굴러 다닌다"

~ ~ ~ ~ ~

기초과학 연구가 활발치 못하면 기술의 모방자는 될 수 있어도 기술의 창조자는 될 수 없습니다. 우리는 지금 기술을 모방하는 단

계에 있지만 이젠 창조하는 단계로 가지 않으면 안 됩니다. 나는
이런 뜻에서 수년 전부터 우리라도 앞장서자며 대우재단에서 하는
연구지원을 기초학문분야에 집중시키고 있습니다.

-1986년 12월, 경제기획원 특강

부자로만 남기 싫다

나는 부자로 남기보다 멋진 경영인으로 평가받고 싶습니다. 나는 열심히 버는 데는 자신이 있지만 잘 쓰는 일은 다른 전문가가 해야 한다고 생각합니다. 대우재단은 내가 주식을 내놓아 설립된 것인데 지금은 재산이 500억 원 정도 될 것입니다. 나는 없어지더라도 대우재단의 이름은 영원히 계속될 것입니다.

－1984년, 대담, 출처 미상

100년 회사의 꿈

이 자리에서 분명히 이야기하는데 저는 소유에 대한 욕망이 없습니다. 그런 것 없이 회사를 잘 만들어서 100년이고, 1000년이고 회사가 지속되는 튼튼한 기초를 내가 맡은 동안에 만들 것입니다. 그렇게 해서 소유와 경영의 분리를 이상적으로 실천하는 모범 회사로 계속 발전해 가는 것이 내 조그만 소망입니다.

-1985년 4월 7일, STORM '85 임원세미나 회장과의 대화

기초에 대한 투자

우리나라가 안고 있는 문제 가운데 하나는 안 배운 상태에서 시작해 배워가면서 하다 보니까 앞에 놓여 있는 급한 것부터 처리해야 해서 현실 여건에 너무 얽매여 있다는 것입니다. 당장의 필요에 따라 사람을 활용하다 보니 교육도 이런 현실에 치중한 교육이 이루어지고 또 그런 교육을 받은 사람이 필드에서 인정을 받았습니다. 사회에서 이렇게 요구하니까 학생들도 다 그쪽으로 갑니다. 이러다 보니 현실 문제를 처리해 가는 사람은 많은데 장래에 필요한 공부를 하는 사람, 예를 들어서 미래학, 심리학, 철학, 기초과학 등을 하는 사람, 과학자나 사상을 연구하는 쪽으로는 수요가 없어서 인문, 이공계의 기초과학을 하는 사람이 인정을 못 받고 오히려 현실 여건에 맞추기 위해 진로를 바꾸고 있습니다. 기업도 우선 잘 만들고 품질을 높이고 생산성을 향상시키는 데만 신경을 썼지 무엇을 발명한다든가 창조한다든가 하는 연구에 대해서는 소홀합니다.

'잘 만들지도 못하는데 무슨 개발을 하느냐'라고 생각하기 때문에 너무 현실에 치중하고 있습니다. 기술개발이라든가 사상적인 정립이라든가 이런 것이 우리 사회에 빈곤합니다. 현실에 치중할 것은 치중해 가면서 또 한편으로는 미래를 위해 사람에 대한 투자가 절실히 필요합니다. 우리 대우재단에서도 기초과학 하는 사람에게 지원을 하고 있는데, 회사에서도 매년 유학을 보낸다든가 하는 식으로 사람 키우는 노력을 계속해 나가야 합니다.

—1984년 12월 14일, 신입사원과의 대화

~ ~ ~ ~ ~

엔지니어들은 있는 그대로 만드는 쪽으로만 접근을 합니다. 그런데 연구하고 창조하는 쪽의 과학자는 접근하는 방법이 근본적으로 다릅니다. 우리가 창의적인 제품을 만들려면 발명을 해야 합니다. 발명을 하려면 엔지니어와 함께 과학자를 키워야 하고, 과학자를 키우려면 과학자가 인정받고 존경받는 사회가 되어야 합니다. 최근에는 다행히 기초과학을 하는 사람이 늘어나고 있습니다. 기초과학 인재를 양성해야 한다는 이야기를 내가 7~8년 전부터 주장해 왔습니다. 내 나름대로 재단을 만들어서 기초과학 하는 사람을 지원하는 것도 그런 분위기 형성을 위해서, 그런 사람들이 사회적 대우를 받게 하기 위해서입니다.

—1985년 5월 23일, STORM '85 교육 부서장과정 회장과의 대화

100억이 넘어가는 재산은
사회의 것

질문 많은 젊은이들이 궁금해하는 것이 있습니다. 어떻게 해야 사업에 성공할 수 있습니까?

돈을 벌겠다는 마음부터 비워야 합니다. 오너가 자기 호주머니의 돈만을 계산하고 거기에 연연하면 절대 성공하지 못합니다. 그때부터 사양길로 들어선 것이나 마찬가지입니다. 한마디로 재산에 얽매여 있으면 인생 말로가 지저분해지고 사업에 대한 자신감도 없어집니다. 재산이 100억 원이 넘어가면 그때부터는 자기 재산이 아닙니다. 사회의 것이죠. 자신의 재산을 비롯해 모든 것을 내던지면 사업은 저절로 성공하고 돈도 따라오게 됩니다.

−1995년 9월 16일, 《조선일보》 인터뷰

6
미래를 내다본다

10년 후를 보는 눈

10년 후에는 세상이 어떻게 변할지 항상 관심 있게 지켜봐야 합니다. 그래야 적기에 준비를 할 수가 있거든요. 변화가 생겨나기 시작한 후에는 대처하기 힘들어집니다. 그때는 이미 늦은 거지요. 앞으로 어떤 변화가 생길지에 대해 관심을 가지고 살펴보는 사람은 동시에 그 대비도 시작하게 됩니다. 그런 사람만이 변화 속에서 기회를 잡을 수 있습니다. 그러면 10년 앞을 어떻게 볼 수 있느냐? 절실한 마음으로 보면 누구나 다 보입니다.

—출처 미상

국민소득 8,000달러의 꿈

변화를 올바르게 수용하고 대응해 나가는 것도 중요하지만 지금은 그 변화를 우리가 창조해 나갈 때입니다. 만약 우리가 모두 힘을 합치고 지도적 위치에 있는 사람들이 변화를 잘 이끌어 낸다면 앞으로 5년 후(1992년)에는 국민 1인당 소득이 8,000달러에 이를 것이라고 저는 생각하고 있습니다.

우리 경제가 지금부터 연간 12~15퍼센트로 5년간 성장한다면 6,000달러 가까운 수치가 나옵니다. 적어도 우리나라 돈이 1년에 6퍼센트 이상 가치가 오른다고 전제하면 앞으로 5년간 30퍼센트가 됩니다. 그 30퍼센트를 추가로 적용하면 8,000달러는 충분히 가능한 숫자입니다. 이렇게 되면 우리는 8,000달러의 1인당 국민소득을 가진 나라로서 당당하게 선진국 대열에 끼게 되고 한 번 그렇게 되면 이후에는 더 빠르게 발전해 나갈 수 있습니다.

−1987년 12월 26일, 해외지사장 회의

절실하면 보이는 것들

1977년에 회사 설립 10년을 맞아 동아방송에서 권오기 주필과 대담을 한 적이 있었습니다. 한 달가량 대담을 했는데, 첫 방송에서 권 주필이 앞으로 대우가 10년 후면 얼마를 수출할 수 있겠느냐고 물어, 제가 35억 달러 정도 될 것이라고 대답했습니다. 그런데 10년 후인 1987년에 보니까 그 예측이 거의 맞았다는 것을 알 수 있었습니다. 사람이 자기 일에 열심일 때에는 미래를 보는 눈도 대단히 정확해집니다. 최선을 다해 열심히 일하는 사람은 도가 트이고 앞이 보여서 미래 대책이 정확하게 서는 것입니다.

-1991년, YPO 서울지회 초청강연

~ ~ ~ ~ ~ ~

이런 일도 있었다. 1986년 말 중앙부처 고급공무원들을 대상으로 강의를 했는데, 그때 내가 내린 다음 해의 국제수지 전망이 100억 달러 흑자였다. 이 말을 듣고 많은 경제관료들이 너무 낙관적이라고 혹평을 했다. 정부 예측이 대체로 60억 달러 선에서 왔다 갔다 할 때였다. 그러나 그해 우리는 76억 달러의 흑자를 냈다. 극심한 노사분규가 발생하고도 그만한 흑자를 냈으니 노사분규가 없었더라면 100억 달러는 충분히 갈 수 있었다.

−1992년, 《신동아》 11월호 특별기고

민주화 못지않게
세계화도 급하다

지금 우리는 두 개의 커다란 물결에 직면하고 있습니다. 하나는 내적인 민주화의 물결이고 다른 하나는 외적인 국제화의 물결입니다. 나는 이 파고 높은 두 물결이 필경 5000년 한민족의 역사에 가장 획기적인 변화를 가져올 것으로 확신하고 있습니다.

그러나 기업인의 입장에서 내가 느끼는 솔직한 심경은 지금 민주화에 결집되고 있는 국민적 총화에 비해 국제화에 대한 관심은 비교적 일반인들로부터 소외되고 있다는 것입니다. 심지어는 국가 경제의 앞날을 짊어지고 있는 우리 기업인과 기업 종사자 사이에서마저도 국제화에 대한 인식이 높다고 말하기 어려운 실정입니다.

과거와 지금은 경제력 증대의 수단에 현저한 차이가 생겼습니다. 지난날에는 무력에 의한 영토의 확대를 그 수단으로 한 데 반해 지금은 교역에 의한 국부의 확대를 수단으로 삼고 있습니다. 이것이 국제화 문제에 중요성을 부여하는 첫 번째 이유입이다.

우리가 지난 20년의 경험을 통해 명심해야 할 것은 국제관계에서 우리가 '밀면' 개척자가 되지만 수세로 '몰리면' 당하는 처지에 놓이게 된다는 점입니다.

지금까지 조인트벤처 전략이다 하면 대부분 해외 자본을 국내에 들여와 생산기지를 건설하는 것이었지만 이제는 무대를 해외로 옮겨 해외에서의 조인트벤처 전략을 수행해야 할 시기라고 생각합니다. 이것을 나는 한국의 글로벌라이제이션의 시발점으로 보고 싶습니다.

−1987년 7월 16일, 전경련 하계 최고경영자과정 세미나

노사가 합의해 낸
'무노동 무임금'

이번 노사분규는 전환기적 성격을 가지고 있습니다. 따라서 다소 손해가 나더라도 원칙적으로 대응하고 문제의 근본적인 해결을 모색해 나가는 것이 마땅하다고 생각합니다. 그것이 기업이 해야 할 일이라는 생각 아래 대우에서는 무엇보다 룰을 정립하는 데 최우선적 노력을 기울였습니다.

대우가 내세운 '노 워크 노 페이' 원칙이나 '노조의 대표성' 문제는 합법적 테두리 내에서 서로의 주장을 이해하고 더 이상의 큰 파국을 미연에 방지하려고 제시한 것입니다. 명확한 룰이 없으면 문제가 해결되기도 어렵고 같은 문제가 다시 반복될 것입니다. 결국 우리는 합의를 이룩했습니다. 그동안 고양이 목에 방울 달기라며 기피했던 '노 워크 노 페이' 원칙, 이른바 파업기간 중에는 임금을 지불하지 않는다는 원칙에 대해 처음으로 노사간의 공감을 이루어 낼 수 있었습니다. 제 생각에 노사문제는 이제 일시적 현상이 아닙니다. 따라서 합리적이고 건전한 노사관계의 정립은 사회 전체가 관심을 가지고 이룩해야 할 중요한 과제라 생각됩니다.

　　　　　−1988년 6월 28일, 법무연수원 검사 교육, "격랑기 시대상황과 우리의 대응"

기초과학의 힘

　우리나라 역사를 보면 우리나라에 기초학문이 시작이 된 것이 1980년대입니다. 우리 때만 하더라도 물리학을 했다는 친구가 외국 가서 물리학 박사학위 받고 1~2년 연구소에 있다가 한국에 들어오려고 하면 갈 데가 없었습니다. 서울대조차도 그런 교수들을 받지 않았습니다. 그래서 다시 엔지니어링 쪽이나 경영학을 다시 공부를 해 가지고 와서 일자리를 얻는 그런 상황이었습니다.

　그러던 것이 1980년대를 넘어서면서 기업들도 기술이 중요하다는 것을 알았습니다. 옛날에는 어떻게 만드느냐만 중요했지 기술 가지고 논의하는 경우는 별로 없었어요. 그 당시만 해도 여러분도 기억해 보시면 알겠지만 기술은 가져다 쓸 수 있었어요. 그런데 우리가 계속 경쟁력을 키워나가니까 기술을 쉽게 주다가 안 주기 시작했거든요. 그래서 자체 기술이 필요해진 겁니다. 기술을 우리가 가지려고 보니까 기본은 사이언스, 그러니까 과학에서부터 기술이 나오는 거지 엔지니어링에서 나오는 것이 아닙니다.

그렇기 때문에 기초 기술을 필요로 하게 되고, 그때부터 기초학문을 하는 사람들이 인정을 받기 시작했습니다. 최근에 와서는 우수한 학생들이 대학원을 기초학문 쪽으로 갑니다. 그것은 왜 그러느냐? 사회가 필요로 하고 국가가 필요로 하기 때문에 그쪽으로 간다 이거죠. 지금 우리가 1980년부터 했으니까 기초학문을 시작한지 15년 넘게 됐거든요. 옛날에는 기초학문 쪽에 우수한 사람들이 가기보다는 오히려 화공학 같은 데가 제일 높았단 말이죠. 지금은 우수한 사람들이 기초 쪽으로도 가기 시작했어요. 그 사람들이 공부를 해서 박사학위 받고 지금 국내로 들어오기 시작하거나 연구소에서 실력을 쌓고 있습니다.

우리 연구소도 보면 지금 하고 있는 것은 전부 가지고 있는 기술을 개선하는 쪽이고, 창조기술 쪽에는 20~30퍼센트 정도 참여하고 있습니다. 앞으로 그런 사람들이 돌아오면 창조기술 중심으로 연구소 형태가 바뀌겠죠. 그렇게 5년 이상 해서 제가 보기에 2005년쯤 되면 우리 기술을 해외에 소개하고 특허를 내서 기술에서도 경쟁이 시작되지 않겠느냐? 그래서 2010년 정도 되면 기술의 꽃이 피어서 우리도 전문화된 사업으로 갈 수 있을 것입니다.

－1997년 5월 29일, 총무처 중앙공무원연수원 초청강연,
"대우의 세계 일류화 전략"

밖에서 이기지 못하면
안에서도 어렵다

중소기업 사장님들이 여기 많이 와 계시다고 해서 제가 한 가지만 조언을 드리려고 합니다. 앞으로는 자기 회사 제품이 수출이 안 되는 제품이면 국내에서도 경쟁하기 힘들지 않겠느냐… 우리나라에서는 무역장벽을 쌓고 관세를 높여서 국내 산업을 보호해 주는 이러한 형태의 접근이 점점 더 어려워집니다.

그렇기 때문에 수출해서 밖에서 경쟁해서 이겨야만이 국내에서도 살아남을 수 있습니다. 또 우리나라 시장 규모를 봐도 크지가 않기 때문에 여러분이 안에서만이 아니라 밖에 나가서도 사업을 해야 규모의 경제를 이룰 수 있습니다. 앞으로는 수출이 안 되는 제품을 가지고 국내에서만 향유할 수 있는 그런 상황은 오지 않는다, 그러니까 여러분은 제품을 꼭 수출해야 된다, 이렇게 조언하고 싶습니다.

−1997년 7월 25일, 전경련 하계세미나 특별강연, "변화의 주역, 기업"

경영자 혁명의 시대

2000년대에 가면 자연적으로 소유와 경영이 분리되어 전문 경영인 시대가 올 겁니다. 여러분도 알다시피 최근에 저희 회사에서 회장을 맡았던 배순훈 박사가 정보통신부 장관으로 가고, 또 중공업 회장하던 윤영석 회장이 공기업인 한국중공업 사장으로 갔습니다. 앞으로 2000년부터는 이렇게 전문 경영인 시대가 올 겁니다. 만약 그게 성공하지 못한다면 우리나라 자본주의는 힘들다고 봅니다. 어차피 오게 될 일이기 때문에 그런 방향으로 간다고 여러분이 생각하시고 지켜봐 주셨으면 고맙겠습니다.

−1998년 5월 22일, 사법연수원생 초청특강,
"자신감을 가지고 경제위기를 극복하자"

~ ~ ~ ~ ~ ~

우리나라도 벌써 기업을 한 지가 30~40년이 되었기 때문에 전문 경영인 출신 최고경영자들이 탄생되었습니다. 옛날에는 사실 기업을 맡기려고 해도 기업을 맡아서 할 수 있는 경영자가 없었습니다. 이제는 30년 이상 지나서 그동안 전문 경영인으로서 자질을 갖춘 분들이 쏟아져 나올 때가 되었기 때문에 21세기에는 자동적으로 전문 경영인 시대가 오지 않겠느냐, 소유와 경영이 분리되는 이런 방향으로 점점 발전해 가지 않겠느냐 하고 저는 생각합니다.

−1998년 10월 28일, 자유기업센터 언론인 경제연수 초청강연,
"IMF 위기극복을 위한 한국경제의 과제"

10년 관리혁명의 결과

저희 회사는 1989년부터 '관리혁명'이라고 이름 붙여서 경영혁신운동을 추진해 왔습니다. 지금 우리는 국내에 있는 인원이 8만 5,000명입니다. 대략 숫자상으로 우리 회사가 다른 회사의 절반 정도입니다. 이것은 계속해서 그동안 불황에 대비해 노력해 온 결과입니다. 호황에 사람들이 나가면 얼마든지 직장을 구할 수 있지만, 불황에 나가면 완전히 외톨이가 되고 맙니다. 정말 오갈 데 없는 처지가 되고 맙니다.

−1998년 10월 13일, PAX KOREANA 21 조찬토론 특강,
"IMF 위기극복을 위한 한국경제의 과제"

금융이 중요해진다

앞으로 코스트 요인에서 금융이 기술보다도 높은 비중을 차지할 것입니다. 금융의 중요성이란 것은 루빈 재무장관에 대한 평가를 보아도 잘 알 수 있습니다. 그 사람이 그만두면 주식 값이 얼마가 떨어진다고 말하지 않습니까? 우리는 제조업을 통해서 만들어지는 부가가치로 먹고살기 때문에, 금융이 제대로 되지 않으면 큰 어려움을 겪게 됩니다. 앞으로 우리나라가 살아가는 데 있어서 금융이 아주 중요한 요소가 될 것입니다. 예를 들어, 은행을 불하한다, 옥션 한다 하는데, 오늘도 두 은행에 1조 원을 더 넣어주지 않으면 로드쇼에 나갈 수 없다고 신문에 나왔더군요. 이대로 방치해두면 가치 있는 것도 가치 없게 팔리게 됩니다. 한화에서 에너지를 하도 싸게 판다고 하기에, 우리가 산다고 달려들어 4배 비싸게 받게 했습니다. 금융도 마찬가지입니다. 아무도 안 한다고 하면 헐값에 팔리고 맙니다.

은행은 대략 값이 얼마 정도 하는지 다 나와 있습니다. 외국에서는 은행 점포당 300만 달러 정도 합니다. 한번 계산해 보면, 은행 지점들 수수료만 따져 봐도 프리미엄만 거의 6억 달러에서 10억 달러 정도 됩니다. 그런데 전혀 그런 것들이 고려되지 않고 있습니다. 또 팔더라도 서구 자본이 들어와서 금융을 지배했을 때의 부작용을 냉정하게 고려해 봐야 합니다. 우리가 오늘만 사는 것이 아니라, 내일을 위해서 사는 것 아닙니까?

−1998년 7월 23일, 국민회의 열린정치포럼 조찬간담회,

"기업구조조정에 대한 재계의 입장"

~ ~ ~ ~ ~ ~

지금까지 국제경쟁을 수행해 나가는 과정에서 흔히 말하는 기술과 생산성, 품질, 임금 등은 우리의 경쟁력을 담보하는 핵심 요소가 되어왔습니다. 그러나 이제는 이러한 분야의 경쟁력 자체가 상당 부분 평준화를 이룬 상태인 만큼 더 이상 특정 국가가 일방적인 비교우위를 점하기 힘들게 되었습니다. 따라서 금융 비용을 어떻게 관리하느냐가 전체 원가를 낮추는 데 결정적 영향을 미치게 됩니다. 특히 우리나라는 원자재를 들여와 이를 가공한 다음 다시 수출함으로써 부가가치를 창출하는 경제구조가 불가피하기 때문에 금융은 어느 나라보다 중요한 기능을 담당해야 합니다.

−1998년 8월 18일, 한국경제학회 초청강연, "경제위기 극복과 국제경쟁력"

흔히 "기업 하는 사람의 목표는 이윤추구다"라고 하지만 기업의 목표는 이윤이 전부일 수는 없습니다. 오히려 이윤은 기업가의 창조·도전에 대한 대가일 뿐입니다.

7

한국의 미래를 그린다

2000년대의 국가발전 전략*

– 1992년 8월 25일, 관훈토론회 기조연설과 질의응답

지난 1984년 저는 이미 한차례 이 자리에 선 적이 있습니다. 당시 저는 젊은 기업인으로서 전환기에 놓인 한국 사회와 기업 현실에 대해 솔직한 저의 입장을 밝혔습니다. 그때 어떠한 난제와 협곡(狹谷)이 존재하더라도 이를 회피하거나 도망치지 말고 숙명적 책임의식으로 받아들여 대처해야 함을 강조했던 것으로 기억합니다. 변혁의 시대요, 불확실성의 시대라고 표현되던 그 시절이야말로 우리에게는 보다 희망찬 미래의 가능성을 창조해야 할 중대한 시기라고 해석했기 때문이었습니다.

• 이날 토론회에서는 남북한 경제협력, 한국 경제의 국제경쟁력 강화 방안 등에 대해 김우중 회장과 패널리스트들 간의 깊이 있는 토론이 전개되었다. 구월환 관훈클럽 총무의 사회로 패널리스트로는 김철 조선일보 국제부장, 나형수 KBS 해설위원, 김충일 경향신문 정치부 차장, 이계민 한국경제신문 경제부장이 참가했으며, 언론계와 재계 인사 250여 명이 참석했다.

그 후 8년의 세월이 지나고 오늘 다시 이 자리에 섰습니다만, 과연 우리 사회, 우리 경제가 그 때와 비교해 어떠한 변화를 보이고 있는지를 생각해 보면 많은 상념에 사로잡히게 됩니다. 외형만 놓고 보면 우리는 그 사이 3배가 넘는 GNP의 증가를 이룩했고 이런 발전을 바탕으로 올림픽을 개최하기도 했습니다. 하지만 내면을 직시한다면 우리의 모습에 대한 우려가 과거보다 상당한 수준으로 증폭되어 있음을 부인하기 어렵습니다.

　　흔히 오늘날의 세계 질서를 지배하는 현상에 대해 국제 경쟁의 이론으로 풀이하는 경우가 많습니다. 이제 세계와 인류의 발전은 최상의 이념과 가치, 그리고 진보된 과학기술과 체제에 의해 좌우되지 않습니다. 오히려 그것은 국가 간의 치열한 경쟁 아래서 과연 누가 주도권을 행사하느냐에 의해 결정되는 경우가 일반적입니다. 이제 국가는 내부의 다양하고 자율적인 활동들을 보장해야 한다는 소극적 목적에 만족하지 않고 오히려 총체적 효율성을 바탕으로 국제사회에서 경쟁을 수행하는 전략적 조직체로 인식되고 있습니다.

　　현실을 봐도 오늘날 국제사회는 이미 고도화된 경쟁의 시대로 접어들어 있습니다. 선진국은 선진국대로 개발도상국은 또 그들 나름대로 국가 차원의 응집된 목표 아래 국제 경쟁을 수행하고 있습니다. 그 근본 목표가 자국의 경제적 실리를 확보하는 데 있음은 달리 설명이 필요치 않습니다. 이런 상황에서는 정치와 경제가 다른 논리를 지닐 수 없으며 기업과 사회가 이해를 달리할 수 없습니다. 국제 경쟁을 수행하기 위해서는 국가의 모든 영역을 포괄하는 최상의 효율성이 전제되어야 하기 때문입니다.

2차대전의 패전국이었던 일본과 독일이 또다시 세계 최강국으로 등장하고 전후 세계 질서를 주도하던 소련이 경쟁 대열에서 낙오한 사실은 국가경영 전략과 그 효율성이 나라의 운명을 좌우함을 보여주는 생생한 사례이기도 합니다.

저는 이 시간 우리 한국이 급변하는 국제 질서에 얼마나 잘 대처하고 있는지 자문해 봅니다. 결론부터 먼저 말씀드린다면 우리의 대처가 그다지 현명하지 못하다는 인상을 지울 수 없습니다.

급변하는 국제사회와 한국이 당면한 현실과 과제

오늘날의 국제사회는 경제지상주의를 전제로 한 새로운 질서재편의 모습을 분명히 하고 있습니다. 이 새로운 질서는 그 출발점부터 폐쇄적인 블록체제를 지향하고 있다는 점에서 많은 우려를 낳게 합니다. 한 세기를 이어온 집단안보체제는 이미 지역경제체제로 변환되었습니다. 이는 앞서 말씀드린 국제 경쟁의 진화된 양상으로 해석할 수 있고 따라서 이러한 신질서는 2000년대까지 지속적으로 발전되어 갈 것이 분명합니다. 이제 각국이 경쟁에서 살아남기 위해서는 여기에 적응해 나가는 길 외에는 다른 현실적 대안이 존재하지 않습니다.

미래를 대비하는 안목 없이는 이제 어떠한 발전도 기약할 수 없습니다. 이미 우리 앞에는 새로운 시대로 지칭되는 21세기가 도래해 있으며 국제사회는 이 21세기의 패권을 향해 치열한 경쟁을 가속화해 나가고 있습니다. 따라서 우리가 지금부터 힘과 지혜를 모아 미래를 설계하고 국가경쟁력을 높여 나가지 않으면 우리에게 요구해 오고 있는 새로운 국제 질서의 변화에 충분한 해답을 주지 못하게 될 것입니다.

우리의 경제 현실을 보면 이러한 우려는 더욱 현실로 와닿습니다. 수없이 되풀이되어 온 얘기지만 부존자원이 없고 인구는 많은 우리의 여건에서 해외 지향의 경제활동은 피할 수 없는 숙명입니다. 개발연대에 우리가 곧바로 대외지향형의 정책을 선택한 것은 누구도 이의를 제기하지 않는 올바른 것이었습니다. 여기에는 국제시장에서 생존하고 성장할 수 있어야 한다는 원칙이 기본 전제가 됩니다. 적어도 1980년대 중반까지는 우리 경제가 이 원칙에 충실하게 운영되어 왔습니다. 그러나 오늘날의 사정은 결코 예전과 같다고 말할 수 없습니다. 간단한 예로 현재 해외 시장에 공급되는 우리 상품의 품질경쟁력은 답보 상태에 있으며 가격경쟁력은 후퇴하는 상황에 놓여 있습니다.

이런 우리의 모습은 흡사 선진국의 문턱에서 멈춰 서버린 형상을 연상시킵니다. 몇 년째 우리는 그 문턱에서 서성이고 있는 것입니다. 지난 개발연대에 쏟아부었던 피나는 노력을 이제 물거품으로 만들고 말 것인지 냉정하게 생각해야 합니다. 뜻있는 많은 이들이 이에 대해 걱정하고 있는 것은 사실이지만 이 문제가 해결되려면 더 많은 지도자들이 이 문제 앞에서 밤잠을 설치면서 고민하지 않으면 안 될 것입니다.

저는 이러한 현상이 나타난 배경의 하나로 우리 사회가 너무나 국내에만 천착하며, 현실적인 사안에 얽매이고 목전의 이기적 문제에만 관심을 기울이는 자세를 지적하고자 합니다. 정치문제에 과도한 관심을 기울이는 것도 그 예의 하나라 할 수 있습니다. 정치는 극히 현실적 속성을 지니기 때문에 중요한 사안을 뒷전으로 밀어내게 됩니다. 잘못하면 큰 것을 놓치고 작은 것에만 집착하는 과오도 생겨날 수 있습니다.

국가를 살리기 위한 대안

잘 아시다시피 국제 경쟁의 기본은 시장에서의 경쟁력 우위에서부터 출발합니다. 그리고 경쟁 우위의 기본요건은 자본, 기술, 노동력과 함께 이 세 요소를 총체적으로 결합하는 경영 능력이라 판단됩니다. 우리의 여건을 직시할 때 우리가 경쟁 우위에 설 수 있는 부분은 인적 경쟁력입니다. 지난해 독일의 경제 전문지《주간경제》가 세계적으로 신임받는 경제연구기관과 합동으로 조사하여 발표한 자료에 따르면 한국 노동력의 질은 일본, 스위스, 오스트리아, 독일에 이어 세계 다섯 번째로 평가되었습니다. 그럼에도 불구하고 이러한 잠재력과 강점이 제대로 발휘되지 못하고 있습니다. 노동윤리의 실종, 근면성의 퇴조, 안주하는 국민의식은 스스로 한국의 경쟁력을 후퇴시키는 조건이 되며 그렇기 때문에 더 늦기 전에 이 문제를 해결하지 않으면 안 됩니다.

이를 위해서는 국민적 의식개혁에서 첫 번째 답을 찾아야 하며 아울러 과감한 행동개혁이 두 번째 답이 될 수 있다고 생각합니다. 지금의 냉엄한 국제 현실을 이겨내기 위해서는 우리 사회가 새로운 사고로 무장하고 새로운 질서와 새로운 시스템을 도입해야 합니다.

최근 우리 기업 대부분이 이러한 혁신작업에 몰두하고 있습니다만, 그 이유가 국제경쟁력을 강화하고자 하는 데 있는 것이라면 이러한 혁신운동은 사회 전반으로 확대되어야 맞습니다. 사회 분위기가 혁신적일 때 기업의 혁신운동도 성공할 수 있습니다. 사회가 들떠 있고 모두 제자리를 지키지 않으면서 경제 분야의 종사자에게만 근면과 절제를 요구하는 것은 설득력을 갖기 어렵습니다. 나아가 법령과 제도, 그리고 인사체계와 교육에 이르기까지 전 분야가 신사고, 신체제로 탈바꿈해야 국가경쟁력은 생겨날 수 있으며 다가올 21세기를 효율적인 체제로 맞이할 수 있을 것입니다.

방향 선택과 리더십

국제 경쟁에서 승리하기 위해 지금 우리나라가 어떤 방향을 선택하고 있는지, 그리고 우리는 어느 방향으로 힘을 집중하고 있는지도 반추해 볼 과제라 생각합니다.

1960년대와 1970년대를 달려오면서 우리의 방향 선택은 분명했습니다. 그것은 '경제발전'이었으며 온 국민이 여기에 매진해 세계를 놀라게 했던 것입니다. 1980년대에는 '민주발전'이 우리의 선택이 된 듯합니다. 이 또한 상당한 성과를 거둔 것으로 세계의 평가를 받고 있습니다.

1990년대를 맞이한 우리의 선택은 과연 무엇입니까. 우리에게 과연 방향이 있는 것입니까. 방향 선택이 없거나 힘의 집중이 없는 조직은 쇠락하고 만다는 것이 역사의 교훈입니다. 우리에게 뚜렷한 방향이 없다면 이것이 오늘날 우리 사회가 당면한 위기의 실체일 수도 있습니다. 따라서 하나의 방향으로 국력을 결집하는 일이야말로 지도자의 가장 큰 임무입니다.

올바른 지도자상의 정립

물론 그것은 한 사람의 지도자가 해낼 수 있는 일이 아닙니다. 우리 사회를 구성하는 각계의 지도층들이 함께 참여하여 이 사회를 올바른 방향으로 몰고 나갈 때 그것은 가능해집니다.

지금 우리 사회의 중심 세대는 해방 후 우리말로 공부한 세대라 나라를 생각하고 민족을 우선시하는 성향이 남달리 강합니다. 또한 가난의 질곡을 벗어나기 위해 몸부림치며 고생한 결과 오늘의 발전을 이룩한 세대이기도 합니다. 그러나 오늘에 이르러 과거의 모습이 퇴색되어 가고 있습니다. 그 이유는 더 이상의 희생을 감내하기보다는 과거의 고생을 보상받고 생활을 즐기려고 하는 태도에서 기인합니다. 이런 모습들로 인해 우리 사회의 지도층들이 불신받고 리더십을 상실해 가고 있다면 스스로가 반성하고 다시 자세를 가다듬어야 할 것입니다.

창업자가 자신이 고생해서 번 돈이니까 모든 것을 자기 생전에 알아서 처리하겠다는 자세로 나온다면 그 기업의 수명은 창업자의 수명을 뛰어넘기 힘들 것입니다. 희생의 세대는 끝까지 희생함으로써 참된 가치를 발휘하게 됩니다. 정치 지도자 또한 끝까지 희생하는 모습을 보여줘야 국민의 존경을 받을 수 있습니다.

저 역시 50대이기는 마찬가지입니다. 우리 세대는 죽는 날까지 후대를 위해 희생하겠다는 각오로 역사적으로 부여된 사명을 다해야 합니다. 그래야 우리는 나라 발전에 밑거름이 된 자랑스러운 세대로서 후대들 앞에 설 수 있을 것입니다. 각계의 지도층을 이루는 50대가 이런 자세를 보인다면 지금의 사회혼란이나 국론 분열상은 충분히 극복될 수 있다고 단언합니다.

가난 중에 효자 나고 국난 중에 충신이 나온다는 말이 있습니다. 지금 우리의 현실은 누구에게 물어도 위기임을 부인하지 않습니다. 지금이야말로 한국은 영웅을 기다리고 있습니다. 저는 이 위기상황을 자기희생으로 헤쳐나갈 선각자, 시대의 엘리트가 분명히 나올 것이라고 믿습니다. 우리는 저력을 지닌 민족입니다. 저는 지금까지 수없이 해외 시장을 개척하면서 누구보다 명확히 알게 되었습니다. 어떤 위기상황이 오더라도 의지만 충만해 있다면 우리는 얼마든지 그것을 극복할 수 있다고 확신합니다.

남북경협의 전망과 각오

다음으로 현재 추진되고 있는 남북 경제협력에 대해 이 자리를 빌려 제 입장을 전해드리고자 합니다.

저는 남북한 간의 경제협력은 우리 민족의 미래를 위해 반드시 성취돼야 할 성업이라고 늘 생각했고 여기에 임해 왔습니다. 비록 대우가 이를 추진하는 주도적 역할을 담당하고 있지만 이 사업이 제 개인이나 대우를 위한 것이라고는 꿈에도 생각해 본 적이 없습니다. 지금까지도 그랬고 앞으로도 그럴 것이지만 저는 남북경제협력이야말로 민족의 장래를 좌우하는 최대의 현안이라는 사실을 결코 망각하지 않을 것입니다.

저는 지금까지 5대양 6대주에 가장 먼저 진출하여 시장을 개척해 왔습니다. 내수에 안주하지 않고 언제나 넓은 세계를 지향해 왔습니다. 국가 이익에 부합되도록 적성국가와 수교의 빗장을 여는 데도 항상 선두에 서왔습니다. 이것이 우리 대우가족의 커다란 자부심입니다. 남북교역에 있어서도 역사적으로 의미 있는 숙제를 풀어냈다는 자부심 하나면 그것으로 충분합니다.

남북 경제협력은 한민족의 장래를 내다보고 추진해야 하는 사업입니다. 비단 저만이 아니라 여기에 참여하는 모든 기업, 모든 당사자들이 그런 자세를 지녀야 합니다. 이제 협력의 문이 열리기는 했지만 아직도 장벽이 많습니다. 우리 사회 내부만 봐도 기득권에 안주하려는 세력이 상존하고 있으며 상호 불신감도 여전히 높습니다. 통일에 대한 비전이나 전략도 충분하다고 보기 어렵습니다. 이러한 제반 장벽을 허물고 국민적 합의를 도출하는 작업도 시급합니다. 필요하다면 이 문제에 대해서만큼은 국가와 사회의 책임 있는 지도층들이 주도하는 국민 대토론회를 개최할 것을 제안합니다.

기업인의 길에 충실

끝으로 제 진로에 대한 입장을 밝히면서 얘기를 끝맺고자 합니다.

제 자신의 정치 참여 문제를 놓고 많은 이들 사이에 설왕설래가 있다고 들었습니다. 저는 이 자리를 통해 기업인의 길을 가겠다는 입장을 다시 한 번 명확히 밝히겠습니다. 『세계는 넓고 할 일은 많다』라는 졸저에서도 밝힌 바 있습니다만, 30세의 나이로 기업에 투신한 이래 지난 4반세기 동안 제가 지녀온 꿈은 이 사회에서 존경받는 기업인이 되는 것입니다. 저는 이러한 저의 꿈을 향해 흔들림 없이 가겠습니다.

질문 김 회장님의 기조연설이 상당히 인상적이고 또 기대가 큽니다. 저는 김 회장님의 기조연설 중에 두 가지 부분에 관심을 가지고 있습니다. 처음에 "국가는 내부의 다양하고 자율적인 활동들을 보장하는 소극적 목적이 아니라 총체적 효율성을 바탕으로 국제사회에서 경쟁을 수행하는 전략적 조직체여야 한다"라는 부분하고, 다음에 올바른 지도자상에서 "지금 우리의 현실은 누구에게 물어도 총체적 위기임을 부인하지 않는다. 지금이야말로 영웅을 기다리고 있다" 이렇게 말씀하셨습니다.

그래서 질문 첫째는, 총체적 효율성의 전략적 조직체로서의 국가체제나 리더십이 구체적으로 무엇인지, 지금의 상태는 김 회장님이 말씀하신 상태하고는 좀 거리가 있는 것 같은데, 현재 우리 국가 상태와 비교해서 말씀해 주시고, 두 번째는 영웅 대망론을 말씀했는데, 지금 대통령 후보들이 몇 분 나와 계십니다. 그래서 김 회장님이 보시기에 기다리시던 영웅이 지금 출현한 상태인지 아니면 이번에 출현을 안 했으면 우리나라가 어떻게 되는지, 그 두 가지를 여쭤보겠습니다. (조선일보 김철)

세계경제는 국가 단위, 경쟁의 시대

제 생각이 어떻게 보면 남과 좀 다른 이유도 있다고 생각해 보는데, 잘 아시겠지만 제가 해외 출장을 많이 다녀서 서울에 있는 시간이 적었다고 볼 수 있겠습니다. 그러다 보니 안에서 보는 것보다는 어떻게 보면 제3자적인 입장, 밖에서 한국을 보게 됩니다. 한국에서 쭉 일하시면서 보는 분들하고는 어떻게 보면 다른 각도가 나올 수 있지 않나 생각합니다. 그래서 혹시 제가 보는 각도가 좀 다르다고 하더라도 서로 간의 개인적인 사고 차이이기 때문에 널리 이해해 주시는 것을 전제로 해서 말씀을 드리겠습니다.

지금 밖은 엄청나게, 예를 들어 얘기하면 과거 20년간의 변화가 1~2년 만에 오고 있다고 봅니다. 또 앞으로의 변화도 옛날 모습과는 달리 경제를 중심으로 한 체제 변화이기 때문에, 그것이 너무나 실리적으로 와닿습니다. 그런 의미에서 지금 한국의 모습을 밖에서 이렇게 들여다보면 세계는 변하는데 뭘 하고 있느냐? 세계는 잘사는 나라나 못사는 나라나 자기 나라 잘살기 위해서 국가가 총체적으로 안(案)을 내고 걱정하면서 발전해 가는데, 우리는 신문을 보면 여러분도 아시다시피 90퍼센트가 정치 얘기입니다. 그러다 보니 우리만 사는 것이 아니고 앞으로 우리 자손도 사는데 과연 지금 우리 세대들이 정말 걱정하고 책임을 지고 이 사회를 이끌고 있냐 하는 것에 대해서 걱정을 하게 된 겁니다.

앞으로 5년 후로 봅니다. 아마 상당한 변화가 오리라고 봅니다. 각국이 다 국가 단위로 경쟁에서 이기기 위한 쪽으로 가고 있고, 또 경제라는 것은 손해 보고 이익 보는 것이 그때그때 바로 나타나기 때문에 옛날과 달리 아주 냉정해질 겁니다. 예를 들어 지금 우리가 미국, EC와 협상하면 통보로 끝나지 어디 협상을 합니까? 이러한 현실을 국민들이 알고 받아들여야 합니다. 또 지금 우리의 현실이 막대한 외채에 의해서 들여온 시설이 가동을 못하고 있습니다. 경쟁이 안 된다든가 팔지 못해서 가동을 못하고 있는데, 지금 현재 가동률이 나쁘게 얘기하면 50퍼센트, 잘 얘기해서 한 70퍼센트 가동하고 있다고 봅니다. 자본이라고 하는 것은 전부터 코스트가 있는 겁니다. 그러니까 50퍼센트 가동했다면 코스트를 두 배로 물고 있다는 것인데 이것을 사회 전체가 방치하고 있습니다. 관리도 마찬가지입니다. 모든 행정이나 기업이나 할 것 없이 과연 효율성이 있느냐 없느냐, 이것은 제가 말씀 안 드려도 아시리라고 봅니다. 그런 의미에서 총체적으로 국가의 힘을 모으는 것이 절대적으로 필요하다고 말씀드린 겁니다.

그리고 두 번째 질문에서 지도자는 본인이 지도자가 되겠다고 해서 되는 건 아닙니다. 우리나라는 전통적으로 지도자 육성에 굉장히 인색합니다. 그렇기 때문에 제가 영웅이 나온다는 얘기는 지금부터의 사회나 정치나 모든 면에서 지도자 육성이 시급하다는 얘기입니다. 지금 당장 무슨 대통령감이 나온다든가 이렇게 생각지는 않습니다. 50대가 상당히 저력을 지닌 층입니다. 고생도 해봤고 성공도 해오는 과정에서 자신감도 많이 가졌고, 또 우리나라에서 제대로 교육받은 첫 세대이고, 이런 사람들이 이제는 사회를 지도해 가는 중심 세대로 등장하고 있기 때문에, 앞으로 몇 년 안에 많은 지도자들이 나와서 그 지도자 중에서 역시 나라의 비전을 제시하고 방향을 선택하고 하는 이런 일들이 이루어져야 하지 않겠느냐 그렇게 봅니다. 사람이 지금 없는 것이 아닙니다. 어느 쪽에나 사람은 많이 있습니다. 근데 그 사람을 우리 사회가 키워내지 못했는데 이제는 우리도 많은 지도자를 키워내서 그 속에서 영웅이 나오도록 힘을 써야 되지 않나 이런 뜻에서 말씀 드렸습니다.

질문 한국경제의 이계민입니다. 제가 드리고자 하는 질문은 과연 대우가 대북 경제협력사업에 대한 국내 창구의 어떤 전담으로 내정이 되었거나 지정이 돼 있는 그런 것이 과거에 있었는지, 또는 현재에도 계속 유효한지 회장님의 의견을 말씀해 주시면 감사하겠습니다. (한국경제신문 이계민)

대북 시범사업을 할 뿐 창구 역할 아니다

밖에서 보는 것처럼 지금 북한하고의 거래에서 돈을 벌 수 있는 것은 없습니다. 그건 기업 하는 사람이라면 다 동감하리라 봅니다. 또 이북 자체가, 지금 전환기의 아주 어려움을 당하고 있습니다. 예를 들어 그 사람들은 그동안 물건을 만들어 동유럽 공산권에 주로 팔아왔는데, 이제는 동유럽권이 살 수 있는 힘도 없을 뿐만 아니라, 자본주의 사회에서 들어가는 상품과 비교가 되니까 북한 물건을 사지도 않습니다. 기술도 문제지만 마케팅, 그러니까 북한은 물건을 만들어도 어디다 팔지도 모릅니다. 또 품질도 자본주의같이 경쟁하는 사회에 제품을 팔 수 있을 정도의 질도 못 됩니다. 그렇다 보니 그 공장이 거의 서고, 작년에 나온 통계를 보면, 아마 이북에서 공산품을 수출한 것은 가공 수출한 것 일부밖에 없을 겁니다. 대부분이 1차 산업제품을 수출을 했습니다. 그것을 보더라도 현재 거기에 우리가 가서 장사를 크게 할 것은 없다고 저는 봅니다. 단지 갑자기 변화를 당하다 보니까 거기에 대응할 수 있는 법령도 기타 어떤 투자를 받아들일 제도적이고 행정적인 것이 돼 있지 않기 때문에, 그 사람들이 하는 말로 하면 시범사업으로 해보자는 것입니다. 거기도 마찬가지로 개방을 하면 안 된다고 주장하는 사람도 많고, 또 아시다시피 정치적 논리가 현실에서는 더 잘 먹히기 때문에 이런 걸 주장하는 강경파 쪽으로 쏠리다 보니까 될 수 있다는 것을 한번 보여주면 (개방이) 쉽지 않겠느냐 해서 시범사업이 나온 것입니다. 그래서 경공업을 중심으로 해서 우리가 원료를 다 가져다가 거기서 만들어서 파는 이런 형태로 하려고 합니다. 저희가 하고 있는 것이 2,300명 정도 고용할 수 있는 공장이기 때문에, 그것이 돌아가는 것을 보면 자기들도 할 수 있다는 자신을 가지고 적극적으로 나오지 않겠냐 하는 뜻에서 우선 이것을 하면서 법령도 고쳐가면서 하자고 해서 그게 된 겁니다. 그래서 지금 얘기가 진행 중입니다.

대북의 창구 역할이라는 것은 있을 수 없습니다. 나라에서 누구에게 창구를 줘가지고 누구를 통해서 하라는 것 자체가 현실적으로 불가능합니다. 이번에 저희들이 하는 경공업이 주로 중소기업의 품목이고, 거기에 우리가 끼어들어서 한다는 것도 내가 보기에는 안 좋은 것 같고 해서, 이북 출신의 경공업 전문업체, 그러니까 중소기업의 전문업체를 골라서 그 사람들로 하여금 우리 사업을 대행케 하다 보니까 그런 오해도 생겼는지는 모르겠습니다. 저는 전혀 그런 의도도 없고, 또 한때는 제가 정부에 이런 얘기를 했습니다. 김달현 부총리가 우리나라에 와서 과연 저 사람들이 싸움할 수 있나 없나 판단하도록 우리나라 실체를 한번 보여주는 게 좋겠다. 그렇게 해서 데려와 한번 보여줬기 때문에 그것으로써 제가 정부를 위해 할 수 있는 일은 다하지 않았나… 나도 사실 많은 시간을 소비해야 되고 또 업계에서도 오해받고 또 국민들한테도 오해를 받기 때문에 그걸로 내 임무를 다 끝마친 걸로 하고 대북관계를 관뒀으면 좋겠다고 그렇게 제가 얘기했습니다.

그 이후에 나온 얘기들은, 금강산 개발 그것은 미국과 우리 정부가 통하는 특구를 만들어 거기를 통해서 남쪽에 계신, 실향민 분들 중 보고 싶은 사람이 있으면 와서 보게 하자, 또 개성에 특구를 만들어서 거기서 만남의 집이라든가, 이산가족의 상봉 등을 하게 그 양쪽을 개발하는 게 어떠냐는 제안이 됐습니다. 그래서 제가 정부에 보고하기를, 지금 하는 것은 우리 투자가 700만 달러밖에 안되니까 할 수 있지만 금강산과 개성을 개발하면 돈이 드니까 우리나라 업체 전체가 컨소시엄을 구성해서 하자, 10개고 20개고 컨소시엄을 만들어서 공동으로 추진하는 것이 올바른 게 아니냐, 그렇게 정부에 제안을 했습니다. 그러니까 제가 창구를 한다든가 큰 투자에 제가 욕심을 부려서 한다든가 하는 것은 잘못된 얘기입니다. 앞으로 경협이 잘 되면 역사가 증명하는 것이니까 그때는 여러분도 충분히 제 심정을 이해할 수 있지 않을까 생각합니다. 지금 세계는 얼마든지 장사할 곳이 많습니다. 이게 사명감에서 하는 것이지 다른 뜻은 없습니다. 그것을 왜곡하고, 경쟁 기업들이 혹시나 하는 심정에서 로비를 해서 분위기를 만들려는 이런 속에서 외로이 하는 일이라 사실 저로서도 굉장히 부담을 느낍니다. 솔직하게 말씀드려서 좋은 일 하면서도 저로서는 일반 국민에게 오해를 받게 하는 이런 상황들이 굉장히 부담이 갑니다. 좋은 일하면서도… 제가 북에 다녀와서도 분명히 얘기했는데도 불구하고, 계속해서 이런 얘기를 만들어 나가는 우리나라 현실을 보면서 저도 가슴에 느끼는 것이 많습니다. 다시 한 번 강조하지만, 전혀 창구화할 의사도 없을 뿐만 아니라 저희 혼자가 아니라 공정한 경쟁에 의해서 전부가 참여해서 해야 합니다. 우리가 제일 먼저 하루빨리 풀어야 할 것은, 북쪽과의 지속적인 대화, 설득, 또 협력 이것이 우리가 해야 할 일이 아닌가, 우리 세대들이 반드시 해야 할 일이 아닌가 저는 그렇게 생각합니다.

질문 조금 다른 각도에서 대북경협관계를 질문드리겠습니다. 제가 받는 인상은 김 회장님의 대북경협 자세를 보면 단순한 기업인의 동기를 넘는 어떤 크게 대북경협관이랄까, 무슨 통일관 같은 것이 개재돼 있는 것 같은데요. 예를 들어서 북한이 전혀 경제적 경쟁 파트너가 안 된다, 그냥 먼 장래를 보고 해야 된다, 그리고 연설 말미에 보니까 북한 주민의 피난민화를 상당히 걱정하셨는데요. 그래서 제가 두 가지만 묻겠습니다. 하나는 제가 받는 인상은, 정부가 군사적인 이유, 핵 문제도 있기 때문에, 정치적인 이유 때문에 대북경협을 조금 억제하는 것 같은데 거기에 대한 김 회장님의 견해는 어떤 것인지, 두 번째는 이 연설로 봐서 김 회장님은 일단 흡수통일 반대론자 같은데… 흡수통일 되면 우리가 상당히 문제가 된다, 이런 흡수통일 반대론자 같은데, 그러면 김 회장이 구상하신 대로 경협을 해주면 우리나라는 궁극적으로 어떤 단계를 밟아서 통일이 돼야 되는 건지, 그런 것을 개인적으로 생각하신 적이 있는지 묻고 싶습니다. (조선일보 김철)

지금 우리의 능력으로는 흡수통일 안 된다
이젠 군사력도 돈입니다. 앞으로 북쪽에 무기를 공급하는 나라는 찾아볼 수 없을 겁니다. 길게 안 보고 앞으로 20년을 내다보면, 20년 내에는 그런 것이 없어지리라고 봅니다. 또 최근에 중국과도 수교를 했기 때문에 그런 것은 외교적인 방법에 의해서도, 또 동남아의 평화를 위해서도 있을 수 없다고 보고 있습니다.

그리고 핵 문제가 하나의 걸림돌로 얘기되고 있는데, 이번 2차 핵 관계 사찰을 받고 나면 구체적으로 어떻게 평가받겠느냐 하는 것은 누구도 안심 못 하는 것은 사실이지만, 핵 문제는 한국하고 북한하고의 관계 이전에 이것은 국제적인 문제입니다. 핵 문제는 우선은 제일 먼저 일본이 대상이 될 수도 있고, 미국이라든가, 또 주변 국가 소련, 중국이 될 수도 있고, 더 넓게 보면 세계 각국의 공동 관심사일 수도 있습니다. 이북이 그것을 이겨내면서까지 할 수 있느냐, 제가 보기에는 지금 현재 제재를 받고 있는 이라크라든가, 리비아라든가 이런 여러 나라를 볼 때 국제사회에서 존재하기 힘들 겁니다. 그렇기 때문에 핵 문제는 우리뿐만이 아닌 국제사회 전체에 해당되는 문제다 이렇게 저는 생각을 합니다.

그리고 또 우리가 몰아붙여서 그것이 성공해 흡수통일을 했다고 봤을 때 과연 우리가 지금 능력이 있느냐, 예를 들어 남의 나라처럼 1,000억 외화 보유 잔고가 있다든가, 우리 경제가 잘돼서 잘 살고 있다든가, 우리 국민이 컨센서스를 모아서 전부가 나라일 걱정하면서 열심히 하고 있다든가 이런 때라고 하면 그건 두말없이 해도 가능할지 모르겠습니다. 그렇지만 만약 저쪽에서 민중봉기가 일어나서 3·8선이 무너져 사람이 막 넘어온다면 우리는 앉아서 벼락 맞는 꼴이 될 수도 있는 겁니다. 그러니까 이런 것이 된다, 안 된다를 누구도 예측할 수 없습니다. 그렇기 때문에 우선 제가 생각하는 것은 다음에 대통령이 누가 될지 모르지만 통일의 원칙, 통일의 방법을 정상들 사이에 만나서 해결을 해놓는다면, 그러면 우리는 강하게 협력을 할 수 있을 겁니다. 우리 여건으로 볼 때 그렇습니다.

남북한 교류, 나아가 지역경제화의 미래

여러분은 어떻게 생각하고 있는지 모르지만, 지금 제가 하고 있는 야쿠츠 가스전 개발도 말이 많았습니다. 결국은 제가 제창해서 컨소시엄이 됐습니다. 이 컨소시엄이 어떻게 됐냐면, 현재 석유개발공사와 가스공사, 그다음에 석유협회, 그리고 대우, 유공, 고려합섬, 럭키금성, 삼성물산, 쌍용, 포항제철 그리고 현대도 처음엔 있었습니다. 이렇게 해서 컨소시엄을 만들어서 국가 전체가 이것을 하는 이런 형태로 바뀌어야 합니다. 내가 보기엔 2005년쯤 되면 우리나라 가스 수요가 2,000만 톤, 그러니까 LNG로 해서 2,000만 톤입니다. 지금 현시가로 보면 50억 달러입니다. 만약 석유가가 지금 선에서 올라 30달러, 40달러가 된다면, 100억 달러 이상의 LNG를 들여와야 되는데 LNG 확보하기가 어렵습니다. 지금 시장에서도 이렇게 많은 양은 확보하기가 어렵습니다. 이런 상황이라 야쿠츠 가스전 개발이 중요한 겁니다.

그런데 북한을 통하지 않고는 경제성이 없습니다. 왜냐하면 그것을 중국으로 가지고 내려와서 거기서 액화시켜 LNG선으로 가져오고, 또 LNG를 받을 수 있는 리시빙 터미널을 국내에 만들면 막

대한 투자가 들어가기 때문에 경제성이 없다고 봅니다. 그렇기 때문에 북한을 통해서 가스관으로 우리나라까지 가져와야 되는데, 그것을 전제로 놓고 제가 1월에 이북에 갔을 때 김일성 주석을 보고 그런 얘기를 했습니다.

이게 남북한을 떠나서 우리 민족의 일이고 우리 후세대의 일인데, 지금 이렇게 무자비하게 통과하는 것을 거절해도 되는 겁니까? 좀 다시 생각해서 이런 일들은 해주는 것이 앞으로 북한이 경제가 발달되면 가스가 필요할 때 뽑아서 쓸 수도 있고 여러 면에서, 우리 민족 전체, 남북한을 위해서 좋은 일인데 이걸 막는다고 하는 것은 잘못된 것이라고 얘기를 한 번 했습니다. 그랬더니 그 자리에서 김 회장이 하면 자기가 해주겠다고. 그래서 그 말미를 잡아 그 동안에 우리가 조사한 것을 소련하고 얘기하고, 또 야쿠츠가 현재 독립공화국은 아니지마는 자치 공화국이 돼 대통령도 따로 있습니다. 거기를 설득을 하고 또 말 나온 김에 가스관을 북한을 통과한다는 것을 서명으로 받아놔야지, 말로 왔다 갔다 한 얘기고 기록에도 없고 또 만약 우리끼리 했다고 해도 국제사회에서 공인이 안 되고 하면 곤란하기 때문에, 김달현 부총리를 소련에 보내서 소련의 연방에너지성 부총리하고 가스관 통과에 대한 합의를 정식으로 서명을 했습니다. 그래서 그것을 토대로 지금 우리나라도 컨소시엄이 되고 소련도 컨소시엄이 되고 앞으로 미국, 일본도 참여하리라 봅니다.

이렇게 해서 이것이 된다고 가정한다면 저는 우리 후세를 위해서 큰일을 한 것이 아닌가. 하나의 망상일지 모르지만, 지금 여러분도 알다시피 사할린 쪽에 일본하고 미국이 가스와 석유 개발을 하고 있습니다. 근데 예상 외로 양이 커져서 일설에 들리는 것은 앞으로의 일본이 자원을 보호하기 위해서는 해병대를 7개 사단 정도 확보해야 된다는 그런 얘기도 들립니다. 그 정도로 중요시하는 여기에 우리도 참여를 하면, 제가 보기엔 가스관을 묻으면 거기에 관만 하나 더 묻으면 송유관이 됩니다. 거기다가 가스관을 메인테인(maintain) 하기 위해 길이 나야 됩니다. 고속도로 만들고 그 옆에 철도만 깔면 지금 멀리 다른 나라에서 가져오는, 예를 들어 철광석이라든가 석탄, 목재, 비철금속이라든가 이런 것은 다 가져올 수 있습니다. 확인된 매장량이 엄청나고, 그것이 또 굴 파고 들어가는 것이 아니라 노천에서 끌고 오는 것이기 때문에 굉장히 유리합니다. 이것이 실현된다고 하면 앞으로 철도가 시베리아 철도와 연결돼서 배로 갈 것 없이 유럽 쪽이나 중국, 소련으로 가는 물자들은 모두 기차로 갈 수 있습니다. 중국하고 소련이 우리가 필요로하는 자원들을 대략 70퍼센트는 가지고 있습니다. 이런 것들은 가져온다고 하면 우리는 상대적으로 사온 만큼의 물건을 팔 수가 있는 것입니다. 사지 않고는 팔 수가 없습니다. 그러니까 그런 체제로 된다고 하면, 이것은 앞으로 우리나라가 돌파구를 찾을 수 있는 길이 되지 않겠느냐.

또 지금 자꾸 지역경제화되어 가는데, 지역경제화는 대략 3억 인구가 한 단위로 갑니다. 경제단위로 볼 때에도 예를 들어, 요령성, 길림성, 흑룡강성, 우리 남북한, 소련의 일부 들어가게 되면 3억 인구가 됩니다. 그러면 동북아도 하나의 시장으로 형성될 것이고, 또 지역경제화 되면 자동적으로 무엇이 없어지느냐 하면 국경이 없어집니다. 그러니까 사람이 다 왕래하게 되고 물건이 왕래하게 돼서 지금 EC처럼 바뀌게 된다 이거죠.

광개토대왕릉이 중국 지안이라는 곳에 있는데 제가 거기 가보고 느낀 것이, 어떻게 보면 우리 선조들이 잘못해서 쫓겨 와 한반도에 갇힌 것처럼 그런 기분이 들었습니다. 만약 서로가 협력이 된다고 하면 우리가 뻗어나가는 길이 될 수도 있는 겁니다. 꿈이 있고 바람이 있으면 실현되지 않는다는 법도 없습니다. 나의 경험에서 보면 그렇습니다.

그렇기 때문에 국가적인 전략을 세워서 간다고 하면 아주 굉장한 기회가 되지 않겠느냐 하는 생각이 들어서, 그런 것을 전제로 우리도 이제는 북쪽하고 화해를 하고 교류를 하면서 서로 힘을 합쳐 자연적으로 통일이 되는…. 알다시피 남북한이 국경 없이 교류를 하면서 협력해 가면 그것이 하나의 국가가 되는 것이지, 달라지는 것이 뭐고 또 무슨 문제가 되냐 이거죠. 그러니 좀 더 사고의 전환을 하자, 모든 사람들의 생각의 전환이 앞서야 그것이 컨센서스를 모으고 남북관계가 진전되지 않느냐. 지금처럼 남북한이 냉전 상태에서 우리나라만 선진화될 수 있느냐, 저는 절대 안 된다고 봅니다. 그렇기 때문에 우리가 항상 주장하듯이, 우리 다음 세대가 선진국의 일원으로 살 수 있게 하려면 제일 중요한 것은, 남북한의 문제를 우리 세대가 어떻게 잘 풀어가느냐 하는 데 있지 않냐 이런 생각을 합니다.

대북관계는 협력을 통해서, 앞으로 20년 동안은 시장논리에 의한 지역경제 시대로 가기 때문에 거기에 대비하면서 가야지, 우리가 뭐 조그만 땅에 부존자원도 없는데 앞으로 싸고 좋은 물건 만들어도 팔 수 없는 시대가 안 온다는 보장도 못합니다. 지역경제화가 극에 달하면 거기까지도 온다고 봅니다. 그러니까 이런 것을 우리가 생각해서 좀 더 발상의 전환을 통해 뭔가 새롭게 봤으면 좋겠다고 생각합니다.

재벌−근로자 등 계층 간의 불신에 대해

질문 한국 경제의 앞으로 방향과 관련해서 우리 경제가 지금처럼 이렇게 나가서는 안 되겠다 하는 그런 시각이 많은 것 같습니다. 김 회장께서도 기조연설에서 그런 걱정을 많이 해주셨습니다. 특히 국제사회에서 우리 경제의 좌표라는 뜻에서 경쟁력 향상에 대한 걱정을 많이 하신 것으로 들었습니다. 그런데 이 경쟁력 향상을 해야 되겠는데, 지금 그것이 현재 잘 안 된다는 데 바로 문제가 있는 것 같습니다. 예를 들어 한 공장에서 사장, 공장장, 근로자, 과장 이런 사람들이 똘똘 뭉쳐서 '한번 제품을 잘 만들어 보자' 그런다면 아마 우리 한국인들의 근면성이라든가 슬기로 볼 때 경쟁력은 충분히 높아질 수 있다, 바로 그것이 우리 김 회장님의 생각이신 것 같습니다. 그런데 그게 현재 안 되는 데 문제가 있는 것 같습니다.

그것이 안 되는 데는 여러 가지 요인이 있겠습니다만, 그중 한 요인은 가령 계층 간의 불신이 있는 것 같습니다. 재벌기업에 대한 일반 국민들의 정서는 지금까지 의구심이 상당히 많은 것이 사실입니다. 그러한 근거도 충분히 있습니다. 그리고 또 우리의 기업이라는 것이 대기업 중심으로부터 중소기업 중심으로 나가야 된다 하는 그런 생각들도 많습니다. 그래서 앞으로 우리 재벌기업이 한국 경제의 방향을 잡아가는 데 있어서, 경제력이 크게 집중되어 있는 우리 재벌기업이 어떻게 해야 되느냐 하는 문제가 여러 가지 논의가 되는 것으로 알고 있습니다. 국민정서라는 면과 재벌기업의 앞으로 역할이라는 면에 있어서 재벌기업이 좀 변신해야 된다는 요구가 있는 것 같습니다. 이 점 어떻게 생각하시는지 모르겠습니다. (KBS 나형수)

경쟁력은 충분하다, 생산력이 부족할 뿐

제가 그동안 겪어온 솔직한 심정을 얘기하면, 저도 옥포조선소를 보면서 처음에는 이제 완전히 이것으로 끝나는 게 아니냐 하는 걱정을 했었어요. 그런데 막상 달려들어서 직원들 집에도 한 200집을 다니면서, 밥도 얻어먹어 보고 얘기도 해보고 하니까 그 이후 조선은 창피한 얘기이지만 생산성이 300퍼센트 오르지 않았느냐 하고 봅니다. 이런 것을 볼 때 하면 얼마든지 할 수 있다는 것은 지금 말씀하신 대로 틀림없습니다. 어떤 사람들은 임금이 비싸서 경쟁이 안 된다 어쩐다 하지만, 아마 모든 사람들이 발 벗고 나서면 지금 임금 가지고도 관리를 잘하고 경영을 잘하고 열심히 힘을 쏟아 부으면 충분히 경쟁력이 있다고 봅니다.

지금 현재 경쟁이 안 돼서 못 파는 것이 아닙니다. 오히려 내가 보기엔 어떻게 됐냐 하면 경쟁이 안 되어서 못 판다고 하는 것보다는 오히려 생산을 못 해서 못 파는 이런 현상이 아닌가. 예를 들어 얘기하면 50퍼센트 가동이 100퍼센트로 됐다면 고정비가 반으로 떨어집니다. 우리나라의 고정비 포션이 최근에 와서 굉장히 높습니다. 왜냐하면 우리나라가 특별히 이상하게 금리가 비싸져서 지금 여러분이 아시겠지만 채권 발행이 총체적으로 따지면 100조 원 정도도 됩니다. 요즘 채권 발행해서 받는 비용이 한 20퍼센트 가까이 됩니다. 겉으로 보기에는 16, 17, 18퍼센트 발행되지만 거기에 해당되는 코스트와 전부 소화가 안 돼서 나가는 비용 모두 따지면 20퍼센트 가까이 되는데, 그러면 20조의 돈이 업계에서 빠져나가고 있습니다. 이런 상황에서 금리를 줄이려고 해도 내가 보기엔 잘 안 될 겁니다.

그렇기 때문에 우선 제일 급한 게 뭐냐면, 가동률이 100퍼센트 되게 사회가 뒷받침해야 합니다. 분위기가 뒷받침돼야 합니다. 가동률이 100퍼센트로 가면 자동적으로 품질도 좋아지고 코스트도 싸지고 그러면 시장도 개척이 됩니다. 제가 보는 관점에서는 이것이 제일 급선무입니다. 그런데 엉뚱하게, 지금 기업이 기술을 개발하는 데 등한시해서 부가가치가 낮다 보니까 경쟁력이 없어졌다,

이것은 책에 나오는 얘기지 실질적인 기업에 직면한 상황은 아닙니다.

알다시피 우리 부산공장 같은 경우에는 신발도 제조해서 팔고 있고, 섬유도 하고 있는데, 섬유만 해도 1년에 200~300억씩 지금도 번다 이거죠. 그건 뭐냐면 기존에 가지고 있는 시장, 코스트 이런 것 다 계산해서 자기 혁신을 계속해 나가니까 시장 추세를 따라갈 수 있게 되는 겁니다. 옛날에 와이셔츠 1개 팔면 FOB 가격으로 타당 7달러 50으로 판 것이 어제 같은데, 지금은 타당 한 장에 100달러에도 팝니다. 그러니까 품질 높이고 마케팅을 잘하면 얼마든지 팔 수 있다 이거죠. 그런 것을 전제로 했을 때 과연 지금 전체적인 분위기가 근로자도 일하고 기업도 열심히 마케팅하고 경영도 잘하고 또 사회도 그런 분위기가 되어 있으면 얼마든지 경쟁을 할 수 있다 이거죠.

천지가 장사할 곳이다

제가 1988년도 올림픽 준비할 때와 올림픽이 끝나고 나서 소련에 열심히 많이 다녔습니다. 제가 소련을 1984년부터 다녔으니까, 올림픽 때 소련을 참가시키기 위해 내 돈 써가면서 노력도 하고 했습니다. 그런데 1988년 이후에 갑자기 한소협회라는 것을 만들어서 거기까지 가서 싸우고 하니까, 그러면 관두자 해서 손을 뗐어요. 손을 떼고 저는 소련하고의 관계는 우리 지사를 운영하는 정도로 끝내고, 3~4년 정도 발을 끊었습니다. 그런데 소련서 오는 사람들마다 옛날에 만났던 친구들이고… 그 당시에는 우리가 연구소, 세계연구소, 미국연구소, 캐나다연구소, 동방연구소, 이런 사람들하고 많이 접촉을 했는데, 이 사람들이 개방이 되면서 주요 자리에 가게 되었어요. 그래서 이 사람들이 부총리가 되고 장관, 차관이 되고 해서 찾아와, 왜 열심히 다니더니 안 오냐고 요즘이 찬스니까 자꾸 오라고 얘기를 하고 또 모스크바에서 명예박사를 준다고 하는데 박사 받는 것보다도 그 핑계 대고 소련을 한번 가서 그 사람 말대로 맞는지 안 맞는지 한번 봐야 되겠다 싶어서 가봤어요.

가보니까 느낀 것이 뭐냐. 우리나라 종합상사들이 사람을 줄이고 있어요. 돈이 없는데 물건만 팔려고 덤벼드니 무슨 장사가 되겠습니까. 내가 가서 보니까 천지가 돈 벌 곳이라고. 거기만큼 지금 좋은 시장은 없다 이거죠. 물건 살 수 있는 만큼 팔 수 있다 이거죠. 또 10퍼센트로 사서 20퍼센트로 비싸게 팔면 10퍼센트 남는 것이고. 그러니까 거기의 논리를 알아야 이런 게 보입니다. 물건을 사줘야 팔 수 있다는 것을 알아서 사는 것부터 시작해야지, 돈이 없는데 팔려고만 하니 장사가 될 리가 없죠. 그러니까 (종합상사들이 사람을) 줄인다 이거죠. 내가 생각하기에는 그렇습니다.

내가 보기에 강대국은 한 20년 후면 다시 강대국이 된다고 이렇게 전제를 하고 보면 앞으로 소련 시장은 좋아질 것이다. 코스트도 안 들고, 우리나라처럼 지역경제에 못 들어가서 장사 못 하는 것보다는 훨씬 좋은 입장이 올 거다 생각하고, 그러니까 다른 고민 할 것 없이 공장을 사고 그 대신 물건을 팔자. 그래서 공장을 쭉 보고 몇 개 골라서 합작하자, 얼마면 되냐, 내겠다, 이렇게 얘기했어요. 그랬더니 여러분 알다시피 루블이 200대 1로 평가절하가 됐습니다. 루블화가 제가 처음 갔을 때 60루블이 1달러였는데, 그 당시에 130루블, 지금은 한 150이나 180루블이 될 거예요. 근데 자기들이 가져와서 하는데 내가 보니 뻔한 거죠. 장부가격은 전부 루블로 돼 있어요. 장부가격의 10배를 해서 가져왔는데, 땅이 40만 평에, 건평 10만 평에, 시설은 65퍼센트만 이노베이션할 수 있는 시설이에요. 그걸 얼마에 가져왔느냐? 1,000만 달러에 가져왔어요. 건물 10만 평 짓는데 1억 달러가 듭니다. 그러니까 보는 각도에 따라 이렇게 사정이 다르게 보입니다.

그런데 우리 기업들이 이렇게 부실하게, 등한히 마케팅을 해서 과연 우리가 살아갈 수 있겠느냐는 겁니다. 천지가 장사할 곳인데 장사할 데가 없다고 그러고, 힘들다고 오지로 가지 않으려고 하고, 사회 분위기가 지금 이렇습니다. 예를 들어 아프리카 같은 곳에 장사하러 가라고 하면, 출장 갔다가 하룻밤만 자고 나옵니다. 우리가 언제 부자가 되었는지, 더운 곳에 가면 몸이 약해져 가지고 견디지 못합니다.

재벌의 역할, 언론의 역할

그렇기 때문에 제가 말씀드리는 것은 그렇습니다. 우선 언론이고, 학계고 간에, 재벌기업이 국익에 나쁘다면 언제 토론을 해봤냐이거죠. 재벌들과 며칠씩 밤새워 가며 따져가면서 우리나라 재벌

기업이 있어야 되느냐, 대기업이 있어야 되느냐, 중소기업 가지고 되느냐 안되느냐 한번 논의한 적이 있냐 이거죠. 신문사는 돈도 많고 그러는데, 외국에서 강사 데려다 돈 주고 하는 것보다는, 이런 걸 가지고 사람들 한 100명 데려다 놓고, 일주일 정도 먹고 자고 계속 토론해서 대기업이 필요 없다고 결론이 나면 없애자 이거죠. 그래야지 필요한지 안 한지도 모르고, 어떤 때는 필요하다고 그러고 어떤 때는 필요 없다고 그러고.

옛날에 우리가 흑자 조금 날 때는 수출하는 것을 역적으로 봤어요. 이거 큰일 났구나. 이제 수출 그만해야지 해서 전부 안 된다고 했어요. 그게 어제 같은데 오늘날 시점을 보라 이거죠. 여러분도 10년치 신문을 한번 들여다보세요. 얼마나 왔다 갔다 했는지. 무슨 기준이 있어서 똑바로 가는 도중에 조금씩 달라지면서 가는 것이 아니고, 이건 이리 갔다 저리 갔다 세상이 변하고 돌아다닌다 이겁니다.

그러니까 제가 얘기하는 것은, 나라의 진로를 좀 더 깊이 있게 생각을 하고, 특히 50대에 있는 분들이 깊이 있게 이걸 파고 전략수립이라든가 생각을 해야 되지 않나. 지금 이렇게 가서는 우리나라가 앞으로 생존하기가 힘들다고 봅니다. 아주 나쁘게 보면은 1,000억 달러가 넘습니다. 이렇게 5년만 가보세요. 외채는 늘고…. 지난번 멕시코에 대통령 따라 가보니까, 40대 젊은 대통령이 나와서 피켓을 내걸고 동료들을 데리고 40대가 컨센서스를 모으니까 오늘의 멕시코가 과연 몇 년 사이에… 지금 멕시코 대통령의 임기가 5년인데, 내년쯤 교체된다고 하는데 그 5년 사이에 얼마나 변했나요. 이만큼 지도자가 중요합니다.

그렇기 때문에 지도자를 양성하는 데 언론이 인색해서는 안 됩니다. 하다 보면 잘못할 수도 있는데, 그걸 긁어내려서 그대로 엎어버리니까 사람이 클 수가 없지 않습니까. 그러니까 언론계만 자꾸 클 게 아니라 전체가 같이 공평하게 커가는 이런 사회가 되어가는 것이 바람직한 게 아닌가 저는 그렇게 생각합니다.

질문 제가 두 가지만 여쭤보겠습니다. 우선은 최근에 전경련 회장단 회의에서 재계가 금융실명제 실시를 공식 의견으로 제시하겠다 그런 논의도 있었다고 하고, 거기에는 찬반론도 있었다고 합니다마는, 과거의 자세에서 보면 획기적인 재계의 변화라고 생각됩니다. 이렇게 재계가 금융실명제를 공식의견으로 제시하는 것이 바람직한지 하고, 김 회장님의 금융실명제에 대한 소신을 좀 밝혀주셨으면 좋겠구요.

또 하나는 대우그룹의 어떤 장래랄까요. 장기적인 발전방향에 대해서 좀 여쭤보고 싶습니다. 대우그룹 경영에 있어서 우리 회장님의 영향력은 대단히 막강하고 절대적이라고 저는 들었습니다. 그러면서도 대우 조직은 짜임새가 없는 것도 같고, 응집력이 없는 것도 같은 그런 느낌을 저희들이 받습니다. 실제로는 잘 모르겠습니다마는, 하여튼 겉으로 보기엔 그런 것이 나옵니다. 그렇게 됐을 때 결국 김 회장이 빠진 대우가 앞으로 얼마만큼 효율적으로 잘 굴러갈지 궁금해지는 그런 경향이 있습니다. 그래서 앞으로의 대우 그룹 자체가 어떠한 모양새로 어떠한 경영 패턴을 가지고 이런 식으로 갈 것이다 하는 것과 곁들여서, 김 회장이 없는 대우가 첫 출발을 할 수 있는 시기, 앞으로 몇 년 후 정도 이런 것을 말씀해 주시면 고맙겠습니다.

실명제 찬성, 대우는 독자경영으로 가고 있다

우선 실명제는 5공 때 실명제 할 때부터 저는 찬성을 했습니다. 찬성을 했고 지금도 실명제에 대한 생각은 변함이 없어요. 정치자금이다 하는 문제를 떠나서, 역시 우리나라가 앞으로 지속적으로 발전하려면 실명제는 반드시 이루어져야 한다고 생각합니다. 그 이유는 잘 아시겠지만, 지금 갖고 있는 사람들이 자기 스스로를 되돌아보지 않으면 우리나라는 컨센서스를 모으기가 힘듭니다. 그런 의미에서도 실명제는 절대로 해가는 것이 좋지 않겠느냐 하는 것이 제 생각이고. 전경련 재계에서 실명제 얘기가 나왔다는 것은 저는 정말로 다행스런 일이라고 생각합니다.

그다음에 지금 현재 제가 '회사에서 절대적이다'라는 말이 있는데, 소유는 별로 하고 있지 않지마는 창업을 했고, 또 누구보다도 열심히 하기 때문에, 필요에 의해 절대적이 되었는지는 모르겠습니다만, 지금 현재는 전자하고 자동차 외에 제가 관여하는 것이 없습니다. 완전히 독자경영으로 바꿔서 그 사람들이 하고 있습니다. 해결하지 못할 정도의 문제가 생기면, 그때 가서는 상의해 볼까,

저는 요새 자동차 때문에 바빠서 들여다볼 시간도 없고 볼 생각도 없습니다. 선언을 했기 때문에 그렇게 저는 생각하고 있고 또 지금 현재 절대적이 아니냐 하는 얘기를 하지만 무엇을 기준으로 해서 절대적이냐. 예를 들어 남의 회사 회장들은 앞에 나가서 뛰지 않는데, 저는 열심히 현업에서 뛰다 보니까 남이 보기에 그렇게 보이는지 모르겠습니다. 그러니까 그것은 참고로 했으면 좋겠고,

제가 보기에 어차피 우리나라 대기업도 이제는 소유와 경영을 분리하는 이런 시대로 바뀌어야 됩니다. 그러다 보니까 제 생각에는 우리가 선도적으로 해야 되지 않나, 소유와 경영을 분리하는 쪽으로 우리가 좀 더 자극을 줘야 되지 않나, 이렇게 생각하고 있습니다. 그렇기 때문에 소유가 없더라도 경영할 수 있는 이런 경영조직, 이것이 필요하지 않느냐고 생각해서, 저희들이 제일 먼저 하나하나 독립을 시키는 이런 작업을 빠른 시일 내에 할 겁니다.

이것을 언제부터 할 거냐 하는 문제에 대해서는, 예를 들어서 얘기하면, 요새 말 한마디 잘못하면 주식 값도 오르내리는데 참 말하기가 힘든 게 아닌가 봅니다. 그렇지만 여러분이 기대하는 것보다는 빨리 갈 거다 하는 것은 분명하게 말씀드립니다. 모양새는 결과적으로 보면, 그 회사들이 각자가 독립하고 이번에 미쓰비시그룹처럼 업무 면에서 같은 값이면 자본은 전혀 연관 없이 서로 협조하는 이런 체제로 바꿔나가야 되지 않나 생각합니다. 그리고 제가 맡고 있는 회사는 아직도 자립할 수 없는 회사라 생각하기 때문에 내가 맡고 있지만, 어느 때인지는 몰라도 그것이 자립할 수 있다고

판단되면 반드시 자립을 시킬 것입니다.

제가 사실은 한 5년 전에, 제가 만으로 55세가 되면 그만뒀으면 좋겠다. 그래서 한번 2~3년 정도 머리도 좀 바꾸고, 보충도 좀 하고, 남이 좋아하는 골프도 쳐보고, 한 번도 입에 못 대본 술도 마시고, 세상을 쳐다보면서 그다음에 남은 인생을 뭘을 하겠느냐. 제2의 인생을 뭐를 하면서 살 것이냐 하는 것을 생각해서 하겠다는 것을 발표한 적이 있었습니다. 근데 55세가 되었을 때가 옥포조선소가 끝날 때입니다. 그래서 그만둘까 했더니, GM하고 출자문제가 해결 안 되다 보니까 자동차가 어려워져서 연장의 선상에 있습니다.

그렇지만 혹시 내가 그만둔다고 하면 정치하지 않을까 하는 사람도 있을 것 같아 분명히 얘기하는데, 저는 분명히 소질이 창조하는 것, 무에서 유를 창조하는 것에 제 스스로 생각해도 소질이 있다고 보고, 그래서 하여간 세계에서 제일 좋은 제품, 어느 나라보다 좋은 제품을 한번 도전해서 꼭 만들어서 우리나라 후배들에게 너희들도 제일 좋은 제품을 만들 수 있다는 확신을 심어주고, 그리고 업계를 은퇴하는 것이 바람직스럽지 않나 생각합니다.

질문 『세계는 넓고 할 일은 많다』라는 그 저서를 읽고 저는 굉장한 감동을 받았습니다. 김 회장께서는 평생을 성취를 위해서 달려온 것으로 거기에 적혀 있고, 제가 보기에 김 회장의 경우에 성취라는 것은 하나의 무슨 본능 같은, 강한 본능 같은 느낌을 받았습니다. 이 책의 페이지마다 그야말로 성취라는 것이 삶의 의미다라는 것이 아주 강렬하게 쓰여 있는데요. 그런데 본능의 추구라는 것이, 가치평가상 다소 저급한 것으로 들리기가 쉽습니다. 김 회장께서 기독교의 청지기 의식에 대해서 구체적으로 써놨습니다. 청지기 의식이라는 것이 부와 재산이라는 것은, 사는 동안 우리가 잠시 관리하는 것이고 그 주인은 하늘인 것이다. 그런데 이 청지기 의식은 성취욕에 의해 얻은 재산은 어떻게 사용하는 것이냐 하는 것에 관한 이야기로 저는 이해를 합니다.

지금까지 평생을 성취를 위한 삶으로 달려오셨는데, 이제 55세의 말씀도 계셨습니다만, 재산과 기업의 사용에 관해서 앞으로 이 부분을 어떻게 생각하시는지, 어머님으로부터 기독교 사상을 크게 영향을 받은 것으로 쓰여 있었습니다만, 성경에서 부자는 낙타가 바늘귀를 지나가는 것처럼 천국에 가는 것이 어렵다는 이런 말이 있습니다. (KBS 나형수)

재산은 학문과 경제를 위해 쓸 터

사실 저도 뭐 빈손으로 왔고 빈손으로 가야 되는데, 역시 부(富)를 남기는 것도 하나의 좋은 것이 되겠지마는, 그것보다는 예를 들어서 적어도 김우중은 열심히 살다 죽은 사람으로만 남아도 내가 보기엔 인생살이 잘한 것이 아닌가 봅니다. 그래서 지금 제가 하는 일을 일일이 소개는 못하지만 많이 있습니다. 지금 대우재단이 여러분이 아시다시피 기초학문 연구지원을 하는데, 앞으로 (회사

가) 좋아지면 거기서 나오는 많은 수익금으로 좋은 일을 많이 하지 않겠느냐, 또 학교와 병원을 짓고 있는데 학교도 대략 건물 값만 1,000억 원 정도 들어갑니다. 또 의료사업을 낙도·오지에 하는데 앞으로 병원설비 등 이런 것도 있을 것이고, 또 제가 하는 일이 많지 않습니까. 내가 보기엔 돈을 버는 사람은 쓰기가 힘들 거예요. 잘 쓰는 사람에게 돈을 줘서 잘 쓰면 좋지 않을까. 내가 그 돈을 가지고 어떻게 쓰겠다기보다는 돈을 잘 쓰는 사람을 구해서 잘 쓰게 하면 좋지 않을까 생각합니다.

질문 우선 처음부터 얘기했던 대우조선, 소위 옥포조선소가 우리 회장님 입에서 계속 거론되고 있습니다마는, 1989년 8월에 합리화 조치가 있었던 것으로 알고 있습니다. 금융세제지원도 있었고, 대신 대우에서도 굉장한 자구 노력, 그때 당시 엄청난 부실기업이었기 때문에 그것을 살리기 위한 여러 가지 조치들이 있었습니다.

대우조선이 1989년에 당시만 해도 빚이 1조 3,000억 원 정도 됐다고 합니다. 회장님이 부실기업 재건의 명수라는 그런 닉네임이 항상 붙어 다닙니다마는, 이렇게 어려운 대우조선, 소위 말하면 옥포조선소를 한 2~3년 만에 아까 말씀하신 대로 작년에 800억, 금년에 한 2,000억의 흑자를 낼 것으로 안다고 말씀하셨는데, 그 짧은 기간에 재건을 하게 된 그런 비결 딱 한 가지만 소개를 해주십시오. (한국경제신문 이계민)

옥포조선소 재건 비결은?

옥포조선소가 잘된 것은, 역시 관리자나 근로자가 다 한마음 돼서 해야 되겠다는 마음을 합친 것이 중요합니다. 지금 우리나라 종업원들이 거의 고등학교 졸업생 이상입니다. 계속 반복되는 작업을 최소한 7~8년씩 한 사람들이기 때문에 어떻게 하면 잘되는 것인지 스스로가 더 잘 압니다. 그러니까 각자가 일하고 능력과 힘을 가지고 하겠다는 의지만 가지고 있다면 금방 달라지는 게 아니겠느냐. 아까도 여러 번 얘기했지만, 역시 노사가 힘을 합치고 사회 분위기가 그것을 받아줄 수 있는 그런 분위기가 됐을 때 우리나라의 어려움은 쉽게 해결되지 않겠나 생각합니다.

질문 막간을 이용해서 또 플로어에서 올라온 질문을 하나 드리겠습니다. 최근 《월스트리트저널》의 보도에 따르면, 한국의 재벌은 정치적 권력자들과 혼맥, 결혼관계를 형성함으로써 군부를 대신하여 정치의 핵심세력으로 등장했다고 보도했습니다. 이와 같은 분석이 사실이라고 보시는지 첫째 질문이고, 재벌이 정치적으로 큰 영향력을 행사하는 이런 상황에서 바람직하다고 보시는지 답변을 해주십시오. (사회자 구월환)

앞으로 20년 동안은 대기업 필요해

우선 혼맥이라는 것은 인연이 맞아야 되는 건데, 강제로 되는 건 아니지 않습니까. 그러니까 그런 걸 가지고 우리가 왈가왈부할 정도로 돼서는 안 된다고 봅니다. 그리고 제가 보기엔 우선 재벌이다, 대기업이다 하는 사람들이 옳게 예를 들어서 얘기하면, 사고가 건전하고 나라를 생각하고 또 후대를 생각하고 모범이 돼줄 수 있다고 하면, 요즘처럼 국제경쟁력이 강조되는 마당에서는 필수적으로 필요한 게 아닌가 생각합니다. 지금 중소기업이 나가서 마케팅해가지고 팔 수도 없을 것이고, 더군다나 앞으로 지역경제화 됐을 때는 막대한 투자를 제3국에 해야 되는데, 대기업 없이 투자가 가능하겠냐 하는 이런 여러 가지 요건들을 고려해 보면, 대기업은 앞으로 20년은 있어야 된다고 봅니다.

그런데 문제는 뭐냐. 대기업이 얼마만큼 도덕성을 가지고 진짜로 나라를 이끌고 갈 수 있느냐는 그런 자기 나름대로의 철학을 가지고 하느냐의 여부에 달려 있다고 봅니다. 그리고 또 앞으로 10년 후, 2000년대면 자본하고 경영이 분리된다고 봅니다. 그랬을 때 과연 소유하고 있는 대기업이라고 욕할 게 아니라, 대기업이 소유하고 있는 것 전부 공개돼서 대기업이 2만, 3만의 주주를 가지고 운영해 나가는 이런 모습으로 변했을 때, 과연 대기업의 그런 횡포가 일어날 수 있겠나. 자본은 계속 증자하고 있는데 대형화되어 간 재벌들이 부정한 방법으로 하지 않고는 자기 지분을 유지해 나갈수가 없습니다. 그러니까 회사가 커지면 자동적으로 소유에 의한 경영은 없어지고, 훌륭한 경영자 시대가 도래하리라고 봅니다.

그래서 저는 요즘 들어오는 신입사원들에게 당신들이 중역이 되고 당신들이 사장이 됐을 때는 지금 우리 사회에서 중역이나 사장으로 대우받는 때보다는 훨씬 사회적으로든 권한이든 모든 면에서 아주 괜찮을 것이다. 그러니까 회사 들어오는 것이 절대 나쁘지 않다고 얘기해 줍니다. 그런 시대가 나는 오리라 봅니다. 더군다나 민주화되어 가는 시점에서 옛날같이 계속 가족경영 형태로 갈 수가 있겠느냐. 역시 이것이 2대에서 3대에 가면 정리가 되지 않겠느냐 나는 그렇게 생각합니다. 역사라는 것이 10년, 20년을 보면 아무것도 아닌데, 너무 조급하게 생각하는 것은 나쁘지 않나 생각합니다. 우리나라에서 회사의 역사라는 것이 대략 30년인데, 30년이면 한 주기입니다. 물론 개선을 위해 계속 사회적인 요구는 있어야 되겠지만, 한 주기가 온 걸 가지고 성급하게 이거 해라 저거 해라 무리한 요구를 하는 것은 좋지 않다고 생각합니다.

참고 자료

1977년 1월, 동아방송 신년특별 권오기 부국장과의 대담

1982년, 《신동아》대담, "길거리에 돈이 굴러다닌다"

1983년, KBS 대담

1983년 1월 5일, 《조선일보》기고, "기업인의 자신감 국민경제 살린다"

1984년, 대담, 출처 미상

1984년 1월, 《사상과 정책》창간호 기고문, "경영인이 본 기업, 기업 윤리관"

1984년 2월 27일, 김우중 회장 초청 관훈토론회

1984년 3월 24일, 《매일경제》조순 교수와의 대담

1984년 4월 8일, KBS 김우중 회장과 100명의 대학생 자유토론

1985년 4월 15일, 《세계저널》

1985년, 《월간조선》5월호 김대중 출판국장과의 대담

1985년 4월 22일, 《중앙일보》인터뷰

1987년 1월 28일, MBC 신년 재계 대담

1991년 1월, 《북방저널》기고문, "세계사의 주역이 될 젊은이들에게"

1991년 12월 16일, 《한국일보》특별기고, "우리는 통일로 가고 있다"

1992년 1월 31일, 신문편집인협회 금요조찬회

1992년 8월 25일, 김우중 회장 초청 관훈토론회

1992년, 《신동아》11월호 특별기고

1995년 9월 16일, 《한국일보》인터뷰

1995년 9월 16일, 《조선일보》인터뷰

1998년 7월 31일, 관훈간담회, "희망의 싹을 틔우자"

시기 미상, 《한국일보》기고, "위기는 위험도 있지만 기회도"

*재수록을 허락해 주신 기관과 언론사에 감사드립니다.

김우중 어록

나의 시대, 나의 삶, 나의 생각

1판 1쇄 펴냄 2017년 3월 15일
1판 4쇄 펴냄 2023년 5월 12일

지은이   김우중
엮은이   김우중어록발간위원회
펴낸이   김정호
펴낸곳   북스코프

편집   정정희
디자인   이대웅
마케팅·제작   이총석
관 리   안선옥

출판등록   2006년 11월 22일(제406-2006-000184호)
주소   10881 경기도 파주시 회동길 445-3 2층
전화   031-955-9515(편집) / 031-955-9514(주문)
팩스   031-955-9519
전자우편   editor@acanet.co.kr
홈페이지   www.acanet.co.kr | www.facebook.com/bookscope

ⓒ김우중, 2017

ISBN 978-89-97296-63-7 03320

"이 책은 김우중 회장 가족들의 지원으로 발간되었습니다."

*북스코프는 아카넷의 대중 논픽션 및 교양물 전문 브랜드입니다.
*책값은 뒤표지에 있습니다.
*잘못 만들어진 책은 구입하신 곳에서 교환해 드립니다.